政府の憲法解釈

阪田雅裕 編著

有斐閣

はしがき

　本書の目的は，第9条を中心とする政府の憲法解釈の中身を多くの国民により良く知っていただくことにある。

　たまたま私は，2006年の安倍内閣の発足と時を同じくして官を辞することになった。その後，安倍晋三総理の下に，安全保障の法的基盤の再構築に関する懇談会（いわゆる安保法制懇）が設置されて，憲法第9条をめぐる議論が活発になったこともあり，退官の直後から，種々の会合等で「政府の憲法解釈」について話をさせていただく機会を得た。こうした体験を通じて痛感したことの一つは，法曹関係者を含めて少なからぬ人たちが，憲法の解釈はもっぱら裁判所の職分であると考えていて，政府の憲法解釈の意義を知る人が少ないこと，そしてもう一つは，憲法第9条についての政府の解釈が難解であり，技巧的であるという漠然とした印象を持っている人が多く，その内容が周知されているとは言い難いことであった。独りよがりかもしれないが，私の稚拙な説明をお聞きいただいた方々には，ほぼ例外なく，政府の憲法解釈が我が国の法秩序を構築する上で果たしてきた大きな役割と，政府の9条解釈が簡明，かつ，合理的なものであることとを理解していただけたと思っている。同時に，こうした機会を経るたびに，国会での長年にわたる論戦を通じて磨き上げられてきた政府の9条解釈の基盤の確かさに，自分自身が括目する思いでもあった。

　このような経験を通して本書の執筆を思い立ち，有斐閣の土肥賢部長に相談をさせていただいたのは，もう5，6年も前のことになる。過去の国会での論戦を追うだけのことであるし，国会の議事録や質問主意書の答弁書がインターネットによって容易に検索できる今日，大した作業ではないはずであったのに，筆者の怠慢と要領の悪さのせいで，思いのほか長い歳月を費やすことになってしまった。

　本書の脱稿と相前後して，再び安倍内閣が発足することになった。先の参議院選挙での圧勝を受けて，安倍内閣では近々に安保法制懇での議論を再開し，その報告の取りまとめを待って，政府の9条解釈の見直しに取り組む意向であ

はしがき

るとも報じられている。残念なことではあるが，万一政府の9条解釈が変更されるようなことになれば，本書で詳細に紹介をしている政府の9条解釈はいわば過去の遺物と化してしまい，本書自体も歴史の一コマを記録するに過ぎないものとなろう。

　憲法を守るべき立場にある政府が，みずからその核心部分の解釈を変更することの当否はさておき，憲法解釈が法的な論理によって導かれるものである以上，仮に9条の解釈を変更しようとする場合には，国民に対して，過去60年にわたって採り続けてきた解釈のどこが間違いなのかを法律論として説明し，より的確で納得のできる法論理を示すことだけは避けられない。その意味では，執筆を始めたときには予期しないことではあったが，本書は，政府が9条の解釈を変更する上で利用し，かつ，乗り越えるべき手ごろな踏み台の役割を果たすことにもなるのであろうか。

　現在の状況にかんがみると，本書が，少なくとも9条に関しては，現在の政府の解釈が正当であることを主張していると受け止められるのは，やむを得ないことかもしれない。しかし，筆者の意図としては，これまでの政府の憲法解釈について，極力無色透明の立場で，その論理の流れや拠りどころを紹介することを主眼としたものであり，その当否については読者の判断に委ねたつもりでいる。いわんや本書の記述は，9条を含めて，日本国憲法全体，あるいはその中の個々の規定そのものについての評価とは何の関係もないこと，つまり，憲法改正の要否や是非は，本書の射程外であることをお断りしておきたい。

　作業がはかどらず，投げ出したい気持ちをどうにか持続できたのは，土肥部長の励ましがあったからである。また，担当の清田美咲さんには，レイアウトや構成について工夫を重ねていただいただけでなく，記述の細部にまで目配りをいただいたことに，深く感謝申し上げたい。

　　2013年9月

阪　田　雅　裕

目　次

はしがき

序　政府の憲法解釈の意義―――1

第Ⅰ章　戦争の放棄―――7

1　解釈の骨格　*7*
　⑴　自衛隊と「戦力」　*8*　／⑵　海外での武力行使の禁止　*14*

2　用語の意味　*16*
　⑴　国権の発動　*16*　／⑵　戦争と武力の行使　*17*　／⑶　国際紛争　*20*　／⑷　交戦権　*24*

3　自衛力の限界と自衛権の発動要件　*26*
　⑴　自衛力増強の限界　*26*　／⑵　自衛権発動の三要件　*31*　／⑶　武力攻撃の発生　*32*　／⑷　他の手段の有無　*40*　／⑸　必要最小限度の実力行使　*40*　／⑹　交戦権と自衛行動権　*45*

4　集団的自衛権　*48*
　⑴　国際法と戦争　*48*　／⑵　集団的自衛権とは　*49*　／⑶　第9条と集団的自衛権　*54*　／⑷　集団的自衛権の保有と行使　*64*　／⑸　日米安保条約に基づく共同対処　*68*　／⑹　弾道ミサイル防衛と集団的自衛権　*70*

5　政府解釈に対する異論と芦田修正　*73*

6　国連活動への参加　*80*
　⑴　集団安全保障の枠組み　*80*　／⑵　集団安全保障措置の実施――多国籍軍への参加　*81*　／⑶　PKO活動への参加　*86*　／⑷　自衛隊の武器の使用と武力の行使　*89*

7　他国軍隊に対する支援の限界――武力行使との一体化　*104*
　⑴　「参加」と「協力」　*104*　／⑵　武力行使との一体化　*106*　／⑶　合憲性確保のための法的措置　*115*　／⑷

　　　　米軍への情報提供その他の活動　*117*

　　8　海賊への対処　*123*

第Ⅱ章　統治機構―――――――――――――*127*

　　1　国　会　*127*
　　　　⑴　国権の最高機関　*127*　／⑵　立法権と政府の法案提出　*130*　／⑶　国政調査権と行政　*131*　／⑷　国政調査権と司法　*143*

　　2　内　閣　*146*
　　　　⑴　内閣による行政権の一元行使　*146*　／⑵　行政委員会の独立性　*149*　／⑶　国の機関以外の組織による行政権限の行使　*153*　／⑷　文民条項とシビリアンコントロール　*162*　／⑸　内閣の連帯責任　*165*　／⑹　首相公選制　*171*　／⑺　解散権の行使　*176*　／⑻　内閣総理大臣の欠缺　*182*　／⑼　内閣総理大臣の職務の遂行　*185*　／⑽　条約の国会承認　*192*

　　3　司　法　*198*
　　　　⑴　司法に関する立法権限　*198*　／⑵　裁判員裁判制度の合憲性　*204*　／⑶　裁判官の報酬の減額　*208*　／⑷　裁判の非公開制度　*211*

　　4　財　政　*214*
　　　　⑴　国会の予算修正権能　*214*　／⑵　予算と法律の不一致と予算の空白　*230*　／⑶　租税法律主義　*233*　／⑷　公の支配　*237*

　　5　天　皇　*242*
　　　　⑴　象徴天皇　*242*　／⑵　天皇は元首か　*244*　／⑶　天皇の基本的人権　*246*　／⑷　天皇の国事行為と公的行為　*250*　／⑸　衆議院の解散権　*253*

　　6　地方自治　*255*
　　　　⑴　地方自治の本旨　*255*　／⑵　首長の多選禁止　*260*　／⑶　外国人の地方参政権　*263*　／⑷　条例による国の法令の上書き　*267*　／⑸　地方自治特別法　*271*

第Ⅲ章　基本的人権 ——————————————————279

1　有事立法と基本的人権　*279*

2　政教分離　*285*
   (1) 国の宗教的活動　*285*　／(2) 公明党の政権参加　*294*

3　財産権の保障　*298*

第Ⅳ章　憲法改正・その他 ——————————————305

1　政府の憲法改正原案提出権　*305*

2　憲法と国際法との優劣関係　*308*

3　憲法尊重擁護義務　*311*

附　内閣法制局 ——————————————————————315

1　沿　革　*315*

2　機構と所掌事務　*317*
   (1) 組織・機構　*317*　／(2) 審査事務　*320*　／(3) 意見事務　*326*

付録（内閣法制局設置法・施行令）　*332*

索　引　*336*

凡　例

■国会会議録■
国会会議録の出典は以下の形式で表記した。

000回　平00・00・00〈衆・△△委〉0号0頁，○○
　↳国会回次　↳年月日　　↳議院・会議，委員会名　↳会議録号・頁　↳答弁者肩書

主要な委員会略語は以下のとおり（五十音順）。
安保委	安全保障委員会
安保土地使用特委	日米安全保障条約の実施に伴う土地使用等に関する特別委員会
イラク特委	イラク人道復興支援並びに国際テロリズムの防止及び我が国の協力支援活動等に関する特別委員会
行革特委	行政改革に関する特別委員会
行財政特委	行財政改革・税制等に関する特別委員会
国際平和特委	国際平和協力等に関する特別委員会
国連平和特委	国際連合平和協力に関する特別委員会
事態対処特委	武力攻撃事態への対処に関する特別委員会
宗教特委	宗教法人等に関する特別委員会
選挙制度特委	選挙制度に関する特別委員会
選挙調査特委	公職選挙法改正に関する調査特別委員会
テロ特委	国際テロリズムの防止及び我が国の協力支援活動等に関する特別委員会
土地問題等特委	土地問題等に関する特別委員会
日米防衛協力特委	日米防衛協力のための指針に関する特別委員会

■質問主意書・答弁書■
質問主意書・答弁書の出典は以下の形式で表記した。

000回　平00・00・00　答弁00号，対○○議員（参）
　↳国会回次　↳年月日　　↳番号　　　↳質問提出者（所属議院）

■判例■
裁判所と判例集等は，以下の略語により表記した。

最大判　昭00・00・00　民集00巻00号00頁
　↳法廷名　↳判決年月日　↳出典

凡　例

判例の引用にあたっては，以下のように略記した。
　最大判（決）　　最高裁判所大法廷判決
　最判（決）　　　最高裁判所判決
　高判（決）　　　高等裁判所判決
　地判（決）　　　地方裁判所判決

　民（刑）集　　　最高裁判所民（刑）事判例集
　判時　　　　　　判例時報

■法令名略語■

法令の略語は，原則として憲法については条数のみを表記し，その他の法令については初出箇所で略語を示した。主要な法令名略語は以下のとおり（五十音順）。

イラク特措法	イラクにおける人道復興支援活動及び安全確保支援活動の実施に関する特別措置法
国民保護法	武力攻撃事態等における国民の保護のための措置に関する法律
周辺事態安全確保法	周辺事態に際して我が国の平和及び安全を確保するための措置に関する法律
周辺事態船舶検査法	周辺事態に際して実施する船舶検査活動に関する法律
テロ特措法	平成十三年九月十一日のアメリカ合衆国において発生したテロリストによる攻撃等に対応して行われる国際連合憲章の目的達成のための諸外国の活動に対して我が国が実施する措置及び関連する国際連合決議等に基づく人道的措置に関する特別措置法
道州制特区法	道州制特別区域における広域行政の推進に関する法律
独占禁止法	私的独占の禁止及び公正取引の確保に関する法律
PKO協力法	国際連合平和維持活動等に対する協力に関する法律
補給支援特措法	テロ対策海上阻止活動に対する補給支援活動の実施に関する特別措置法

■引用文■

国会会議録・質問主意書・答弁書・判決文・条文等を **rec.** や「　」で引用してある場合は，原則として原典どおりの表記としたが，漢数字は，成句や固有名詞などに使われているものを除き算用数字に改めた。また，一部の資料については読者の便宜のため，旧字体を新字体に，カタカナ表記をひらがな表記に改めた。引用文中の編者注は〔　〕で囲み，注記であることを示した。

本書のコピー，スキャン，デジタル化等の無断複製は著作権法上での例外を除き禁じられています。本書を代行業者等の第三者に依頼してスキャンやデジタル化することは，たとえ個人や家庭内での利用でも著作権法違反です。

序

政府の憲法解釈の意義

　憲法という言葉が何を表すかは，古くからの憲法学の研究の対象であり，今日の憲法の教科書においてもほぼ例外なく，その冒頭に論述されている。

　法哲学的な意味での憲法が何か，あるいは日本国憲法の法社会学的な意義はどうかといったこれらの議論はさておき，日本国憲法が近代憲法の実質を有すること，そしてそれが我が国の最高の法規範として存在することには異論をみない。我が国が法の支配の下にある，ないしは法治国家であるといえるのは，この日本国憲法を頂点として体系的に整備された法令に従って，国家の統治，とりわけ行政と司法の権能が展開されているからにほかならない。

　俗に名宛人といわれるが，憲法が「……してはならない。」と命じている相手方，つまり憲法において義務を課せられているのは，基本的には国家であり，立法，司法，行政の三権はいずれも憲法に服さなければならない。憲法の条規に反する法令や行政は無効であり（第98条第1項），すべての公務員が憲法を尊重し擁護する義務を負う（第99条）。しかし，憲法の条規の文言が必ずしも常に一義的であるわけではないばかりか，第9条をめぐる長年の論争にみるように，その文言の解釈をめぐって意見の対立がみられることが少なくない。特定の憲法解釈に従えば憲法に適合する法令や行為であっても，別の見解によれば憲法違反になるということが往々にして生じ得るのである。こうした場合の最終的な判断はいうまでもなく最高裁判所によって行われる。したがって，憲法の規定についての国としてのいわゆる有権解釈権が最高裁判所にあることは論を俟たない。

　しかしこのことは，立法府や行政府が憲法の規定を解釈することを必要としないということを意味するものではない。のみならず，立法府や行政府における憲法解釈の重要性は裁判所に勝るとも劣るものではないといえよう。なぜな

序　政府の憲法解釈の意義

ら第一に，法令であれ国会や政府の活動であれ，最高裁判所で違憲の判断が示されない限りは当然に合憲の推定を受け，このことを前提として法的事実が積み上げられ，社会の秩序が形成されていく結果，その前提が崩れると既成の社会秩序が崩壊して，国民生活を混乱に陥れることになりかねないからである。このような事態を回避するためには，立法府および行政府における正確な憲法解釈が必要不可欠である。第二の理由として，特に法令に関しては，我が国には憲法裁判所が設置されておらず，かつ，最高裁その他の裁判所が一般的・抽象的な違憲立法審査権を有さないことから，法令の憲法適合性について裁判所の判断が示される機会が必ずしも多くないことが挙げられる。これに加えて，憲法第9条等に関しては最高裁がいわゆる統治行為論等に依拠して積極的な司法判断を控えてきたことも忘れてはならない。憲法施行から60年余を経る今日まで，最高裁によって違憲と判示された法令の規定は十指に満たないことにかんがみると，いわゆる憲法秩序がもっぱら憲法訴訟を通じて形成されてきたとはいい難い状況である。

　対照的に積極的に憲法各条についての解釈を明示してきたのは政府である。合理的で一貫性のある憲法解釈は，政府が責任を持って国政を遂行するための不可欠の前提となる。政府による誤りのない憲法解釈は，様々な政府の行為の憲法適合性を確保する上で必要とされることはいうまでもないが，違憲の立法を回避するためにも不可欠である 資料0-1 。後述するように，これまで国会で可決され，成立した法律案の大半は，内閣が提出するいわゆる閣法であった(324頁参照)。なかでも自衛隊の海外活動に関する法律など，高度に政治的で，かつ，憲法適合性が厳しく問われる法律の原案は，ほぼ例外なく内閣によって国会に提出されてきたといってよい。立法に当たって，法案の憲法適合性についての最終的な判断が国会によってなされることはいうまでもないが，こうした立法の実態にかんがみると，法律の憲法適合性を確保するためには，まずは法案作成段階で，政府にその憲法適合性をしっかりと確認することが求められる。政府による誤りのない憲法解釈は，このように違憲の立法を防ぐ上でも重要な意味を持つのである[1]。

---

[1]　以下は，日本銀行法の国会での審議に際し，日銀の独立性を高めるために大蔵大臣の予算認可権限をなくすことが違憲と言い切れるのかとの質問に対する筆者(内閣法制局第三

このように政府は，憲法の明確な解釈を自ら行い，これを施政に反映させざるを得ない立場にあった。その結果，憲法の多くの条項について，政府の解釈が事実上，国の有権解釈と目されることになり，第7条第3号に基づく解散権の行使にみるように，政府の解釈に基づく運用が憲法慣習として確立している場合も少なくない。

　こうした重要な意味を持つこともあって，政府の憲法解釈は，他の法令の場合に比して，より慎重に，様々な角度からの検討を重ねた上で示されてきている。かつて憲法解釈の変更の可否を問われた際に，政府は憲法解釈に臨む姿勢を次のように説明している。

rec.1

○政府委員（大出峻郎君）

　一般論として申し上げますというと，憲法を初め法令の解釈といいますのは，当該法令の規定の文言とか趣旨等に即して，立案者の意図なども考慮し，また，議論の積み重ねのあるものについては全体の整合性を保つことにも留意して論理的に確定されるべきものであると考えられるわけであります。

　政府による憲法解釈についての見解は，このような考え方に基づき，それぞれ論理的な追求の結果として示されてきたものと承知をいたしており，最高法規である憲法の解釈は，政府がこうした考え方を離れて自由に変更することができるという性質のものではないというふうに考えておるところであります。

　特に，国会等における論議の積み重ねを経て確立され定着しているような解釈については，政府がこれを基本的に変更することは困難であるということでございます。

　　　　　（134回　平7・11・27〈参・宗教特委〉3号12頁，内閣法制局長官）

　最後の「国会等における論議の積み重ねを経て確立され定着しているような解釈」は，とりわけ第9条を念頭においたものと推察される[2]。

部長）の答弁である。
　「政府としては，憲法上疑義があると思われる法案を御審議願うというわけにはまいらないということであります。」（140回　平9・5・21〈衆・大蔵委〉21号8頁。

序　政府の憲法解釈の意義

　法令の解釈を変更することの是非については議論がないわけではないが，「法律を誠実に執行」する立場にある政府が，このように推敲を重ねて確定した法文の解釈を変えるためには，十分に合理的な理由と説得力のある論理が必要であり，法治国家である以上，時々の内閣が恣意的にこれを行うことは許されない。なかでも，国自らが守るべき規範たる憲法の解釈の変更にはとりわけ慎重でなければならず，「国会等における論議の積み重ね」は，政府の憲法解釈に矛盾がないか，一貫性があるかといった点に厳しい目が注がれてきたことを意味している。

　こうしたことから政府の憲法解釈は，国会での議論も少なかった第66条第2項の「文民」の意味についてのものを唯一の例外として，各条項について一貫して揺らぐことがなかった[3]。そしてわが国の法体系は，このようにして「確立され定着して」きた解釈の下にある憲法を頂点として構築されている。

　負荷試験ともいえる60年以上に及ぶ国会での質疑を経て形成されてきた政府の憲法解釈は，実際に我が国の法体系の礎石となり，憲法秩序構築の中核的役割を担ってきたといえる。それだけに，これを理解することは，憲法を学び，憲法改正の要否を論じる上で必要であるだけでなく，すべての法令について考え，検討するに際しての不可欠の前提であると考えられる。

　これが本書の執筆の動機であり，したがって本書の目的は，政府の憲法解釈を正しく理解してもらうことであって，その是非や当否を論じることにはない。このため，本書では国会の議事録や質問主意書に対する答弁書を通じて政府の憲法解釈を極力忠実になぞることを心がけ，意見に及ぶ記述を最小限にとどめるように努めたが，政府の見解を離れた部分の記述は，いうまでもなく筆者の私見でしかないし，また，こうしたことによって仮に政府の憲法解釈が誤って読者に理解されるようなことがあるとすれば，その責任はすべて筆者に帰せられる。

---

2) 法令解釈の変更の可否については，資料0-2 の答弁書でも同様の趣旨が述べられている。
3) 過去に特定の国務大臣ないしは国務大臣の候補者が第66条第2項の規定に触れるかどうかが問題になったことはない。

政府の憲法解釈を担ってきたのが内閣法制局であることは周知のとおりである。これまで，法律問題に関する国会での質疑に対しては内閣法制局長官や内閣法制局の部長が答弁に当たることが多く，本書においても，時々の内閣法制局長官らの国会答弁を政府の見解として多数引用している。このため，政府の憲法解釈が，時に内閣法制局の解釈といわれたりもする。しかし，内閣法制局はあくまでも，法律問題を所掌する内閣の一機関であり，内閣法制局長官らの国会での答弁も，内閣の機関としての立場から政府の考え方を説明する任に当たってきたものであって，政府の見解を離れて，あるいはこれとは別個に内閣法制局としての意見や解釈があるわけではない。

　もっとも，内閣法制局の何たるかは，政府の憲法解釈以上に国民に知られていないのが実情である。そこでこの機会に併せて，内閣法制局の憲法との関わり方についての読者の理解の一助となるよう，内閣法制局の職務や役割についても概観することとしたい。

資料0-1

○味村政府委員
……憲法に反する政治を行うということは許されないことは当然でございます。
　したがいまして，仮に内閣において何らかのことを決するという場合におきましては，私ども内閣法制局といたしましては，法律上の意見を内閣に申し上げるという立場から，違憲なことが行われることが絶対にないように，細心の注意を払って御意見を申し上げておる次第でございまして，決して内閣は憲法に違反いたしました行為をしていいということではないわけでございます。たとえ最高裁判所が統治行為論をおとりになりまして，統治に関する基本的な行為については裁判権は及ばない，こういうふうにおっしゃったからといって，内閣といたしまして，では違憲なことをやってもいいのだというようなことで，そんなことを考えて内閣の決定を行っている，内閣の行為をしているということは決してございません。……
（昭54・12・11〈衆・法務委〉2号10項，内閣法制局第一部長）

資料0-2

内閣法制局の権限と自衛権についての解釈に関する質問主意書
一
1　政府の統一解釈・統一見解は，時の政府の解釈であり見解であるから，政権が変われば，以前の政府解釈等を継承するのも変更するのも可能なものと考えるのか，あ

序　政府の憲法解釈の意義

るいは，政府は従来の解釈等に拘束されるべきものと考えるのか，政府の統一解釈・統一見解の性格について，見解を伺いたい。……

答弁書
一及び三について
……一般的に，憲法を始めとする法令の解釈は，当該法令の規定の文言，趣旨等に即しつつ，立案者の意図や立案の背景となる社会情勢等を考慮し，また，議論の積み重ねのあるものについては全体の整合性を保つことにも留意して論理的に確定されるべきものである。政府による法令の解釈は，このような考え方に基づき，それぞれ論理的な追求の結果として示されてきたものであり，御指摘のような国内外の情勢の変化とそれから生ずる新たな要請を考慮すべきことは当然であるとしても，なお，前記のような考え方を離れて政府が自由に法令の解釈を変更することができるという性質のものではないと考えられる。……

(156回　平15・7・15答弁119号，対伊藤英成議員（衆）)

第Ⅰ章

戦争の放棄

> □ 第9条
> ① 日本国民は，正義と秩序を基調とする国際平和を誠実に希求し，国権の発動たる戦争と，武力による威嚇又は武力の行使は，国際紛争を解決する手段としては，永久にこれを放棄する。
> ② 前項の目的を達するため，陸海空軍その他の戦力は，これを保持しない。国の交戦権は，これを認めない。

　全11章103条に及ぶ憲法の各規定の中でも，政府の解釈が特に大きな意味を持ってきたのが，第2章（戦争の放棄）第9条であることには異論をみない。

　その理由の第一は何といっても，いわゆる55年体制下で，憲法に関する国会での野党の政府に対する質疑の大半が一貫して9条と自衛隊の問題に集中しており，国会での論議を通じて精緻な論理が積み重ねられていったことにあるが，そのほかに，長沼事件その他自衛隊の合憲性をめぐって争われたいずれの裁判においても，裁判所は，一部の下級審を除いて，明確な判断を示すことがなかったこと，さらに，学界の大勢も長い間，自衛隊違憲という立場に終始し，それ以上の議論の発展がみられなかったことなども，第9条に係る論議がもっぱら政府の解釈を軸に展開されてきた大きな理由である。

1　解釈の骨格

　政府の第9条の解釈の根幹は次の2点である。
　一つは，自衛のための必要最小限度の実力組織である自衛隊は，第9条第2項が保持を禁じる「戦力」に当たらず，同項に違反する存在ではないとする点，もう一つは，このような自衛隊には，我が国に対する武力攻撃が発生した場合

にこれを排除するための必要最小限度の実力の行使，すなわち個別的自衛権を行使する場合を除き，武力の行使が許されないとする点である。前者については，いわゆる55年体制の下で野党から厳しい批判が浴びせられ，また，後者に関しては，近年，自衛隊による国際貢献を求める声が大きくなる中で，保守陣営等からその見直しを迫られることが多くなっているが，この2点を基軸とする第9条についての理解は，憲法施行から60年余を経た今日，日本国憲法の定める「平和主義」の中身として国民の間でもおおむね定着しているものと考えられる。

(1) 自衛隊と「戦力」

　第9条第2項は「陸海空軍その他の戦力」の保持を明確に禁止しているから，仮に自衛隊が同項にいう戦力に該当するとすれば違憲の存在であることは疑いがない。

　朝鮮動乱の勃発を機にいわゆるポツダム政令に基づいて設置された警察予備隊が，保安隊への統合再編を経て自衛隊として発足したのは，我が国の独立回復から2年を経た昭和29年7月のことである。

　米国の援助によって保安隊の装備が拡充していくにつれ，自衛隊の発足前からすでに，第9条第2項に規定する「戦力」の意味をめぐる国会での論議は始まっていたが，当時の吉田茂内閣は，我が国の平和と秩序の維持，人命・財産の保護を任務とする（保安庁法第4条）保安隊の本質は警察上の組織であり，近代戦争を有効に遂行するに足りる装備等を持たない以上，同項が禁止する「戦力」には該当しないとしていた[1]。

　吉田内閣は，この保安隊当時に，我が国に対する外国からの直接侵略に対し

---

[1]　13回　昭27・2・5〈衆・本会議〉10号89頁，木村篤太郎国務大臣（法務府総裁）答弁等。
　なお，昭和27年11月25日に法制局がそれまでの政府の答弁を整理して「戦力」に関する政府見解を取りまとめたとする論述が少なからずみられる（浦田一郎『自衛力論の論理と歴史』〔日本評論社，2012年〕242頁等）。資料1-1 が，同月26日の朝日新聞が前日（25日）の閣議に報告され，了承されたこの「戦力」に関する政府見解であるが，国会等においてこのような「政府見解」が示されたことはない。もっともその後の国会においては，これが政府見解であることを前提とした戦力論争が続けられている。

1 解釈の骨格

ては、旧日米安保条約に基づき米軍が対処する、としていたにもかかわらず、第19回国会に提出した（昭和29年3月）自衛隊法案には、自衛隊が「直接侵略及び間接侵略に対し我が国を防衛することを主たる任務」とすることが明記されていた（自衛隊法第3条）ことなどから、法案の審議の過程で自衛隊と通常の軍隊との相違、すなわち自衛隊が第9条第2項の戦力に該当するものではないかどうかが改めて問われることになった。吉田内閣は、自衛隊を軍隊とよぶかどうかは定義の問題であるとする一方で、自衛隊の実質は保安隊と変わるものではないとし、自衛隊は第9条第2項の戦力には至ってはおらず、我が国がその程度の実力組織を持つことは憲法に違反しないとしていた[2]。

吉田内閣の総辞職（昭和29年12月10日）を受けて鳩山一郎日本民主党総裁を首班とする内閣が発足したが、鳩山首相自身がかねてから自衛隊を「戦力」ではないとする吉田内閣の第9条解釈に批判的で、改憲を主張していたこともあって、鳩山内閣の発足直後に開かれた国会では早速、自衛隊と第9条との関係についての鳩山内閣の見解が質されることになった。次の政府統一見解は、この質疑の過程で、大村清一防衛庁長官が明らかにしたものであり、今日に至る政府の第9条解釈の基礎となった[3]。

rec.2

○大村国務大臣

……政府の見解をあらためて申し述べます。

第一に、憲法は自衛権を否定していない。自衛権は国が独立国である以上、その国が当然に保有する権利である。憲法はこれを否定していない。従って現行憲法のもとで、わが国が自衛権を持っていることはきわめて明白である。

二、憲法は戦争を放棄したが、自衛のための抗争は放棄していない。一、戦争と武力の威嚇、武力の行使が放棄されるのは、「国際紛争を解決する手段としては」ということである。二、他国から武力攻撃があった場合に、武力攻撃そのものを阻止することは、自己防衛そのものであって、国際紛争を解決することとは本質が違う。従って自国に対して武力攻撃が加えられた場

---

[2] 19回　昭29・4・27〈衆・内閣委〉28号8頁、木村防衛庁長官答弁等。
[3] この統一見解に至るまでの経緯については、中村明『戦後政治にゆれた憲法九条〔第3版〕』（西海出版、2009年）に詳しい。

> 合に，国土を防衛する手段として武力を行使することは，憲法に違反しない。
>   自衛隊は現行憲法違反ではないか。憲法第9条は，独立国としてわが国が自衛権を持つことを認めている。従って自衛隊のような自衛のための任務を有し，かつその目的のため必要相当な範囲の実力部隊を設けることは，何ら憲法に違反するものではない。……
>
> （21回　昭29・12・22〈衆・予算委〉2号1頁，防衛庁長官）

　自衛のための必要最小限度の実力を保持すること（この答弁では「必要相当な範囲の実力部隊を設けること」と表現されている）は第9条第2項によって禁止されておらず，同項の禁じる戦力とは自衛のための必要最小限度の実力を超えるものであるとするこの考え方と，同項の戦力とは近代戦争遂行能力ないし近代戦争を遂行するに足りる装備編成を備えるものをいうとしていた吉田内閣当時の説明との整合性に関して，政府は，吉田内閣当時の説明をより適切な表現に改めたものであって，両者に同項の戦力についての基本的な理解の相違があるわけではないとしている 資料1-2 [4]。

　憲法は自衛権を否定していないとする上記の政府の見解は，その後，最高裁の砂川事件判決[5]においても是認された。ちなみにこの最高裁判決は，「わが国が，自国の平和と安全を維持しその存立を全うするために必要な自衛のための措置をとりうることは，国家固有の権能の行使として当然のことといわなければならない。」とした上で，「〔第9条〕2項がいわゆる自衛のための戦力の保持をも禁じたものであるか否かは別として，」我が国が指揮権，管理権を有さない駐留米軍は第9条第2項で保持を禁じられた戦力には該当しないとして，米軍の駐留を違憲とした第一審の判決を破棄したものである。

　他方，自衛隊の憲法適合性についての司法の判断としては，自衛隊を違憲とした長沼事件第一審判決[6]や，統治行為に属し，司法審査の外にあるとした同事件の控訴審判決[7]などがあるが，周知のようにこれまで最高裁の見解が

---

[4]　このほか22回昭30・7・28〈参・内閣委〉36号24頁，林法制局長官答弁等。
[5]　最大判昭34・12・16刑集13巻13号3225頁。
[6]　札幌地判昭48・9・7判時712号24頁。

示されたことはない。

　政府が必要最小限度の実力組織である自衛隊の存在を第 9 条に違反しないと解する文理上の根拠は，前掲 **rec.2** の統一見解「二,」の中で一，二として示されているところであるが，これに加えて政府は，以下のように，第 13 条等を含めた憲法全体の趣旨をも，自衛隊による実力行使を合憲と解する根拠として挙げている。

rec.3
政府の憲法解釈変更に関する質問に対する答弁書
二について
　憲法第 9 条の文言は，我が国として国際関係において実力の行使を行うことを一切禁じているように見えるが，政府としては，憲法前文で確認している日本国民の平和的生存権や憲法第 13 条が生命，自由及び幸福追求に対する国民の権利を国政上尊重すべきこととしている趣旨を踏まえて考えると，憲法第 9 条は，外部からの武力攻撃によって国民の生命や身体が危険にさらされるような場合にこれを排除するために必要最小限度の範囲で実力を行使することまでは禁じていないと解している。……

(159 回　平 16・6・18 答弁 114 号，対島聡議員（衆))

　要するに，国そのものの存立や国民の生命・権利を守ることは国家に課された最優先の責務であるから，外部からの武力攻撃を受けて国の存立が脅かされたり，自国民の生命，身体，財産が危険にさらされたりしているときに，国が手をこまねいてこれを傍観しているようなことは国民に対して許されるはずがなく，憲法が我が国にそのようなことを求めているとはとうてい考えられない，ということである。

資料 1-1
一，憲法第 9 条第 2 項は，侵略の目的たると自衛の目的たるとを問わず「戦力」の保持を禁止している。
一，右にいう「戦力」とは，近代戦争遂行に役立つ程度の装備，編成を具えるものを

---
7)　札幌高判昭 51・8・5 判時 821 号 21 頁。

第Ⅰ章　戦争の放棄

いう。
一，「戦力」の基準は，その国のおかれた時間的，空間的環境で具体的に判断せねばならない。
一，「陸海空軍」とは，戦争目的のために装備編成された組織体をいい「その他の戦力」とは，本来は戦争目的を有せずとも実質的にこれに役立ち得る実力を備えたものをいう。
一，「戦力」とは人的，物的に組織化された総合力である。従って単なる兵器そのものは戦力の構成要素ではあるが「戦力」そのものではない。兵器製造工場のごときも無論同様である。
一，憲法第9条第2項にいう「保持」とは，いうまでもなくわが国が保持の主体たることを示す。米国駐留軍は，わが国を守るために米国の保持する軍隊であるから憲法第9条の関するところではない。
一，「戦力」に至らざる程度の実力を保持し，これを直接侵略防衛の用に供することは違憲ではない。このことは有事の際，国警の部隊が防衛に当たるのと理論上同一である。
一，保安隊および警備隊は戦力ではない。これらは保安庁法第4条に明らかなごとく「わが国の平和と秩序を維持し人命および財産を保護するため，特別の必要がある場合において行動する部隊」であり，その本質は警察上の組織である。従って戦争を目的として組織されたものでないから，軍隊でないことは明らかである。また客観的にこれを見ても保安隊等の装備編成は決して近代戦を有効に遂行し得る程度のものではないから，憲法の「戦力」には該当しない。

（昭和27・11・26付　朝日新聞・朝刊1面）

資料1-2

○政府委員（吉國一郎君）
　戦力について，政府の見解を申し上げます。
　戦力とは，広く考えますと，文字どおり，戦う力ということでございます。そのようなことばの意味だけから申せば，一切の実力組織が戦力に当たるといってよいでございましょうが，憲法第9条第2項が保持を禁じている戦力は，右のようなことばの意味どおりの戦力のうちでも，自衛のための必要最小限度を越えるものでございます。それ以下の実力の保持は，同条項によって禁じられてはいないということでございまして，この見解は，年来政府のとっているところでございます。
　先般，11月10日の本委員会において上田委員がご指摘になりました，戦力とは近代戦争遂行に役立つ程度の装備編制を備えるものという定義の問題について申し上げます。
　先日も申し上げましたように，吉田内閣当時における国会答弁では，戦力の定義といたしまして，近代戦争遂行能力あるいは近代戦争を遂行するに足りる装備編制を備えるものという趣旨のことばを使って説明いたしておりますが，これは，近代戦争あ

るいは近代戦と申しますか，そういうようなものは，現代における戦争の攻守両面にわたりまして最新の兵器及びあらゆる手段方法を用いまして遂行される戦争，そういうものを指称するものであると解しました上で，近代戦争遂行能力とは右のような戦争を独自で遂行することができる総体としての実力をいうものと解したものと考えられます。近代戦争遂行能力という趣旨の答弁は，第12回国会において初めて行なわれて以来第4次吉田内閣まで，言い回しやことばづかいは多少異なっておりますけれども，同じような趣旨で行なわれております。

　ところで，政府は，昭和29年12月以来は，憲法第9条第2項の戦力の定義といたしまして，自衛のため必要な最小限度を越えるものという先ほどの趣旨の答弁を申し上げて，近代戦争遂行能力と言い方をやめております。それは次のような理由によるものでございます。

　第一には，およそ憲法の解釈の方法といたしまして，戦力についても，それがわが国が保持を禁じられている実力をさすものであるという意味合いを踏まえて定義するほうがよりよいのではないでしょうか。このような観点からいたしますれば，近代戦争遂行能力という定義のしかたは，戦力ということばを単に言いかえたのにすぎないのではないかといわれるような面もございまして，必ずしも妥当とは言いがたいのではないか。むしろ，右に申したような憲法上の実質的な意味合いを定義の上で表現したほうがよいと考えたことでございます。

　第二には，近代戦争遂行能力という表現が具体的な実力の程度をあらわすものでございまするならば，それも一つの言い方であろうと思いますけれども，結局は抽象的表現にとどまるものでございます。

　第三には，右のようでございまするならば，憲法第9条第1項で自衛権は否定されておりません。その否定されていない自衛権の行使の裏づけといたしまして，自衛のため必要最小限度の実力を備えることは許されるものと解されまするので，その最小限度を越えるものが憲法第9条第2項の戦力であると解することが論理的ではないだろうか。

　このような考え方で定義をしてまいったわけでございますが，それでは，現時点において，戦力とは近代戦争遂行能力と定義することは間違いなのかどうかということに相なりますと，政府といたしましては，先ほども申し上げましたように，昭和29年12月以来，戦力の定義としてそのようなことばを用いておりませんので，それが今日どういう意味で用いられるかということを，まず定めなければ，その是非を判定する立場にはございません。しかし，近代戦争遂行能力ということばについて申し上げれば，戦力の字義から言えば，文字の意味だけから申すならば，近代戦争を遂行する能力というのも戦力の一つの定義ではあると思います。結局，先ほど政府は昭和29年12月より前に近代戦争遂行能力ということばを用いました意味を申し上げたわけでございますが，そのような意味でありますならば，言い回し方は違うといたしましても，一がいに間違いであるということはないと存じます。……

　　　　　　　（70回　昭47・11・13〈参・予算委〉5号2頁，内閣法制局長官）

第Ⅰ章　戦争の放棄

(2) 海外での武力行使の禁止

　以上にみたように，政府が自衛隊は第9条第2項が保持を禁じた戦力に該当せず，憲法に違反しないとするのは，外国等による武力攻撃[8]から国の存立や国民の生命・財産を守るために必要な最小限度の実力組織として自衛隊を位置づけるがゆえである。同時に政府は，第9条の下で許される実力の行使は，こうした不正な武力攻撃を排除するために必要最小限度の範囲内にとどまるべきものと解してきた。

　「必要最小限度の実力」の限界いかんといった問題はさておき（26頁以下参照），重要なことは，自衛隊の実力の行使はあくまでも，外部からの我が国に対する武力攻撃を排除するためのものとされてきたことであろう。後に詳しくみるが，政府が，自衛隊の武力行使は，こうした目的によるものを除いて，集団的自衛権を行使する場合など国際法上は適法とされるものであっても憲法上許されない，としているのは，以下の答弁にみるように，それが，外部からの我が国に対する武力攻撃が発生しておらず，したがって国家の存立が脅かされたり，国民の生命等に危険が及んだりしていない状況下で行われるものであるからにほかならない。

rec.4

○秋山政府特別補佐人

……政府は，従来から，その9条の文理に照らしますと，我が国による武力の行使は一切できないようにも読める憲法9条のもとでもなお，外国からの武力攻撃によって国民の生命身体が危険にさらされるような場合に，これを排除するために武力を行使することまでは禁止されませんが，集団的自衛権は，我が国に対する急迫不正の侵害に対処するものではなく，他の外国に加えられた武力行使を実力で阻止することを内容とするものでありますから，憲法9条のもとではこれの行使は認められないと解しているところでござい

---

[8] ここで想定する武力攻撃は，基本的には我が国の領域に対して組織的・計画的に行われるものであるから，外国によるものが一般的であると考えられるが，後述する「国に準ずる組織」による場合もあり得ないわけではない（21頁参照）。「外国による武力攻撃」ではなく，「外国等による武力攻撃」ないしは「外部からの武力攻撃」と表現しているのはこのためである。

ます。

(159回　平16・1・26〈衆・予算委〉2号5頁，内閣法制局長官)

rec.5

○政府特別補佐人（秋山收君）

……政府としては，この9条は，我が国自身が外部から武力攻撃を受けた場合における必要最小限の実力の行使を除きまして，いわゆる侵略戦争に限らず国際関係において武力を用いることを広く禁ずるものであるというふうに従前から考えているところでございまして，その範囲内でやはり国際貢献も考えていかざるを得ないものと考えております。

(157回　平15・10・9〈参・テロ特委〉5号3頁，内閣法制局長官)

このように政府は，たとえ国際法との関係で問題とされることがなく，また，国際社会の平和の維持・回復に寄与すると考えられる場合であっても，自衛隊が我が国に対する武力攻撃を排除すること以外のことを目的として武力を行使することは許されないと解してきている。政府の第9条解釈の骨格といえるものである。

なお，本項の見出しを含め，本書ではこうした第9条が禁じる武力行使，すなわち「我が国に対する武力攻撃が発生した場合にこれを排除するために行う必要最小限度の実力の行使を除く武力の行使」を端的に「海外での武力行使」と言い換えている。これは，第9条の下で許容される上記の必要最小限度の実力の行使（個別的自衛）が基本的には我が国の領土・領海・領空とこれに隣接する公海又は公空においてなされるものであること，および近年の第9条の解釈をめぐる論議がもっぱら集団的自衛権の行使等，自衛隊の海外での武力行使の可否に関して展開されていることなどを踏まえ，分かりやすさを重視したための便宜的な表現であって，厳密なものではないことをお断りしておきたい。なぜなら，後述するように，政府は，個別的自衛権の行使が状況いかんでは公海・公空はもとより外国の領域にも及び得るとし，第9条によって国外での武力行使が一切禁止されていると解しているわけではないからである（41頁以下参照）。したがって政府が，国会等において，「海外での武力行使」が禁止されていると述べているわけではない。

第Ⅰ章　戦争の放棄

　ちなみに，自衛隊創設時に自衛隊法及び防衛庁設置法と併せて日米間の防衛援助を定めたMSA協定（日米相互防衛援助協定）が国会に提出され，並行してその審議が行われた。その過程で，MSA協定が，両国間の防衛援助協力と日本の防衛力の増強を規定する一方で，我が国の海外派兵を明示的に禁じていないとして，野党から海外派兵の可否や意図について質されたのに対して，政府は，いわゆる海外派兵は憲法上許されないとする見解を繰り返し明らかにしている [9]。参議院において，自衛隊の海外出動を行わない旨の全会一致の決議が行われたのも，これら一連の法案，条約の議決に際してのことである（41頁参照）。

　政府の第9条解釈は，難解であるとか，技巧的であるといった批判を受けることがあるが，政府の第9条に関するすべての論理は，以上に述べた2点，すなわち自衛隊が合憲であること，しかし原則として海外での武力行使は許されないことを土台として構築されており，この2点を前提とする限りにおいては，骨太で分かり易いものであるといえよう。

2　用語の意味

　政府の第9条解釈が，同条の規定中に用いられている用語についての一定の理解を前提とするものであることはいうまでもない。そこでまず，同条中の一連の用語の意味を確認しておく必要がある。

(1) 国権の発動

　第9条第1項において日本国民が永久に放棄するとしているのは，「国権の発動たる戦争」と「武力による威嚇又は武力の行使」である。

---

9)　19回　昭29・3・29〈衆・外務委〉28号22頁，岡崎外務大臣答弁等。

政府は，国権という言葉は一般に，①国家の意思，又は②統治権，のいずれかの意味で用いられるが，憲法（第9条及び第41条）にいう「国権」は①の意味である[10]とした上で，「国権の発動たる戦争」は，以下にみるように単に戦争というのと同義であるとしている。

rec.6
「戦争」，「紛争」，「武力の行使」等の違いに関する質問に対する答弁書
一について
　憲法第9条第1項の「国権の発動たる」とは「国家の行為としての」という意味であり，同項の「戦争」とは伝統的な国際法上の意味での戦争を指すものと考える。したがって，同項の「国権の発動たる戦争」とは「国家の行為としての国際法上の戦争」というような意味であると考える。
　もっとも，伝統的な国際法上の意味での戦争とは，国家の間で国家の行為として行われるものであるから，「国権の発動たる戦争」とは単に「戦争」というのとその意味は変わらないものであり，国権の発動ではない戦争というものがあるわけではないと考える。
　　　　　　　　　（153回　平14・2・5答弁27号，対金田誠一議員（衆））

ちなみに，国連決議に基づく集団安全保障措置への参加は，国際社会の意思に基づくものであるから「国権の発動」には当たらない，とする考え方に対して，政府は **rec.64**（82頁）にみるようにこれを否定している。

(2) 戦争と武力の行使

次に「戦争」と「武力の行使」の関係について政府は，「戦争」が「伝統的な国際法上の意味での戦争，すなわち国家の間で武力を行使し合うという国家の行為をいう」のに対し，「武力の行使」は「基本的には国家の物的・人的組織体による国際的な武力紛争の一環としての戦闘行為をいうと考えるが，同項〔第9条第1項〕の『国権の発動たる戦争』に当たるものは除かれる」と解して

---
[10]　154回　平14・3・8答弁17号，対金田誠一議員（衆）答弁書「一，三及び四について」。

第 I 章　戦争の放棄

いる[11]。

　第9条第1項の文理上,「国権の発動たる」は,「戦争」のみを修飾していて,「武力による威嚇又は武力の行使」にはかかっていないが,「武力による威嚇」や「武力の行使」も国の行為として行われるものだけを指す点では,「国権の発動たる戦争」と異なるものではない 資料1-3 [12]。

　戦争は,実質的な意味では国家間のすべての武力抗争を含む概念であると考えられるが,第9条第1項において「戦争」と「武力の行使」とが書き分けられていることを踏まえて,政府は,「戦争」を国家間の武力抗争のうち,宣戦布告や最後通牒の発出によって始まり,戦時国際法が適用されるもののみを意味する,法的ないし形式的な概念と位置づける一方,「武力の行使」はこれ以外のいわゆる事実上の戦争を指すと解しているわけである。同項の「戦争」と「武力の行使」の意味をそれぞれこのように解することについては,上述の「国権の発動たる」という修辞句の意味と同じく,学説上もほとんど異論をみないところである。

　周辺事態安全確保法[13]（第3条第2項）やテロ特措法[14]（第2条第3項）において,「戦闘行為」を「国際的な武力紛争の一環として行われる人を殺傷し又は物を破壊する行為」と定義しているが,この定義にいう「戦闘行為」から国際法上の戦争の遂行過程における行為を除いたものが第9条に規定する「武力の行使」であると考えることができる。法的な概念である「戦争」の範囲が明確であるのに対して,事実を表す「武力の行使」については,こうした定義をもってしてもその外延が必ずしも一義的であるとはいえず,後にみるように,

---

11)　153回　平14・2・5答弁27号,対金田誠一議員（衆）答弁書。
12)　日本人が個々人の意思で外国の義勇軍に参加したり,傭兵として戦闘に加わったりすることは,そこに我が国の国家としての意思が介在するのでない限り,第9条とは無関係である（昭40・3・2〈衆・予算委〉17号7頁,高辻内閣法制局長官答弁等参照）。
13)　「周辺事態に際して我が国の平和及び安全を確保するための措置に関する法律」。
14)　「平成十三年九月十一日のアメリカ合衆国において発生したテロリストによる攻撃等に対応して行われる国際連合憲章の目的達成のための諸外国の活動に対して我が国が実施する措置及び関連する国際連合決議等に基づく人道的措置に関する特別措置法」（平13法113）。
　　ちなみに周辺事態安全確保法やテロ特措法では,自衛隊の活動（政府の「対応措置」の実施）が「武力による威嚇又は武力の行使に当たるものであってはならない」旨が明記されている（いずれも第2条第2項）。

武器使用権限との関係，自衛隊の活動の他国軍隊の武力行使との一体化の問題，攻撃を受けた場合の事実認定のあり方等々，国会において様々な角度から議論の対象となってきたが，これが「国際的な武力紛争の一環」としてなされる実力の行使を意味するという点については異論をみない。

なお「武力による威嚇」は，一般に，武力行使の前段階の行為として，自国の要求を容れなければ武力を行使するという態度を示すことによって相手国を威嚇し，強要することと解されており，政府も同様に理解してきている 資料 1-4 。

資料 1-3

○山本正和君
……憲法上のいわゆる国権の発動たる戦争というものと，国権の発動たる武力の行使とどう違うのか……。
○政府特別補佐人（秋山收君）
　憲法9条でございますが，第1項で「国権の発動たる戦争と，武力による威嚇又は武力の行使は国際紛争を解決する手段としては，永久にこれを放棄する。」と書いてございまして，文理上，「国権の発動たる」というのは「戦争」にだけ掛かっているんだという読み方が普通だろうと思います。
　それで，なぜこのように規定されたかと申しますのは，まず「国権の発動たる戦争」の意味内容は，伝統的な国際法上の意味での戦争，すなわち，いわゆる戦前に確立された国際法上の手続を踏んで，国家間で宣戦でありますとかあるいは最後通牒を発するというような手続を踏んで行われる武力を用いた争いであると考えております。ただ，「国権の発動たる」という意味は国家の行為としての意味でありまして，結局は「国権の発動たる戦争」とは，単に戦争というのと，その意味内容は国家の行為であるという意味において変わらないことになろうかと思います。
　一方，「武力の行使」でございますが，これは戦争よりも広い，言わば戦争も含む概念でございまして，伝統的な国際法上の手続を踏むことなく行われるものも含め，広く国家の物的，人的組織体による国際的な武力紛争の一環としての戦闘行為をいうものと考えてきているわけでございます。
　それで，ただ，これ憲法でございますから，当然のことながら国家の行為を問題とするわけでございまして，「国権の発動たる」ということを付けると付けないとにかかわらず，そこは意味内容はそこは同じでございます。……
　　　　　　　（159回　平16・6・3〈参・イラク事態特委〉15号23頁，内閣法制局長官）

資料 1-4

○政府委員（工藤敦夫君）
……「武力による威嚇」という憲法9条の規定はかように考えております。すなわち，

> 通常,現実にはまだ武力を行使しないが自国の主張,要求を入れなければ武力を行使する,こういう意思なり態度を示すことによって相手国を威嚇することである,このように説明されておりまして,学説も多くはこのように書いてございます。
> 　それで,具体的な例として,例えばかつてのいわゆる三国干渉ですとか等々のようなものが例に挙がっているのが「武力による威嚇」の例だろうと存じます。
> 　　　（123回　平4・5・29〈参・国際平和協力特委〉13号（その1）24頁,内閣法制局長官）

(3) 国際紛争

　「武力の行使」についての政府のこのような理解は,第9条第1項が「武力の行使」を「戦争」と並べて,「国際紛争を解決する手段としては」放棄すると規定していることにかんがみて当然のことといえよう。第9条は「国際紛争」を武力によって解決しようとする試み,すなわち「国際的な武力紛争」の当事者となることを禁じたものにほかならない。

　そこで次の問題は,第9条第1項にいう「国際紛争」が何かということになる。これについて政府は,次のように説明している。

rec.7

> ○秋山政府委員
> 　憲法第9条の国際紛争についてのお尋ねでございますが,国際紛争と申しますのは,一般には,国家間で特定の問題について意見を異にし,互いに自己の意見を主張して譲らず対立している状態をいうというふうにされております。しかしながら,紛争の当事者が国家である場合に限らず,例えば国家以外のものが当事者である場合でありましても,それが地域住民を一定の範囲で支配している場合でありますとか,またはその支配を目指しているような場合にも,その紛争が国際紛争と言える場合があるものと考えております。
> 　　　（142回　平10・5・14〈衆・安保委〉10号5頁,内閣法制局第二部長）

　上記答弁の後段部分の要件を満たすような「国家以外のもの」を指す場合に,政府は近年,「国（国家）に準ずる組織」と言い表すことを常としているから 資料1-5 ,この表現に従えば「国際的な武力紛争」は,「国又は国に準ずる組織の間において生ずる武力を用いた争い」を意味することになる。

重要なことは，我が国，つまり自衛隊が仮に実力の行使に及んだとしても，その相手方が国又は国に準ずる組織に当たらない場合，典型的には盗賊集団などを相手方とするようなときには，その実力行使，すなわち武器を使用しての対処行動が第9条との関係で問題になることはないという点である 資料1-6 。もっともこの基準に当てはめても，世界各地で生じる様々な抗争，特にフセイン政権やタリバン政権が崩壊した直後のイラクやアフガニスタンなどで発生する武力衝突の逐一について，国際的な武力紛争の一環をなすもの，すなわち戦闘行為に該当するかどうかを即時に判別することは，必ずしも常に容易であるとは限らない。

　その一つの理由は，抗争の主体が武力紛争の当事者としての要件を満たしているかどうか，つまり「国に準ずる組織」に該当するかどうかを見極める必要があることである。カンボディア紛争における三派のように，現に一定の地域を実力によって支配している場合には，その勢力，組織が「国に準ずる」ことは明らかであるが，上記の答弁にあるように「国に準ずる組織」がそのようなものに限られるわけではない。

　この点について政府は，やや間接的にではあるが，次のように述べている。

rec.8

○政府特別補佐人（秋山收君）

　観念的には，もちろん国に準ずる組織と申しますのは国際的な紛争の当事者たり得る実力を有する組織体ということでございます……その相手方が国に準ずる組織であるかどうか……の見極めは，正に具体的な個別具体の事案の事実関係に即して判断されるべきものであると考えますが，当該行為の主体が一定の政治的な主張を有し，相応の組織や軍事的実力を有するものであって，その主体の意思に基づいてその破壊活動が行われているというような場合には，その行為が国に準ずる組織によるものに当たるとされることがあるのではないかと考えます。

　　　　　　（156回　平15・7・10〈参・外交防衛委〉15号29頁，内閣法制局長官）

rec.9

○石破国務大臣

　国または国に準ずる組織とは具体的にどのようなものだということは，事

柄の性質上確定的に申し上げることはなかなか難しいことでございますが，あえて申し上げるとするならば，フセイン政権の再興を目指し米英軍に抵抗活動を続けるフセイン政権の残党というものがあれば，これは該当することがあるというふうに考えております。また逆に，フセイン政権の残党であったとしても，日々の生活の糧を得るために略奪行為を行っている，こういうものは該当しないと評価すべきだと考えております。……

(156回 平15・7・2〈衆・イラク特委〉7号4頁，防衛庁長官)

これらの説明によれば，その組織が①一定の政治的主張を有すること，②相応の組織や軍事的実力を有することが，「国に準ずる組織」の必要条件であるが，これらの条件を具備している組織・団体との武力衝突が必ずしも常に「国際的な武力紛争」に該当するわけではないということになる。

個々の武力攻撃が国際的な武力紛争の一環をなす「戦闘行為」に該当するかどうかを瞬時に判断することが容易ではないもう一つの理由は，武力紛争が続いている地域は治安が悪いのが常態であるため，個々の武力攻撃がどの組織・グループによるものかも分からなかったり，仮に武力攻撃の主体が国又は国に準ずる組織であることが分かったとしても，その攻撃の意図が明確でない場合が少なくないと考えられることである。イラク特措法[15]に基づく陸上自衛隊の給水活動は，イラク本土において，米軍を中心とした多国籍軍がフセイン政権残党の掃討作戦を進める中で行われ，その活動地域にロケット砲弾や迫撃砲弾等が着弾するといった事態も発生した。このため国会では，こうした砲撃が戦闘行為に当たらないかどうかが問題となった。

個別具体的な武力攻撃が戦闘行為に該当するかどうかの判断に関して，政府は次のような基準を示している。

rec.10
イラク人道復興支援特別措置法における「戦闘行為」に関する質問に対する答弁書一及び二について
……戦闘行為とは，「国際的な武力紛争の一環として行われる人を殺傷し又

---

[15] 「イラクにおける人道復興支援活動及び安全確保支援活動の実施に関する特別措置法」(平15法137)。

は物を破壊する行為」をいい，ある行為がこれに該当するかどうかについては，当該行為が国家又は国家に準ずる組織の間において生ずる武力を用いた争いの一部を構成する「人を殺傷し又は物を破壊する行為」であるか否かによって決せられると考えるところであるが，その判断を行うに当たっては，当該行為について，その計画性，組織性，継続性，国際性等を総合的に勘案することとなる。……

(159回　平16・6・11答弁130号，対金田誠一議員（衆））

rec.11

○石破国務大臣

　国際的な武力紛争の一環として行われるものかどうかの判断基準はどう判断すべきかということでございます。

　それは先ほど申し上げましたように，当該行為の実態に応じ，国際性，計画性，組織性，継続性などの観点から個別具体的に判断をすべきものでございます。

　その意味から申し上げますと，国内治安問題にとどまるテロ行為，あるいは散発的な発砲や小規模な襲撃などのような，組織性，計画性，継続性が明らかではない，偶発的なものと認められる，それらが全体として国または国に準ずる組織の意思に基づいて遂行されていると認められないようなもの，そういうものは戦闘行為には当たらないというふうに考えます。……

(156回　平15・7・2〈衆・イラク特委〉7号4頁，防衛庁長官)

　イラクにおいて，自衛隊の活動地域への数回に及んだ砲撃の主体が明らかになることはなかったが，いずれも散発的なものに終わったことなどから，自衛隊がその活動を終えるまで，当該地域が戦闘地域であると認定されるような状況には至らなかった。

資料1-5

「戦争」，「紛争」，「武力の行使」等の違いに関する質問に対する答弁書
　三の1について
　憲法第9条第1項の「国際紛争」とは，国家又は国家に準ずる組織の間で特定の問

題について意見を異にし，互いに自己の意見を主張して譲らず，対立している状態をいうと考える。

(153回　平14・2・5答弁27号，対金田誠一議員（衆）)

資料1-6

○政府特別補佐人（秋山收君）
……9条との関係で，戦闘行為とは，「国際的な武力紛争の一環として行われる人を殺傷し又は物を破壊する行為をいう。」，それから，国際的な武力紛争とは，国又は国に準ずる組織との間において生ずる武力を用いた争いをいうものと考えているところでございます。
　私がもうしあげましたものは，論理の問題としてお答えすれば，米英軍等の他国による実力の行使の相手方がおっしゃるような盗賊団のようなたぐいの場合には，これは国又は国に準ずる組織に評価されるものではない。したがいまして，国際的な武力紛争には当たらず，したがって，そのような行動が行われております地域で仮にいろいろな支援活動，あるいは支援活動を行ったとしましても，それにつきましては武力の行使との一体化の問題が生ずることはないというふうに申し上げたわけでございます。……

(156回　平15・7・10〈参・外交防衛委〉15号29頁，内閣法制局長官)

(4)　交　戦　権

　先に述べたとおり，第9条第2項の「戦力」について，政府は，自衛のための必要最小限度の実力を超える実力と解してきたが，同項は，「戦力」の不保持に続けて「国の交戦権は，これを認めない。」と規定している。
　ここにいう「交戦権」について政府は，次のように，国が戦争をする権利そのものを意味するものではなく，交戦国に対して国際法上認められる権利を総称するものと解している。

rec.12

○政府委員（秋山收君）
……このような戦争一般でございますが，交戦権を当然に伴うものであるとされておりますが，ここに言う交戦権，あるいはこれは憲法9条の交戦権も同じでございますが，単に戦いを交える権利という意味ではございませんで，伝統的な戦時国際法における交戦国が国際法上有する種々の権利の総称であ

りまして，相手国兵力の殺傷及び破壊，相手国の領土の占領，そこにおける占領行政，それから中立国船舶の臨検，敵性船舶の拿捕などを行うことを含むものを指すものというふうに従来からお答えしてきているところでございます。自衛戦争の際の交戦権というのも，自衛戦争におけるこのような意味の交戦権というふうに考えています。このような交戦権は，憲法9条2項で認めないものと書かれているところでございます。……

（145 回　平 11・3・15〈参・外交防衛委〉5 号 14 頁，内閣法制局第一部長）

「交戦権」をこのように解する理由を詳細に述べた政府の答弁等は見当たらないが，憲法学界においては通説といってよい[16]。これに対して第9条第2項の「交戦権」は戦争をする権利そのものを意味すると解する意見があるが，その妥当性については，後にみることとしたい（74 頁参照）。

　他方，我が国がこのような意味での「交戦権」を有さないからといって，自衛のために必要な最小限度の実力の行使までが制約されることにはならない。これについて政府は，次のように述べている。

rec.13
憲法第9条の解釈に関する質問に対する答弁書

　憲法第9条第2項の「交戦権」とは，戦いを交える権利という意味ではなく，交戦国が国際法上有する種々の権利の総称であって，このような意味の交戦権が否認されていると解している。

　他方，我が国は，国際法上自衛権を有しており，我が国を防衛するため必要最小限度の実力を行使することが当然に認められているのであって，その行使として相手国兵力の殺傷及び破壊等を行うことは，交戦権の行使として相手国兵力の殺傷及び破壊等を行うこととは別の観念のものである。……

（102 回　昭 60・9・27 答弁 47 号，対森清議員（衆））

16）　芦部信喜（高橋和之補訂）『憲法〔第 5 版〕』（岩波書店，2011 年）66 頁，野中俊彦＝中村睦男＝高橋和之＝高見勝利『憲法 I〔第 5 版〕』（有斐閣，2012 年）179 頁等。

3 自衛力の限界と自衛権の発動要件

(1) 自衛力増強の限界

　昭和30年代から40年代を通じて，第9条をめぐる国会での野党の政府に対する質問の中心は，政府のいう「自衛のための必要最小限度の実力」の具体的な範囲，限界が何かということであった。この点は，鳩山内閣発足時に政府統一見解（**rec.2**参照）が示された直後から質されていたが[17]，政府は，今日に至るまで一貫して，その限度は，具体的な数量等によって一義的に示せるものではなく，最終的には予算の審議等を通して国民の代表たる国会において判断されるべき事項であるとしてきている。

rec.14
○国務大臣（中曽根康弘君）
……防衛力の限界は，科学技術の進歩とか，客観情勢の変化とか，国際情勢とか，そういうものともからんでおりまして，必ずしも数量的に表現できないのが非常に遺憾なのであります。しかし，かりに数量的に表現できないにしても，国民の皆さまになるたけわかりやすい形で何とか表現できる方法はないかと，そういう意味において努力しておりまして，逐次可能なものからあらわしてみるようにしていきたいと思っております。……
○矢追秀彦君
　自衛力の限界について，よくGNPの0.8％でこれは世界で最低であるとか，いろいろ言われておりますけれども，この自衛力の限界について，その上限……をきめる必要があるのではないかと思うんですが，……その点はいかがですか。
○国務大臣（中曽根康弘君）
　その点は，……数量的にはなかなかむずかしいところでございます。やは

---

[17]　21回　昭29・12・23〈衆・予算委〉3号10頁。

3 自衛力の限界と自衛権の発動要件

り国全体のバランスを見ながら，社会保障費，教育研究費，公共事業費等の見合いで，民生安定を重視しながらつつましい限度で必要な範囲を定めていくと，そういうような方法論における歯どめしか文民統制の今日においてはないんではないかと，そういうふうに考えております。

(64回　昭45・12・15〈参・予算委〉1号7頁，防衛庁長官)

rec.15

○茂串政府委員

　それ〔編注：自衛力の限界〕は常々問題とされている点でございますけれども，憲法規範というものの性格からいたしまして，一義的にここを超えたら憲法違反であるといったような具体的な限度，線が憲法から直接出てくるということは，これはできないわけでございます。あくまでも憲法の解釈といたしましては，いつも申し上げておりますように，必要最小限度の枠を超えてはいけないというのがいわば法規範としてぎりぎりのところでございまして，結局それをだれが判定するかということになりますれば，国民の代表者である国会が予算の審議等を通じて御判断になる，こういうことを常々申し上げているところでございます。

(100回　昭58・9・28〈衆・行革特委〉4号20頁，内閣法制局長官)

　このように政府は，自衛力の限界を量的に画することはできないとする一方で[18]，定性的には，自衛のための必要最小限度の実力組織という自衛隊の性格に照らして，自衛力が全体として他国に脅威を与えるものであってはならないとし，また，個々の兵器に関しても，その性能上相手国の潰滅的破壊のためにのみ用いられるようなものは，その保持が許されないとしてきている。

rec.16

○国務大臣（佐藤栄作君）

　……わが国が持ち得る自衛力，これは他国に対して侵略的脅威を与えない，

---

[18]　昭和51年11月に三木内閣は，我が国の防衛費を対GNP比1％以内に止めることを閣議決定したが，「対GNP比1％以内」が法的要件でないことはいうまでもない。対GNP比1％枠は，中曽根内閣下の昭和62年度予算で防衛費の対GNP比が1.004％となるまでの間維持された。その後も防衛費の対GNP（GDP）比が1％を超えることは少なく，平成25年度予算では対GDP比で0.97％となっている。

侵略的脅威を与えるようなものであってはならないのであります。これは，いま自衛隊の自衛力の限度だ。かように私理解しておりますので，ただいま言われますように，だんだん強くなっております。……憲法が許しておりますものは，他国に対し侵略的な脅威を与えない。こういうことで，はっきり限度がおわかりいただけるだろうと思います。

(55回　昭42・3・31〈参・予算委〉4号3頁，内閣総理大臣)

rec.17

○中曽根国務大臣

　やはり核兵器，特に攻撃的，戦略的核兵器，それから攻撃的兵器の中でたとえばB52のようなもの，あるいはICBM，あるいは中距離弾道弾，このように他国の領域に対して直接脅威を与えるものは禁止されていると思います。

(63回　昭45・3・30〈衆・予算委〉18号（その1）24頁，防衛庁長官)

rec.18

○鈴切委員

……他国に脅威を与えないという意味は，攻撃的な兵器は持たない，他国に脅威を与えるような攻撃的な兵器は持たないというわけでありますけれども，具体的にはどういう意味であるのか。攻撃的兵器，防御的兵器の区別はどこでするのか，……。

○久保政府委員

　まず攻撃的兵器と防御的兵器の区別をすることは困難であるということは，外国の専門家も言っておりますし，われわれもそう思います。なぜかならば，防御的な兵器でありましてもすぐに攻撃的な兵器に転用し得るわけでありますから，したがいまして私どもが区別すべきものは，外国が脅威を感ずるような，脅威を受けるような攻撃的兵器というふうに見るべきではなかろうか，そう思います。そういたしますと，脅威を受けるような，あるいは脅威を与えるような攻撃的兵器と申しますと，たとえばICBMでありますとか，IRBMでありますとか，非常に距離が長く，しかも破壊能力が非常に強大であるといったようなもの，あるいは当然潜水艦に積んでおります長距離の弾道弾ミサイルなどもこれに入ります。また米国の飛行機で例を言う

ならば，B52のように数百マイルもの行動半径を持つようなもの，これも日本の防衛力に役に立つということではなくて，むしろ相手方に戦略的な攻撃力を持つという意味で脅威を与えるというふうに考えます。

(65回　昭46・5・15〈衆・内閣委〉26号3頁，防衛庁防衛局長)

rec.19

○国務大臣（瓦力君）

　政府が従来から申し上げているとおり，憲法第9条第2項で我が国が保持することが禁じられている戦力とは，自衛のための必要最小限度の実力を超えるものを指すと解されるところであり，同項の戦力に当たるか否かは，我が国が保持する全体の実力についての問題であって，自衛隊の保有する個々の兵器については，これを保有することにより我が国の保持する実力の全体が右の限度を超えることとなるか否かによって，その保有の可否が決せられるものであります。

　しかしながら，個々の兵器のうちでも，性能上専ら相手国の国土の潰滅的破壊のためにのみ用いられるいわゆる攻撃的兵器を保有することは，これにより直ちに自衛のための必要最小限度の範囲を超えることとなるから，いかなる場合にも許されず，したがって，例えばICBM，長距離核戦略爆撃機……長距離戦略爆撃機，あるいは攻撃型空母を自衛隊が保有することは許されず，このことは累次申し上げてきているとおりであります。

　なお，昨年5月19日参議院予算委員会において当時の中曽根内閣総理大臣が答弁したとおり，我が国が憲法上保有し得る空母についても，現在これを保有する計画はないとの見解に変わりはありません。

(112回　昭63・4・6〈参・予算委〉18号2頁，防衛庁長官)

核兵器の保有については，非核三原則が国是とされていることに加え，核兵器の不拡散に関する条約，原子力基本法等によって国際法上も，また，国内法においても禁止されているが，第9条との関係のみについていえば，仮に自衛力の限度内にとどまる核兵器があるとすれば，その保有が許されないわけではないというのが政府の見解である。もっとも政府がそのようなものとして例示する防御用の小型核兵器といったものは，これまで開発されていないから，第

9条の下で保有可能な核兵器は現存しないと考えられる。

rec.20
○福田内閣総理大臣

　大事な問題でありますので明快にお答えをしますが，わが国は憲法第9条によりまして戦力を持つことはできない。しかしながら自衛のための必要最小限の備えは，これはもとより自衛のためのものでありまするから，これはもう憲法が禁じておる，こういうところじゃないわけであります。

　そういう意味において，いまお話がありましたが，核につきましても，憲法第9条の解釈といたしまして，これが絶対に持てない，こういうことではないのであります。核といえども，必要最小限の自衛のためでありますればこれを持ち得る，こういうのが私どもの見解でございます。

　ただ，実際上の政策問題といたしますと，わが国は非核三原則というものを国是としておる，それからまた核拡散防止条約に加入しておる，また原子力基本法を持っておる，こういうことでございますので，現実の問題として核を持つ，こういう核を兵器として持つということはあり得ませんが，憲法解釈の問題とは別個の問題であるというふうに御理解願います。

（84回　昭53・3・24〈衆・外務委〉8号10頁）

rec.21
核兵器廃絶に関する質問主意書

　四，従来，政府は，「自衛のための必要最小限度を超えない」範囲内にとどまるものである限り，核兵器を保有することは憲法の禁ずるところでない，としてきたが，その解釈はいまも変わらないのか。

答弁書

四について

　我が国には固有の自衛権があり，自衛のために必要最小限度の実力を保持することは，憲法第9条第2項によっても禁止されているわけではない。したがって，核兵器であっても，仮にそのような限度にとどまるものがあるとすれば，それを保有することは，必ずしも憲法の禁止するところではない。他方，右の限度を超える核兵器の保有は，憲法上許されないものである。政府は，憲法の問題としては，従来からこのように解釈しており，この解釈は，

現在でも変わっていない。

なお，憲法と核兵器の保有との関係は右に述べたとおりであるが，我が国は，いわゆる非核三原則により，憲法上は保有することを禁ぜられていないものを含めて政策上の方針として一切の核兵器を保有しないという原則を堅持し，また，原子力基本法（昭和30年法律第186号）及びNPTにより一切の核兵器を保有し得ないこととしているところである。

（128回　平5・12・3答弁4号，対立木洋議員（参））

ちなみに米軍による我が国領域内への核兵器の持ち込みについては，非核三原則に基づいて認めないというのが政府の一貫した立場であるが，法的には第9条の射程の外にあり，また，これを規制する国内法も存在しない。

(2) 自衛権発動の三要件

いわゆる55年体制下で，自衛力の限界と並んで論議の的となったのは，自衛権の発動要件，すなわち自衛のための自衛隊の武力の行使がどのような状況下で許容されるかという点であった。これについて政府は，自衛権の発動は次の三要件を満たす場合に限られるとしてきた 資料1-7 。

①我が国に対する急迫不正の侵害があること，すなわち武力攻撃が発生したこと
②これを排除するために他の適当な手段がないこと
③必要最小限度の実力行使にとどまるべきこと

この3つの要件のうち，①及び②は，自衛権の発動が許容されるための前提条件であるのに対して，③は，自衛権の行使としての武力の行使が許される限度，いわば行使の要件ともいうべきものであり，①，②とはややその意味合いを異にするが，我が国の武力行使が第9条に適合するための要件という趣旨で，一括して列挙されてきたものと考えられる。

問題は，個別具体的な事象がこれらの要件，特に①及び②の要件を満たすか

どうかの判断である。実際に自衛隊が武力を行使するためには，内閣総理大臣が自衛隊に対して防衛出動を命ずる必要があることから，この判断は第一義的には政府によって行われるが[19]，原則として国会の事前承認が必要とされ，また，国会の事後承認が得られなかった場合には，内閣総理大臣は直ちに自衛隊の撤収を命じなければならないから[20]，最終的には国会の判断に委ねられることになる。

資料 1-7

○佐藤（達）政府委員
　私どもの考えておるいわゆる自衛行動と申しますか，自衛権の限界というものにつきましては，たびたび述べておりますように，急迫不正の侵害，すなわち現実的な侵害があること，それを排除するために他に手段がないということと，しかして必要最小限度それを防禦するために必要な方法をとるという，三つの原則を厳格なる自衛権の行使の条件と考えておるわけであります。……
　　　　　　　　　　　（19回　昭29・4・6〈衆・内閣委〉20号2頁，法制局長官）
○国務大臣（田中角栄君）
……わが国の自衛権の行使は，いわゆる自衛権発動の三条件，すなわち，わが国に対する武力攻撃が発生したこと，この場合に，これを排除するために他に適当な手段がないこと及び必要最小限度の実力行使にとどまるべきことをもって行なわなければならないことは，これまで政府の見解として申し上げてきたところでございます。……
　　　　　　　　　　　（71回　昭48・9・23〈参・本会議〉37号14頁，内閣総理大臣）

(3) 武力攻撃の発生

　第一の要件とされる「我が国に対する武力攻撃の発生」に関しては，何が「我が国に対する武力攻撃」に該当するかという問題と，その「発生」とはいかなる時点を指すかということがこれまでの主な論点であった。
　まず，攻撃の対象や態様，すなわち何に対するどのような行為が「我が国に対する武力攻撃」に当たるかという点について，政府は次のように述べている。

---

19)　102回　昭60・9・27答弁47号，対森清議員（衆）答弁書。
20)　自衛隊法第76条及び武力攻撃事態等における我が国の平和と独立並びに国及び国民の安全の確保に関する法律第9条参照。

rec.22
武力攻撃対処法案に関する質問に対する答弁書
一及び二について

　武力攻撃事態における我が国の平和と独立並びに国及び国民の安全の確保に関する法律案（以下「法案」という。）第 2 条第 1 号の「我が国に対する……武力攻撃」とは，基本的には我が国の領土，領海，領空に対する組織的計画的な武力の行使をいうと考える。

　特定の事例が我が国に対する組織的計画的な武力の行使に該当するかどうかについては，個別の状況に応じて判断すべきものであり，あらかじめ定型的類型的にお答えすることは困難である。……

　　　　　　　　　（156 回　平 15・4・22 答弁 54 号，対長妻昭議員（衆））

　この答弁書は掲記の法案第 2 条第 1 号の規定に即してのものであるが，自衛権発動の要件たる「我が国に対する武力攻撃」の概念もこれと異なるものではない。

　「我が国に対する武力攻撃」は第一に，組織的・計画的に行われるものでなければならない。換言すれば，国又は国に準ずる者の意思によって加えられるものであることを意味する。それ以外の襲撃，たとえば私的な目的で金品の強奪を図る海賊行為や，外国軍隊の行為ではあっても国家としての意思によるものではなく偶発的・単発的なものは，武器が用いられていてもこれに当たらない（この種の行為に対しては，自衛権の発動ではなく，我が国の統治権が及ぶ範囲で，自衛隊法第 82 条に基づく海上警備行動その他の治安警察活動として対処することになる。海賊行為への対処については 123 頁参照）。自衛隊法（第 76 条等）その他の国内法で用いられている「武力攻撃」の語はもとより，国連憲章（第 51 条）や日米安保条約（第 5 条）等の国際法にいう武力攻撃も同様に組織的・計画的な武力の行使を意味すると解されている[21]。

21）　153 回　平 14・2・5 答弁 27 号，対金田誠一議員（衆）答弁書（四の 3，5 及び 6 について）及び 154 回　平 14・5・24 答弁 66 号，対金田誠一議員（衆）答弁書（一について）参照。

次に,「我が国に対する武力攻撃」は, その攻撃が「基本的には」我が国の領土, 領海, 領空に対して行われるものに限られる。我が国が独立国であって, その領域内に排他的な主権が及んでいる（領土主権）以上, この領域を武力によって侵害する行為が我が国に対する武力攻撃に当たることは当然である。けだし第9条の下で自衛権を発動して自衛隊の武力の行使が許容されるのは, 国が外部の不正な侵害から国家の存立や国民の生命, 財産を守る責務を有するがゆえであり, 武力による領域の侵犯は, 国民の身体や財産が直ちに危険にさらされることを意味するからである。

反対に, かつてペルーで発生した反政府武装集団による日本国大使館占拠事件のように, 外国における行為の場合は, 我が国の施設や国民を対象とし, かつ, 武装集団などによって計画的になされるものであっても, 直ちには我が国に対する武力攻撃に当たるとはいえず, また後述する「他の手段の有無」（40頁参照）との関係においても自衛権の発動に至るケースは少ないと考えられる。

rec.23

○吉國政府委員

……某国にあるわが国の国民の生命, 身体, 財産が危殆に瀕しておる, これが侵害されており, あるいは侵害される危険にさらされたという場合……自衛権の発動が許されるかどうかについて……国際法の問題は別といたしましても, わが憲法上は許されないところであると思います。その外国の領域内にある, その国では外人でございます日本人の生命, 身体, 財産が侵害されたりあるいは侵害されそうになったという場合に, それは一般的に申しましてわが国に対する武力攻撃というには当たらないと思います。また, 他国の領域内にある, その国では外国人である日本人の生命, 身体, 財産の保護は, 当該領域に施政を行なっております国の当然の責務として行なわれるべきことであろうと思います。したがって, わが国としてはまず外交交渉によってその保護をはかるべきでございまして, これに対して自衛権発動の要件がないわけでございますから, 武力行使等の手段によって保護をはかるということは憲法上許されないところであるということでございます。

(71回　昭48・9・19〈衆・決算委〉25号21頁, 内閣法制局長官)

3 自衛力の限界と自衛権の発動要件

rec.24

○政府委員（村田直昭君）

……外国の領域にある自衛隊が攻撃された場合，それは一般的に言って直ちに我が国に対する武力攻撃が発生した，この武力攻撃というのは組織的，計画的な武力攻撃ということになるわけでございますが，発生したとは見られないと。また，自衛隊の保護は当然，御指摘のように当該領域に対して施政権を持つ当該他国が当たるべきでありまして，第二の要件である他に適当な手段がないことに当たるとも言えないということから，こういうような状況のもとでは憲法上自衛権の発動というのは許されないものと考えているわけでございます。

(131回　平6・11・10〈参・内閣委〉6号13頁，防衛庁防衛局長)

rec.25

○福田国務大臣

特定の事例が我が国に対する武力攻撃に該当するかどうかということについては，先ほど申しました個別の状況に応じて判断する，こういうことになるわけでございますが，我が国の在外公館とか，今委員の御指摘の在留邦人に対する攻撃が我が国への武力攻撃となるかどうか。理論的には，我が国に対する組織的，計画的な武力の行使と認定されるかどうかという問題でございます。しかしながら，一般的に，そういうような攻撃が我が国に対する武力攻撃と認定されることは，余り想定はしがたい問題だと思っております。

(154回　平14・7・24〈衆・事態対処特委〉18号8頁，内閣官房長官)

もっとも，政府は，「我が国の領土，領海，領空に対するものでない攻撃で，公海上にある我が国の艦船に対するものは，状況によっては，法案[22]第2条第1号の『我が国に対する……武力攻撃』に該当し得ると考えている」(**rec.26**)。我が国が島国であり，我が国に対する武力攻撃の第一撃が，公海，公空上にある自衛隊の艦船や航空機に加えられる可能性のあることや海上交通路の途絶が我が国の存立を脅かすものであることなどにかんがみると，当然の

---

[22]　「武力攻撃事態における我が国の平和と独立並びに国及び国民の安全の確保に関する法律案」。

ことといえよう。

　さらに，後述の集団的自衛権の問題にも関連するが，公海上での米国の軍艦に対する攻撃についても，政府は，必ずしも常に「我が国に対する武力攻撃」に該当しないというものではない，とする趣旨の見解を述べている。

rec.26
有事法制等にある「我が国」の定義に関する質問に対する答弁書
二について
……法案〔「武力攻撃事態における我が国の平和と独立並びに国及び国民の安全の確保に関する法律案」筆者注〕第2条第1号の「我が国に対する……武力攻撃」とは，基本的には我が国の領土，領海，領空に対する武力攻撃をいうと考える。
　特定の事例が我が国に対する武力攻撃に該当するかどうかについては，個別の状況に応じて判断することとなるが，我が国の領土，領海，領空に対するものではない攻撃で，公海上にある我が国の艦船に対するものは，状況によっては，法案第2条第1号の「我が国に対する……武力攻撃」に該当し得ると考えている。……

(154回　平14・7・16答弁126号，対長妻昭議員（衆）)

rec.27
○福田国務大臣
　日本を守るために派遣された公海上にある米艦船，こういう御質問でございますが，この米艦船に対する攻撃が我が国に対する武力攻撃となり得るかどうか。理論的には，我が国に対する組織的，計画的な武力の行使と認定されるかどうかという問題でございます。
　いずれにしましても，我が国領域外における特定の事例が我が国に対する武力攻撃に該当するかどうかにつきましては，個別の状況に応じて十分慎重に判断すべきものであると考えております。

(156回　平15・5・16〈衆・安保委〉6号13頁，内閣官房長官)

　この福田官房長官の答弁の中で重要なことは，その米艦船が「日本を守るた

3　自衛力の限界と自衛権の発動要件

めに派遣された」ものであるという点である。たとえば，緊迫した国際情勢の下で，米軍艦船が日本海において，我が国を防衛することを目的として自衛隊の艦船と海域の分担等を行いつつ警戒行動をとっていたような場合を考えると，当該米艦船に対する武力攻撃は，我が国に対する武力攻撃の最初の一撃と認定されることもあり得るということであろう。

ちなみに国内の米軍基地はもとより我が国の領海・領空内にある米艦船・航空機に対する攻撃は，必然的に我が国の領土，領域を侵すことになるから，我が国に対する武力攻撃にも当たることは疑いがない。

rec.28

○国務大臣（佐藤栄作君）

日本の国上を侵害しないで，日本の領海，領空を侵害しないで，日本にある基地を攻撃することができるかどうかという問題だと思います。私は，アメリカの基地とは申しましても，これは日本の領空，領土，領海を侵害しないでそういう攻撃はあり得ないと思います。そういう場合だと，これは日本が攻撃を受けたということになる。その場合には，平和憲法を持っておりますが，私は自衛の権利はある，これはもうもちろん日本本土に対する攻撃をされたように考うべきじゃないかと，かように考えます。……

(59回　昭43・8・10〈参・予算委〉2号4頁，内閣総理大臣)

武力攻撃の「発生」がいつか，つまりその時点が次の問題である。これについては古くから国会でも議論があったが，近年，北朝鮮の弾道ミサイルの脅威が増すにつれ，より一層現実的な問題として取り上げられるようになった。

政府は，以下のように，武力攻撃のおそれがあるというだけでは，未だ武力攻撃は発生していないとする一方で，武力攻撃の発生は必ずしも被害の発生を意味するわけではなく，相手国が武力攻撃に着手した時点が武力攻撃の発生時点であると解してきている。

rec.29

○高辻政府委員

……要するに武力攻撃が発生したときということでありますから，まず武力攻撃のおそれがあると推量される時期ではない。そういう場合に攻撃するこ

とを通常先制攻撃というと思いますが，まずそういう場合ではない。次にまた武力攻撃による現実の侵害があってから後ではない。武力攻撃が始まったときである。……始まったときがいつであるかというのは，諸般の事情による認定の問題になるわけです。……政府はその点の認定を軽々しくやらないという態度でいるわけです。……武力攻撃が発生したというときに，これは着手が入るんだ……準備が入らぬというのは，これはあたりまえのことでして，準備の場合にはまだ着手とはいえませんから，準備の段階ではまだいかぬということを申し上げたわけであります……す。

(63回　昭45・3・18〈衆・予算委〉15号11頁，内閣法制局長官)

rec.30

○福田国務大臣

　武力攻撃が発生したとき，この意味のことだと思いますけれども，武力攻撃による現実の侵害があってから後，要するに，具体的に言えば，ミサイルが着弾したからということではなくて，武力攻撃の着手があったときである，こういうことでございます。……

(154回　平14・5・9〈衆・事態対処特委〉5号6頁，内閣官房長官)

　その上で，瞬時の対応を必要とするミサイルへの対処に関しては，次のように，その技術的な能否は別として，法理上は，相当な根拠があって我が国に飛来する蓋然性が相当に高いと判断される場合には，自衛権を発動して迎撃することが許されるとしていた。

rec.31

○秋山政府特別補佐人

……弾道ミサイルの問題でございますが，これが我が国に対する武力攻撃の発生と認められないのにこれを迎え撃つということは，憲法9条との関係で問題が生ずると思います。

　ただ，まだ確定しているわけではないけれども，我が国に対する，我が国を目標として飛来してくる蓋然性が非常に高いというふうに判断される場合には，これが自衛権の対象として認められることもあり得ると考えております。蓋然性の問題であろうと考えます。

3　自衛力の限界と自衛権の発動要件

○秋山政府特別補佐人

　迎撃ができるかどうかについて，技術的な問題がいろいろあろうということは私も承知しておりますけれども，ただ，我が国に対して飛来する蓋然性がかなり高いと判断される場合にこれを迎撃できないということは，やはり憲法の要請するところではないと考えております。

　　　　　　（156 回　平 15・1・24〈衆・予算委〉4 号 11 頁，内閣法制局長官）

rec.32

○政府参考人（宮﨑礼壹君）

……弾道ミサイルによります攻撃といいますのは，一つは無人の飛行物体でありまして，いったん発射されますと，その後は事実上制御が不能であるというようなこと，それからこれを迎撃し得る時間帯が極めて限られているということ，それから我が国に着弾した場合に，弾頭の種類によっては壊滅的な被害が生ずるというような特性があるわけでございますので，このようなものを考慮いたしますと，発射後の弾道ミサイルにつきましては，艦船等通常の兵器によります攻撃の場合ほど確実と言えなくても，我が国に対するものかどうかにつきまして相当の根拠がありまして，我が国を標的として飛来するという蓋然性がかなり高い，別の言い方をしますと，我が国を標的として飛来してくる蓋然性につきまして相当の根拠があるという場合におきましては，我が国に対する武力攻撃の発生と判断いたしまして，自衛権発動によってこれを迎撃することも許されるというふうに考えておるわけでございます。

　　　　　（156 回　平 15・5・28〈参・事態対処特委〉8 号 21 頁，内閣法制局第一部長）

　このように飛来するミサイルに自衛権を発動して対処するためには，それが武力攻撃であること，すなわち他の国（又は国に準ずる組織）の国家（又は組織）としての意思に基づくものであることが前提となる。しかし弾道ミサイルはどのような事由で発射されたものであるかを問わず，したがってたとえばそれが誤射であっても，一旦着弾すれば我が国に大きな被害をもたらすことになる。このため，自衛隊が弾道ミサイル防衛システムの整備を進めるのに併せて，後述のように平成 16 年の自衛隊法改正により，我が国に向けて飛来するミサイ

39

ルについては，武力攻撃に該当するものでない場合であっても必要な破壊措置を講ずることが法的に可能になった。したがって現在では，ミサイルの発射と武力攻撃の発生時点との関係についての上のような議論の実益は乏しくなっているといえよう（70頁以下参照）。

(4) 他の手段の有無

第二の要件，つまり武力攻撃を排除するために自衛隊による武力行使以外に適当な手段が残されているかどうかの認定は，政治的な判断に俟つほかはない。「他の適当な手段」として考えられるのは，二国間又は国連等の場を通じた外交交渉を通じての解決であるが，現に武力攻撃を受けている状況下で武力による防御・反撃を全く行わず，ひたすら外交交渉による解決をめざすということは想定し難い[23]。こうしたことから「他の適当な手段がないこと」という第二の要件をめぐっての論議はこれまでほとんど行われていない。

(5) 必要最小限度の実力行使

自衛権を発動した場合も実力の行使，すなわち自衛隊の行動は武力攻撃を排除するために必要最小限度の範囲内にとどまらなければならない。

どこまでが必要最小限度の範囲内かは，武力攻撃の態様等にもよるので一概にいえないが，自衛隊の実力行使が，もっぱら外国の軍隊等による我が国領域の侵犯を排除し，国民を保護することを目的とするのである以上，我が国の領域内を中心になされることは当然である。しかし，領域内での実力行使のみで

---

[23] 韓国による不法な占拠が続いている竹島については，過去に次のような答弁がある。
　○伊藤（圭）政府委員
　　……自衛権を行使するに当たっては，先生も御承知のように3つの原則がございまして，急迫不正の侵害があったとき，それから他に手段がない場合，そしてまた必要な最小の範囲でやるということでございますが，竹島につきましては，いま外務省の方からも御説明がありましたように，外交経路を通じてこの問題の平和的解決に努力なさっておられますし，現実に竹島が施政のもとにございませんので，自衛隊としては特に措置していないというのが現状でございます。
　　　　　　　　　　　　（80回　昭52・2・25〈衆・外務委〉1号5頁，防衛庁防衛局長）

は外部からの不正な侵害を完全に排除できることは少ないと考えられ，政府は従来から，こうした場合には，自衛隊は，必要に応じて領域外，すなわち公海又は公空において行動し，対処することも許容されると解してきた[24]。

rec.33
日米共同声明と安保・沖縄問題に関する質問に対する答弁書
一(1)　自衛隊法上，自衛隊は，侵略に対して，わが国を防衛することを任務としており，わが国に対し外部からの武力攻撃がある場合には，わが国の防衛に必要な限度において，わが国の領土・領海・領空においてばかりでなく，周辺の公海・公空においてこれに対処することがあっても，このことは，自衛権の限度をこえるものではなく，憲法の禁止するところとは考えられない。
(2)　自衛隊が外部からの武力攻撃に対処するため行動することができる公海・公空の範囲は，外部からの武力攻撃の態様に応ずるものであり，一概にはいえないが，自衛権の行使に必要な限度内での公海・公空に及ぶことができるものと解している。……

(62回　昭44・12・29答弁1号，対春日正一議員（参））

昭和29年の自衛隊発足時に，参議院は次の決議を行っている。

rec.34
「自衛隊の海外出動を為さざることに関する決議」
　本院は，自衛隊の創設に際し，現行憲法の条章と，我が国民の熾烈なる平和愛好精神に照らし，海外出動はこれをおこなわないことを，茲に更めて確認する。

(昭29・6・2〈参・本会議〉)

---

[24]　昭和57年に千海里に及ぶシーレーン防衛構想が示された際に，我が国の自衛権が公海，公空のどこまで及ぶのかが論議となり，政府は（資料1-8）のような見解を述べている。
　シーレーン上にある船舶に対する攻撃を「武力攻撃の発生」と認定するかどうかという問題と，有事に際してのシーレーンの防衛の問題とは異質である。有事の際にシーレーンを守り，海上輸送の安全を確保することは，我が国の存立に不可欠であり，そのための実力の行使は一般に，自衛権の行使として必要最小限度の範囲内のものとみることができよう。

第Ⅰ章　戦争の放棄

　この決議にいう「海外」も我が国が自衛権を行使する場合の我が国周辺の公海・公空以外の区域を指すと考えられ，前掲したように，政府が，いわゆる海外派兵は一般に第9条の許容するところではなく，自衛隊の行動は原則として我が国の領域及び公海と公空に限られるとしているのと趣旨を同じくするといえる。

　ただし政府は一方で，必要やむを得ない場合には，自衛のための行動が我が国周辺の公海・公空を超えて他国の領域に及ぶことが許されないわけではないとし，次のように敵国のミサイルによる攻撃を防御するためにその発射基地を自ら攻撃せざるを得ないときを例として挙げている。

rec.35

自衛隊の海外派兵・日米安保条約等の問題に関する質問に対する答弁書

三について

3及び4　従来，「いわゆる海外派兵とは，一般的にいえば，武力行使の目的をもって武装した部隊を他国の領土，領海，領空に派遣することである」と定義づけて説明されているが，このような海外派兵は，一般に自衛のための必要最小限度を超えるものであって，憲法上許されないと考えている。したがって，このような海外派兵について将来の想定はない。

　これに対し，いわゆる海外派遣については，従来これを定義づけたことはないが，武力行使の目的をもたないで部隊を他国へ派遣することは，憲法上許されないわけではないと考えている。しかしながら，法律上，自衛隊の任務，権限として規定されていないものについては，その部隊を他国へ派遣することはできないと考えている。……

(93回　昭55・10・28答弁6号，対稲葉誠一議員（衆）)

rec.36

憲法第9条の解釈に関する質問に対する答弁書

三について

　我が国が自衛権の行使として我が国を防衛するため必要最小限度の実力を行使することのできる地理的範囲は，必ずしも我が国の領土，領海，領空に限られるものではなく，公海及び公空にも及び得るが，武力行使の目的をもって自衛隊を他国の領土，領海，領空に派遣することは，一般に自衛のため

3 自衛力の限界と自衛権の発動要件

の必要最小限度を超えるものであって，憲法上許されないと考えている。

　仮に，他国の領域における武力行使で，自衛権発動の三要件に該当するものがあるとすれば，憲法上の理論としては，そのような行動をとることが許されないわけではないと考える。この趣旨は，昭和31年2月29日の衆議院内閣委員会で示された政府の統一見解によって既に明らかにされているところである……。

(102回　昭60・9・27答弁47号，対森清議員（衆））

rec.37

○船田国務大臣

……わが国に対して急迫不正の侵害が行われ，その侵害の手段としてわが国土に対し，誘導弾等による攻撃が行われた場合，座して自滅を待つべしというのが憲法の趣旨とするところだというふうには，どうしても考えられないと思うのです。そういう場合には，そのような攻撃を防ぐのに万やむを得ない必要最小限度の措置をとること，たとえば誘導弾等による攻撃を防御するのに，他に手段がないと認められる限り，誘導弾等の基地をたたくことは，法理的には自衛の範囲に含まれ，可能であるというべきものと思います。昨年私が答弁したのは，普通の場合，つまり他に防御の手段があるにもかかわらず，侵略国の領域内の基地をたたくことが防御上便宜であるというだけの場合を予想し，そういう場合に安易にその基地を攻撃するのは，自衛の範囲には入らないだろうという趣旨で申したのであります。……

　以上が政府を代表して，総理大臣からの本問題についての答弁でございます。……

(24回　昭31・2・29〈衆・内閣委〉15号1頁，
鳩山内閣総理大臣答弁――船田防衛庁長官代読）

rec.38

○伊能国務大臣

……御承知のように設例として，国連の援助もなし，また日米安全保障条約もないというような，他に全く援助の手段がない，かような場合における憲法上の解釈の設例としてのお話でございまするから，例を飛行機とか誘導弾とかいろいろなことでございますが，根本は法理上の問題，かように私ども

は考えまして，誘導弾等による攻撃を受けて，これを防御する手段がほかに全然ないというような場合，敵基地をたたくことも自衛権の範囲に入るということは，独立国として自衛権を持つ以上，座して自滅を待つべしというのが憲法の趣旨ではあるまい。そういうような場合にはそのような攻撃を防ぐのに万やむを得ない必要最小限度の措置をとること，たとえば誘導弾等による攻撃を防御するのに他に全然方法がないと認められる限り，誘導弾などの基地をたたくということは，法理的には自衛の範囲に含まれており，また可能であると私どもは考えております。しかしこのような事態は今日においては現実の問題として起りがたいのでありまして，こういう仮定の事態を想定して，その危険があるからといって平生から他国を攻撃するような，攻撃的な脅威を与えるような兵器を持っているということは，憲法の趣旨とするところではない。かようにこの二つの観念は別個の問題で，決して矛盾するものではない，かように私どもは考えております。

〈31回　昭34・3・19〈衆・内閣委〉21号16頁，防衛庁長官）

　もっとも実際に敵基地攻撃を行うためには，長距離巡航ミサイル等，攻撃的な兵器の装備が必要となるが，これらを備えることが「自衛のための必要最小限度の実力」を超えて他国の脅威となることがないかどうかという別個の論点があり，また，日米安保条約の下でこうした攻撃は米軍の活動に期待することができるという事情，換言すれば他の手段が存在するという現実もある。したがって，敵基地攻撃が必要最小限度の自衛権の行使として「法理上」認められるからといって，直ちに，自衛隊がそのための攻撃能力を整備し，実際に攻撃を実施することを意味するものではないことはいうまでもない。
　なおかつて，ここにいう「必要最小限度の実力の行使」は量的な概念にほかならないとし，それゆえに政治的な判断によって裁量可能であるから，政府が「必要最小限度の範囲」を超えるとしている集団的自衛権の行使の是非も，政治の裁量に委ねるべきであるという主張がされたことがある。詳しくは後にみるが，こうした主張は，「必要最小限度の実力の行使」が自衛権を行使するに際しての要件であって，自衛権を発動するための要件ではないことを正しく理解していないものである（54頁以下参照）。

資料1-8

○市川委員
……憲法から考えてみてなぜその千海里防衛ということが許容されるのか……。
○角田（禮）政府委員
　……普通自衛権の本質としては，国家に対する侵害があったときにそれを実力をもって排除するというふうに言われているわけでありますが，その場合，国家に対する侵害として最も重要なものは言うまでもなく国家の領土や独立に対するものであると思いますが，同時に，その国の艦船とか航空機に対する危害の排除ということも当然含まれるというのが普通の考え方であろうと思います。そういう意味で私どもは，個別的自衛権を行使する場合においても必ずしも領海，領空，領域内に限らず，公海，公空にも及び得るというふうに考えているわけであります。もっともその場合でも，公海，公空に及び得るとしてもどこまでもいけるというわけではなくて，あくまで，その場合においてもわが国を防衛するため必要最小限度の実力行使のみが許されるという憲法の考え方に従って，そこには限界があるということも繰り返し述べてきたところであります。
　そこで，最後の次の質問として，しからば自衛権の及ぶ公海，公空の範囲を具体的に憲法上の限界として示さなければ歯どめがないじゃないかということだろうと思いますが，それは確かに憲法規範としてそれを一義的にどこまでであるかということは，これは示すことは困難だと思います。個々の状況に応じていろいろ違うと思いますので，それは一概には言えないと思います。
　ただ，先ほど御質問の中にありましたように，総理大臣の考え方というようなものによって恣意的に変わるというようなものではなくて，憲法規範としては必要最小限度の範囲という枠そのものは厳然として存する，ただしそれを具体的に示すことは憲法規範としてはそれ以上はなかなかむずかしいのじゃないかと思います。それを担保するものは，結局，先ほど来市川委員のお話にもありましたような総合安全保障であるとか，あるいはさらにシビリアンコントロールとか，そういうものによって実質的に担保していくということ以外には言えないのじゃないかと思います。
（96回　昭57・2・23〈衆・予算委〉16号6頁，内閣法制局長官）

(6) 交戦権と自衛行動権

　先にみたとおり，第9条は我が国の交戦権を明確に否定している。したがって，政府は，我が国が自衛権を発動し，自衛隊が交戦を行うに至ったとしても，交戦権，すなわち国際法上交戦当事国に認められた諸権利を行使できることにはならないと解してきた。しかし，上述したような我が国の防衛のために必要最小限度の実力を行使する過程での敵の兵力の殺傷，破壊等は認められなけれ

ばならず，これは交戦権の行使とは別のものであるとしている（25頁参照）。

この結果，国際法上は交戦権の行使として交戦当事国に許容される行為であっても，自衛のための必要最小限度の範囲を超えると考えられるものは，自衛隊の実力行使においては認められないことになる。

rec.39

○政府委員（高辻正巳君）

……交戦権はこれを認めないというのは，戦争を放棄するという，その戦争に見合う戦争を，現実，具体的に遂行するための手段と考えておりますので，そのような交戦権というものは，自衛権の行使に伴う自衛行動というものとは別のものであるというふうに考えておるわけです。どういうふうに違うかといえば，先ほど御説明申し上げたように，交戦権というものは，人道主義的見地からする制約以外には制約がないものである，元来。しかし自衛のための行動というのは，自衛権に見合う限度において当然に限界がある。限界があるものとないものとは本質が違う。……そういう意味において交戦権は認められておらないと考えていいと思います。

……おわかりにくいかと思うのでありますが，自衛のための交戦権というものをもしお考えくださるなら，つまり限界のある交戦権というふうにお考えくださるなら，それを交戦権と申して一向にかまいません。私は，その本質が違うものは，中身の違うものは，自衛行動権というような名前で唱えるべきものであって，その憲法の禁止している交戦権とは違うというふうに思っておるものですから，そう申し上げたわけですが，自衛権からくる制約のある交戦権だというふうにお考えいただいても，それはけっこうでございます。

（61回　昭44・2・21〈参・予算委〉3号9頁，内閣法制局長官）

rec.40

自衛隊の海外派兵・日米安保条約等の問題に関する質問に対する答弁書

5　憲法第9条第2項は，「国の交戦権は，これを認めない。」と規定しているが，ここにいう交戦権とは，戦いを交える権利という意味ではなく，交戦国が国際法上有する種々の権利の総称であって，相手国兵力の殺傷及び破壊，相手国の領土の占領，そこにおける占領行政，中立国船舶の臨検，敵性船舶のだ捕等を行うことを含むものであると解している。

他方，我が国は，自衛権の行使に当たっては，我が国を防衛するための必要最小限度の実力を行使することが当然認められているのであって，その行使は，交戦権の行使とは別のものである。

(93回　昭55・10・28答弁6号，対稲葉誠一議員（衆）)

rec.41
憲法第9条の解釈に関する質問に対する答弁書
五について
　（一）憲法第9条第2項の「交戦権」とは，戦いを交える権利という意味ではなく，交戦国が国際法上有する種々の権利の総称であって，このような意味の交戦権が否認されていると解している。

　他方，我が国は，国際法上自衛権を有しており，我が国を防衛するため必要最小限度の実力を行使することが当然に認められているのであって，その行使として相手国兵力の殺傷及び破壊等を行うことは，交戦権の行使として相手国兵力の殺傷及び破壊等を行うこととは別の観念のものである。実際上，我が国の自衛権の行使としての実力の行使の態様がいかなるものになるかについては，具体的な状況に応じて異なると考えられるから，一概に述べることは困難であるが，例えば，相手国の領土の占領，そこにおける占領行政などは，自衛のための必要最小限度を超えるものと考えられるので，認められない。

(102回　昭60・9・27答弁47号，対森清議員（衆）)

　このように政府は，一般論として交戦権と自衛行動権ともいうべきものを異質であるとする一方で，両者の異なる部分を具体的に逐一明らかにしているわけではないが，**rec.41**にあるように相手国領土の占領や占領地での占領行政を両者の相違が明確な例として挙げている。

第Ⅰ章　戦争の放棄

4　集団的自衛権

(1)　国際法と戦争

　国際法において戦争の違法化が進んだのは，20世紀になってからであるとされている。特に第一次世界大戦後の国際連盟規約において国際裁判等への付託を経ることなく戦争に訴えることが一般的に禁止された後，1928年に締結された不戦条約（「戦争抛棄ニ関スル条約」）によって国際紛争解決のための戦争や国家の政策の手段としての戦争が全面的に禁止され，条約加盟国は国際紛争の平和的解決を義務づけられることになった[25]。国連憲章は，これをさらに進めて，戦争とよばれるものに限らず，国際関係における武力による威嚇及び武力の行使を原則としてすべて禁止した（第2条第3項・第4項）。この結果，現在では，戦争その他の武力行使の違法性は国際法上確立しているといえよう。もっとも国連憲章は，第7章において，安全保障理事会（安保理）が，平和に対する脅威，平和の破壊又は侵略行為の存在を決定した場合に，自らが軍事行動を取り得ることを定めるとともに，第51条において安保理への報告を要件として加盟各国の個別的又は集団的自衛権の行使を容認している。
　政府は，第9条の下では，国連憲章が認めるこうした武力の行使であっても，個別的自衛権の行使以外のもの，つまり自衛のための必要最小限度の範囲内とはいえないものは，我が国が行うことは許されないとしてきた。具体的には集団的自衛権の行使であり，また，国連が集団安全保障措置として容認する武力制裁への参加である。

---

25)　戦争抛棄ニ関スル条約（抄）
　　第1条　締約国ハ，国際紛争解決ノ為戦争ニ訴フルコトヲ非トシ，且其ノ相互関係ニ於テ国家ノ政策ノ手段トシテノ戦争ヲ抛棄スルコトヲ其ノ各自ノ人民ノ名ニ於テ厳粛ニ宣言ス。
　　第2条　締約国ハ，相互間ニ起ルコトアルヘキ一切ノ紛争又ハ紛議ハ，其ノ性質又ハ起因ノ如何ヲ問ハス，平和的手段ニ依ルノ外之カ処理又ハ解決ヲ求メサルコトヲ約ス。

(2) 集団的自衛権とは

集団的自衛権は一般に,「自国と密接な関係にある外国に対する武力攻撃を,自国が直接攻撃されていないにもかかわらず,実力をもって阻止する国際法上の権利」と定義される 資料1-9 。

国連憲章において,集団的自衛権が個別的自衛権と並んで,国家に固有の権利とされたことを踏まえ,サンフランシスコ平和条約や前述のMSA協定に続いて,岸内閣が締結した日米安保条約（昭和35年6月23日）の前文においても,日本が「集団的自衛の固有の権利」を有することを確認する旨が明記された[26]。集団的自衛権に関する本格的な議論が初めて国会に登場するのは,この日米安保条約の審議の際である。しかし,当時は,集団的自衛権の概念自体が必ずしも一義的でなかったことが,以下の応答からもうかがえる。

rec.42
○政府委員（林修三君）

　集団的自衛権という言葉についても,いろいろ内容について,これを含む範囲においてなお必ずしも説が一致しておらないように思います。御承知の通りに,国連憲章では,集団的自衛権を固有の権利として各独立国に認めておるわけです。あるいは平和条約におきましても,日ソ共同宣言におきましても,あるいは今度の安保条約におきましても,日本がいわゆる集団的自衛権を持つことをはっきり書いてあるわけです。そういう意味において国際法上にわが国が集団的,個別的の自衛権を持つことは明らかだと思います。ただ,日本憲法に照らしてみました場合に,いわゆる集団的自衛権という名のもとに理解されることはいろいろあるわけでございますが,その中で一番問題になりますのは,つまり他の外国,自分の国と歴史的あるいは民族的あるいは地理的に密接な関係のある他の外国が武力攻撃を受けた場合に,それを守るために,たとえば外国へまで行ってそれを防衛する,こういうことがいわゆる集団的自衛権の内容として特に強く理解されておる。この点は日本の

---

26) 日米安保条約において我が国が集団的自衛権を有する旨を明記した理由については, 資料1-10 のように説明している。

第Ⅰ章　戦争の放棄

憲法では，そういうふうに外国まで出て行って外国を守るということは，日本の憲法ではやはり認められていないのじゃないか，かように考えるわけでございます。そういう意味の集団的自衛権，これは日本の憲法上はないのではないか，さように考えるわけでございます。

　　　　　　　　　　　（34回　昭35・3・31〈参・予算委〉23号24頁，法制局長官）

rec.43

○政府委員（林修三君）

　これはいろいろの内容として考えられるわけでございますが，たとえば現在の安保条約におきまして，米国に対して施設区域を提供いたしております。あるいは米国と他の国，米国が他の国の侵略を受けた場合に，これに対してあるいは経済的な援助を与えるというようなこと，こういうことを集団的自衛権というような言葉で理解すれば，こういうものを私は日本の憲法は否定しておるものとは考えません。

　　　　　　　　　　　（34回　昭35・3・31〈参・予算委〉23号24頁，法制局長官）

rec.44

○岸国務大臣

　いわゆる集団的自衛権という観念につきましては，いろいろの見解があるようであります。しかし一番典型的なものは，そこにいっておるように，自分の締約国であるとか友好国であるという国が侵害された場合に，そこに出かけていって，そこを防衛するという場合でありますけれども，そういうことは，われわれの憲法のもとにおいては，認められておらないという解釈を私は持っております。ただ，集団的自衛権というようなことが，そういうことだけに限るのか，あるいは今言っておるように，基地を貸すとか，あるいは経済的の援助をするとかいうことを，やはり内容とするような議論もございますので，そういう意味からいえば，そういうことはもちろん日本の憲法の上からいってできることである。それを集団的自衛権という言葉で説明するならば説明してもよろしい，こういう意味でございます。

　　　　　　　　　　（34回　昭35・4・20〈衆・安保委〉21号27頁，内閣総理大臣）

　国家の自衛権は，国際法（国際慣習法）上，すでに19世紀には，自らの権利

その他の利益に対する重大な侵害を排除するために取ることのできる正当な手段として認められていたといわれるが、主権国家の権利として容認されていたこの自衛権とは、いうまでもなく国連憲章にいうところの個別的自衛権である。20世紀、特に第一次世界大戦以降は、この自衛権の行使は次第に、不正な侵害のすべてに対してではなく、武力攻撃による権利・利益の侵害に対処する場合に限定して容認されるようになっていき、国連憲章に至ったとされている[27]。

このように個別的自衛権が国際法上も長い伝統を有する概念であるのに対して、集団的自衛権は、国連憲章に現れるまで、国際慣習法上の権利としては論じられたことがないものであった。こうした新たな権利が個別的自衛権と並んで国家の「固有の権利」として位置づけられるに至った背景には、国連憲章第53条において、加盟国が地域的取極に基づいて強制行動をとるためには安全保障理事会の許可を得なければならない旨が定められたことに対して、ラテンアメリカ諸国が強い反発を見せたことがあるとされている[28]。

集団的自衛権は、このように新しい概念であったことから、これを行使する国の権利・利益に対する危険の存在を要件とするか、その発動に特別の条約関係を必要とするか等々学界でも様々な議論があり、日米安保条約の改定をめぐる国会論戦が繰り広げられた昭和30年代半ばの時点では、基地提供など、武力行使以外の交戦当事国への便宜供与や経済的援助をも含む概念かどうか、いわばその外延に関しても必ずしも定説が得られていない状況であった[29]。 資料1-12 。本項冒頭の定義にみるように、国際法学上、今日では、集団的自衛権はもっぱら実力の行使に係る概念であり、基地提供のような便益の供与までを含むものでないことや自国の安全に対する脅威をその発動要件としないことについて、ほとんど異論をみなくなっており、政府も、少なくとも昭和40

---

27) 山本草二『国際法〔新版〕』(有斐閣、1994年) 733頁、猪口孝ほか『国際政治事典』(弘文堂、2005年) 412頁。
28) 国際法学会編『国際関係法辞典〔第2版〕』(三省堂、2005年) 453頁。
29) サンフランシスコ平和条約と同時に締結された旧日米安保条約前文第4項は、「国際連合憲章は、すべての国が個別的及び集団的自衛の固有の権利を有することを承認している。」とした上で、「これらの権利の行使として、日本国は、……日本国内及びその附近にアメリカ合衆国がその軍隊を維持することを希望する。」としていた。
　　この規定の趣旨について、政府は 資料1-11 のように説明している。

第Ⅰ章　戦争の放棄

年代の後半以降は，明確に，集団的自衛権を本項の冒頭にあるように定義してきている。

ちなみに，集団的自衛権は，旧ソ連や米国によってしばしば援用された。旧ソ連は，ハンガリー動乱（1956年10月）やチェコスロバキア動乱（1968年8月）に際して，社会主義体制の共通の利益に対する脅威であるとして武力介入を行い，また，米国は，ベトナムやニカラグァの内戦時に軍事介入を行ったが，それぞれに集団的自衛権の行使をこれらの軍事介入の正当性の根拠として援用した。しかし，これらのケースの多くは，外国からの武力攻撃が発生していないという点で，集団的自衛権の行使として正当化するには疑問があるといわれている。近年では，9・11テロを受けてのタリバン政権下のアフガニスタンに対する米軍の攻撃（個別的自衛権の行使）に際して，NATO（北大西洋条約機構）加盟のヨーロッパ諸国のとった軍事行動が集団的自衛権に基づくものとされた例がある。

資料1-9

内閣法制局の権限と自衛権についての解釈に関する質問に対する答弁書
　二の1及び4のアについて
　国際法上，一般に，「個別的自衛権」とは，自国に対する武力攻撃を実力をもって阻止する権利をいい，他方，「集団的自衛権」とは，自国と密接な関係にある外国に対する武力攻撃を，自国が攻撃されていないにもかかわらず，実力をもって阻止する権利をいうと解されている。
　このように，両者は，自国に対し発生した武力攻撃に対処するものであるかどうかという点において，明確に区別されるものであると考えている。
　　　　　　　　　（156回　平15・7・15答弁119号，対伊藤英成議員（衆）答弁書）

資料1-10

○水口宏三君
　……集団的自衛権を放棄している，憲法に禁止している，そう解釈をおとりになってるわけでしょう。……日本国憲法第9条は個別的自衛権を最小限度の形で武力を行使することは認めていると，ただし集団的自衛権の武力行使は認めていないという解釈をお持ちになってるわけでしょう。じゃなぜ一体日米安保条約の前文で，わが国が集団的な自衛権を持ってるということを日米の合意，むしろ確認してるんですよ，何でこれでもって放棄してないんですか。

4 集団的自衛権

○政府委員（高島益郎君）
　お答えします。
　これは国連憲章はもとより，日本の入っております諸条約——平和条約をはじめ日米安保条約，日ソ共同宣言，すべて主権国としての日本に個別的及び集団的自衛権があるということを書いてあります。……日本の憲法上の立場からしますと，理論的に自衛権を行使する方法は全くないわけでございまして，条約技術的に申しまして，日本については個別的自衛権だけしか持たないというふうなことを書くこともあるいは可能かと思いますが，これはしかし国際法上の一国家として，主権をみずから国際的に制限するというのは非常に問題があろうと思います。そういう立場から，平和条約及び国連憲章の規定のしかたに従ってすべてそういう方法で書いているわけでございます。
　　　　　　（68回　昭47・5・12〈参・内閣委〉11号21頁，外務省条約局長）

資料1-11

○泉信也君
　条約局長のお答えに私は納得できないんです。……旧安保の前文で，国連憲章は，「すべての国が個別的及び集団的自衛の固有の権利を有する」として，これらの権利の行使として日本は米軍の駐留を云々すると，要請するというふうに，これらの権利の行使ということは集団的，個別的自衛権の行使というふうに私には読めるんですが，こう記述してあっても日本には集団的自衛権の行使ということは読めないという解釈になるんでしょうか。
○政府参考人（林景一君）
　……旧安保条約第4項の趣旨というのは，あくまで日本国に対する武力攻撃を阻止するために，平和条約で日本が独立を回復した後においても米軍が引き続き日本の防衛を行うためにとどまるということに，その希望に言及しているということでございまして，このこと自体で我が国が集団的自衛権を行使して米国を防衛するということに言及したものだとは考えておりません。
　　　　　（156回　平15・6・2〈参・事態特委〉9号（その1）13頁，外務省条約局長）

資料1-12

○秋山政府特別補佐人
　昭和35年の参議院予算委員会におきまして，法制局長官が，例えば日米安保条約に基づく米国に対する施設・区域の提供，あるいは侵略を受けた他国に対する経済的援助の実施といったような武力の行使に当たらない行為について，こういうものを集団的自衛権というような言葉で理解すれば，そういうものは私は日本の憲法の否定するものとは考えませんという趣旨の答弁をしたことがございます。
　この答弁は，当時の状況において，集団的自衛権という言葉の意味につきまして，これは御承知のように国連憲章において初めて登場した言葉でございまして，その言

第Ⅰ章　戦争の放棄

> 葉に多様な理解の仕方が当時は見られたことを前提といたしまして，御指摘のような行為につきまして，そういうものを集団的自衛権という言葉で理解すれば，そういうものを私は日本の憲法は否定しているとは考えませんと述べたにとどまるものと考えております。
> 　現在では，集団的自衛権とは実力の行使に係る概念であるという考え方が一般に定着しているものと承知しております。
>
> 　　　　　　　　　　　　（159回　平16・1・26〈衆・予算委〉2号6頁，内閣法制局長官）

(3)　第9条と集団的自衛権

　第9条の下では，自国が武力攻撃を受けていない状況下で我が国が同盟国等のために武力行使をすることは許されない，とする政府の憲法解釈は，集団的自衛権の定義について議論があった当時から変わっていない。

　この点は，前掲の岸信介総理や林法制局長官の答弁（**rec.42〜44**）からも明らかであるが，より早い段階のものとして，たとえば以下の下田武三条約局長の答弁は，自衛隊の発足以前のものである。

> **rec.45**
> ○下田政府委員
> 　自衛の観念は……国際法上の基本的権利として，いずれの独立国にも認められておる権利であります。権利ということは何かというと，その権利を行使した場合に不法行為にならないということであります。……それで自衛の行為の範囲でございますが，これは各国の憲法なり各国の法制によってきまるわけであります。……軍隊を持たない国，あるいは憲法で交戦権を放棄されている国では，当然その国の憲法なり法制のもとで許された範囲しか自衛の行為がとれない……日本は憲法並びに現行法制のもとに狭い行為しかとれない，そういうことであります。
>
> 　　　　　　　　　　　　（16回　昭28・7・1〈衆・外務委〉9号20頁，外務省条約局長）
>
> **rec.46**
> ○下田政府委員
> 　平和条約でも，日本国の集団的，個別的の固有の自衛権というものは認められておるわけでございますが，しかし日本憲法からの観点から申しますと，

憲法が否認してないと解すべきものは，既存の国際法上一般に認められた固有の自衛権，つまり自分の国が攻撃された場合の自衛権であると解すべきであると思うのであります。集団的自衛権，これは換言すれば，共同防衛または相互安全保障条約，あるいは同盟条約ということでありまして，つまり自分の国が攻撃されもしないのに，他の締約国が攻撃された場合に，あたかも自分の国が攻撃されたと同様にみなして，自衛の名において行動するということ……そういう特別な権利を生ますための条約を，日本の現憲法下で締結されるかどうかということは，先ほどお答え申し上げましたようにできないのでありますから，結局憲法で認められた範囲というものは，日本自身に対する直接の攻撃あるいは急迫した攻撃の危険がない以上は，自衛権の名において発動し得ない，そういうように存じております。

(19回　昭29・6・3〈衆・外務委〉57号4頁，外務省条約局長)

次の国会提出資料は，集団的自衛権の行使は第9条との関係で許されないと政府が解する理由を詳細に述べたものである。

rec.47
集団的自衛権と憲法との関係

　憲法は，第9条において，同条にいわゆる戦争を放棄し，いわゆる戦力の保持を禁止しているが，前文において「全世界の国民が……平和のうちに生存する権利を有する」ことを確認し，また，第13条において「生命，自由及び幸福追求に対する国民の権利については，……国政の上で，最大の尊重を必要とする」旨を定めていることからも，わが国がみずからの存立を全うし国民が平和のうちに生存することまでも放棄していないことは明らかであって，自国の平和と安全を維持しその存立を全うするために必要な自衛の措置をとることを禁じているとはとうてい解されない。しかしながら，だからといって，平和主義をその基本原則とする憲法が，右にいう自衛のための措置を無制限に認めているとは解されないのであって，それは，あくまで外国の武力攻撃によって国民の生命，自由及び幸福追求の権限が根底からくつがえされるという急迫，不正の事態に対処し，国民のこれらの権利を守るための止むを得ない措置としてはじめて容認されるものであるから，その措置は，右の事態を排除するためとられるべき必要最小限度の範囲にとどまるべきも

のである。そうだとすれば，わが憲法の下で武力行使を行うことが許されるのは，わが国に対する急迫，不正の侵害に対処する場合に限られるのであって，したがって，他国に加えられた武力攻撃を阻止することをその内容とするいわゆる集団的自衛権の行使は，憲法上許されないといわざるを得ない。

(66回　昭47・10・14〈参・決算委〉提出)

　その後政府は，集団的自衛権の行使を違憲とする理由として端的に，自衛のための必要最小限度の範囲を超えるものであるから，と述べることが多かった 資料1-13 。これは，上記の国会提出資料において「(自衛の)措置は，右の事態を排除するためとられるべき必要最小限度の範囲にとどまるべきものである。」としていることを踏まえたものと考えられる。ここにいう「必要最小限度の範囲」は，「右の事態」が生じていること，つまり我が国に対する武力攻撃が発生していることを前提とした自衛権の発動を意味するから，集団的自衛権の行使はその性質上，およそこの「必要最小限度の範囲」内にとどまることがあり得ないという趣旨であろう。

　しかしながら，個別的自衛権を行使するに際してもその実力の行使が「必要最小限度」にとどまらなければならないとされていることもあって，これを「超える」という表現は，あたかも集団的自衛権の個別的自衛権との相違が，自衛力の増強の限界を論じるときと同様の，いわば量的なものにすぎないかのような誤解をもたらす一因となった面は否定できない。その結果，集団的自衛権の行使が「必要最小限度の範囲内」にとどまるかどうかは，防衛費の対GNP比と同じように政治的な判断に委ねられるべきであるとか，必要最小限度の範囲内にとどまる集団的自衛権の行使があるのではないかといった趣旨の議論を招くことにもなった。

rec.48

　○今津寛君
　……当然のことですが，我が国は主権国家として必要最小限度の自衛権を保持していることは，誰もが異論のないところです。
　今日，我が国が日米同盟を軸にして対応すべき脅威は多様化しており，例えば，近い将来，北朝鮮がアメリカ本土に達する長射程ミサイルを完成させ，また，我が国もICBMを迎撃できるミサイル防衛能力を整備したときに，

我が国が当該ミサイルを迎撃することは，我が国の必要最小限度の自衛権と解すべきであります。

　憲法改正が最上の策であることは言うまでもありませんが，今，あるいは近い将来において，我々は，政治判断として，集団的自衛権の一部を必要最小限度と解すべき状況にあるのではないでしょうか。必要最小限度の質的，量的範囲は，情勢により変わるものです。そしてそれは，情勢に応じた政治判断のもとに行われるべきものです。……

　　　　　　　　　　　　（180回　平24・7・26〈衆・本会議〉30号7頁）

rec.49
○安倍委員
……「わが国を防衛するため必要最小限度の範囲にとどまるべきものである」，こういうふうにありますが，「範囲にとどまるべき」というのは，これは数量的な概念を示しているわけでありまして，絶対にだめだ，こう言っているわけではないわけであります。とすると，論理的には，この範囲の中に入る集団的自衛権の行使というものが考えられるかどうか。

　その点について，法制局にお伺いをしたいというふうに思います。
○秋山政府特別補佐人
……御質問の後段の，憲法解釈において政府が示している，必要最小限度を超えるか超えないかというのは，いわば数量的な概念なので，それを超えるものであっても，我が国の防衛のために必要な場合にはそれを行使することというのも解釈の余地があり得るのではないかという御質問でございますが，憲法9条は，戦争，武力の行使などを放棄し，戦力の不保持及び交戦権の否認を定めていますが，政府は，同条は我が国が主権国として持つ自国防衛の権利までも否定する趣旨のものではなく，自衛のための必要最小限度の実力を保有し行使することは認めていると考えておるわけでございます。

　その上で，憲法9条のもとで許される自衛のための必要最小限度の実力の行使につきまして，いわゆる三要件を申しております。我が国に対する武力攻撃が発生したこと，この場合にこれを排除するために他に適当な手段がないこと，それから，実力行使の程度が必要限度にとどまるべきことというふうに申し上げているわけでございます。

お尋ねの集団的自衛権と申しますのは，先ほど述べましたように，我が国に対する武力攻撃が発生していないにもかかわらず外国のために実力を行使するものでありまして，ただいま申し上げました自衛権行使の第一要件，すなわち，我が国に対する武力攻撃が発生したことを満たしていないものでございます。
　したがいまして，従来，集団的自衛権について，自衛のための必要最小限度の範囲を超えるものという説明をしている局面がございますが，それはこの第一要件を満たしていないという趣旨で申し上げているものでございまして，お尋ねのような意味で，数量的な概念として申し上げているものではございません。

（平16・1・26〈衆・予算委〉2号5頁，内閣法制局長官）

　この秋山内閣法制局長官の答弁でも明らかなように，我が国の（個別的）自衛権の行使は，武力攻撃から我が国や国民を守るための措置であり，したがって我が国に対する武力攻撃の発生をその発動の要件とするのに対して，集団的自衛権は，我が国に対する武力攻撃が発生しておらず，国民や国の存立が直接危険にさらされていない状況下での武力行使である点において，個別的自衛権とは決定的にその性格を異にするものである 資料1-14 。一言でいえば，個別的自衛権が「我が国に対する武力攻撃の発生」を発動の要件とする自国防衛権であるのに対して，集団的自衛権は「外国に対する武力攻撃」があったことを前提とする他国防衛権にほかならない。こうしたことから，政府は近年，集団的自衛権の行使を違憲と解する理由について，我が国の武力行使が必要最小限度の範囲を超えるから，といった表現を避けて，我が国に対する武力攻撃が発生していないからと説明することが通例になっている 資料1-15 。

　前述のように，我が国が自衛権を発動するための要件である「我が国に対する武力攻撃の発生」は，必ずしも我が国での被害の発生を意味するものではないが，武力攻撃のおそれや蓋然性では足りない。集団的自衛権であっても個別的自衛権の行使と同等視できるようなものの行使は容認されるのはないか，とする以下の質問に対して，政府は，設問の状況が「我が国に対する組織的・計

画的な武力の行使」，すなわち武力攻撃の発生と認められるものであれば，個別的自衛権の発動によって対処が可能であり，それ以外の場合の実力の行使は許されないとして，集団的自衛権の部分的な容認という考え方を否定している。

rec.50

政府の憲法解釈変更に関する質問主意書

二（二）　例えば我が国が攻撃されてはいないが，同盟国の軍隊が我が国領域外のこれに接着した水域で攻撃され，同盟国に対する武力行使と評価しうる場合に，同国を防衛しなければその直後には我が国への武力行使が確実と見込まれるようなとき，すなわち個別的自衛権に接着しているものともいえる形態の集団的自衛権に限って，その行使を認めるというような場合を限局して集団的自衛権の行使を認めるという解釈をとることはできないか。

答弁書

二について

　憲法第9条の文言は，我が国として国際関係において実力の行使を行うことを一切禁じているように見えるが，政府としては，憲法前文で確認している国民の権利を国政上尊重すべきこととしている趣旨を踏まえて考えると，憲法第9条は，外部からの武力攻撃によって国民の生命や身体が危険にさらされるような場合にこれを排除するために必要最小限度の範囲で実力を行使することまでは禁じていないと解している。

　これに対し，集団的自衛権とは，国際法上，自国と密接な関係にある外国に対する武力攻撃を，自国が直接攻撃されていないにもかかわらず，実力をもって阻止することが正当化される権利と解されており，これは，我が国に対する武力攻撃に対処するものではなく，他国に加えられた武力攻撃を実力をもって阻止することを内容とするものであるので，国民の生命等が危険に直面している状況下で実力を行使する場合とは異なり，憲法の中に我が国として実力を行使することが許されるとする根拠を見いだし難く，政府としては，その行使は憲法上許されないと解してきたところである。

　お尋ねのような事案については，法理としては，仮に，個別具体の事実関係において，お尋ねの「同盟国の軍隊」に対する攻撃が我が国に対する組織的，計画的な武力の行使に当たると認められるならば，いわゆる自衛権発動

第Ⅰ章　戦争の放棄

> の三要件を満たす限りにおいて，我が国として自衛権を発動し，我が国を防衛するための行為の一環として，実力により当該攻撃を排除することも可能であるが，右のように認めることができない場合であれば，憲法第9条の下においては，そのような場合に我が国として実力をもって当該攻撃を排除することは許されないものと考える。……

（159 回　平 16・6・18 答弁 114 号，対島聡議員（衆））

　第 9 条が集団的自衛権の行使を禁じていないと解することは，同条の文理に照らしても問題がある。すなわち，仮に第 9 条を集団的自衛権の行使を禁じる規定ではないと解するとした場合，同条第 2 項の戦力の不保持や交戦権の否認の意味を説明することが極めて難しくなるのである。「戦力」に関しては，もし集団的自衛権の行使のために必要な実力ないし実力組織が同項の禁止する「戦力」に当たらないとすれば，その質的・量的な限界を（個別的）自衛の場合のように論理的に画せるかどうか疑問がある（限界を画せないとすれば，法規範として無意味になる）し，「交戦権」を有しないままで現に生じている戦争その他の武力紛争にいずれかの陣営の一員として加わることも想定し難い。この点は，後述の集団安全保障措置（多国籍軍）に参加して武力行使をすることが許されると解する立場に立つ場合にも，同様に問題となる。
　もっとも後述のように，同項の戦力及び交戦権について，政府の解釈とは全く異なる理解をした上で，集団的自衛権の行使が許されるとする考え方もあるが，この見解の妥当性については，別途検討することとする（73 頁以下参照）。

　ちなみに小泉純一郎総理は，就任直後「集団的自衛権の問題についてさまざまな角度から研究をしてもいいのではないか」としていたが 資料 1-16 ，その一方で，次のように小泉内閣では従来の政府解釈を変更する考えがない旨を繰り返し明らかにしており，政府として実際に「研究」を開始するようなことはなかった。

rec.51

○内閣総理大臣（小泉純一郎君）
　集団的自衛権の行使について検討すべきとの御指摘であります。

検討は結構であります。歓迎いたします。集団的自衛権とは、自国と密接な関係にある外国に対する武力攻撃を、自国が直接攻撃されていないにもかかわらず実力をもって阻止する権利と解されています。我が国がこのような集団的自衛権を行使することは、憲法第九条の下で許容されている必要最小限度の実力行使の範囲を超え、許されないと考えております。将来に向かって政策論として議論するのは結構でありますが、集団的自衛権に関し小泉内閣の見解を変更することは考えておりません。

(156回　平15・3・21〈参・本会議〉12号9頁)

rec.52

○内閣総理大臣（小泉純一郎君）

……私は集団的自衛権を認めるんだったらば憲法は改正した方がいいと思っております。憲法を改正しないで集団自衛権、これまで積み重ねてきた政府解釈を変えるということは小泉内閣ではするつもりありません……。

(156回　平15・7・25〈参・外交防衛委〉19号14頁)

　小泉内閣の次の安倍（晋三）内閣（第1次）においては、総理の私的諮問機関として「安全保障の法的基盤の再構築に関する懇談会」（「安保法制懇」、柳井俊二座長）が設置され、具体的な4つのケース[30]について我が国としていかに対処すべきかが検討された。その中に「公海における米艦の防護」と「米国に向かうかもしれない弾道ミサイルの迎撃」という集団的自衛権に関連する2つのテーマも含まれていた。

　後者については後に譲るとして（70頁以下参照）、前者について政府は次のように、集団的自衛権の行使が許されないとする政府の第9条解釈に立脚した既存の法律に基づいても、相当程度の対応が可能であると説明している。

---

[30]　同懇談会は、集団的自衛権に関わる掲記の2類型のほか、PKO活動等におけるいわゆる「駆付け警護」と「武力の行使との一体化」の問題を論点として取り上げ、平成20年6月24日に報告書を取りまとめたが、報告書の総理への提出は安倍内閣の退陣後となった。

　ちなみにこれらのテーマについては、その後、麻生（太郎）内閣時の「安全保障と防衛力に関する懇談会」や鳩山（由紀夫）内閣時の「新たな時代の安全保障と防衛力に関する懇談会」においても検討されている。

第Ⅰ章　戦争の放棄

rec.53

○山本政府参考人
……米軍艦艇の話でございますけれども，これはやはり二つに分かれておりまして，既に我が国に対する武力攻撃が発生した場合におきまして，我が国防衛のために行動している米軍艦船が相手国から攻撃を受けたときには，我が国の自衛権の行使によって対処することが可能でありますし，また，法理としては，個別具体の事実関係におきまして，お尋ねのような，米軍艦船への攻撃が我が国に対する武力攻撃に該当すると認められるならば，我が国として自衛権を発動して実力を行使することによって，当該米軍艦船への攻撃を排撃するということが可能な場合もあります。……

（166回　平成19・5・15〈衆・安保委〉9号6頁，内閣法制局第一部長）

　安保法制懇の報告書は，「これまでの〔政府の：編者注〕憲法解釈及び現行法の規定では，自衛隊は極めて例外的な場合にしか米艦を防護できず，また，対艦ミサイル攻撃の現実にも対処することができない。よって，この場合には，集団的自衛権の行使を認める必要がある。」（報告書22頁）としているが，仮に集団的自衛権の行使が認められたとしても，当該権利を発動するためにはその手続きに一定の時間を要すると考えられることから，集団的自衛権が現に攻撃を受けている米艦を助けるための有効な手段となり得るかという点も問題であろう。

資料1-13

「憲法，国際法と集団的自衛権」に関する質問に対する答弁書
　国際法上，国家は，集団的自衛権，すなわち，自国と密接な関係にある外国に対する武力攻撃を，自国が直接攻撃されていないにもかかわらず，実力をもつて阻止する権利を有しているものとされている。
　我が国が，国際法上，このような集団的自衛権を有していることは，主権国家である以上，当然であるが，憲法第9条の下において許容されている自衛権の行使は，我が国を防衛するため必要最小限度の範囲にとどまるべきものであると解しており，集団的自衛権を行使することは，その範囲を超えるものであつて，憲法上許されないと考えている。

（94回　昭56・5・29答弁32号，対稲葉誠一議員（衆））

4 集団的自衛権

資料 1-14

内閣法制局の権限と自衛権についての解釈に関する質問主意書
二 自衛権の解釈について
　1　自衛権についての政府の考え方について
　　ア　「自衛権」,「個別的自衛権」及び「集団的自衛権」のそれぞれの定義を示していただきたい。
　　イ　個別的自衛権と集団的自衛権との関係は，次のA図のように重複する部分もあるものなのか，あるいはB図のように，全く重複する部分はなく，明確に区別しうるものなのか，説明いただきたい。

　　　A図　　　　　　　　　　　　　B図

　　　（個別的自衛権／集団的自衛権　重複図）　　　（個別的自衛権　集団的自衛権　分離図）

　　ウ　個別的自衛権と集団的自衛権が重複する部分がある概念であるとすれば，集団的自衛権は憲法上禁止されているとしている政府は，重複する部分に入り得る事態について，個別的自衛権で対処するのか，あるいは，集団的自衛権にも当たるものとして，個別的自衛権でさえも，制限し，対処を控えるのか，説明いただきたい。……

答弁書
二の1及び4のアについて
　国際法上，一般に，「個別的自衛権」とは，自国に対する武力攻撃を実力をもって阻止する権利をいい，他方，「集団的自衛権」とは，自国と密接な関係にある外国に対する武力攻撃を，自国が直接攻撃されていないにもかかわらず，実力をもって阻止する権利をいうと解されている。
　このように，両者は，自国に対し発生した武力攻撃に対処するものであるかどうかという点において，明確に区別されるものであると考えている。……

（156回　平15・7・15答弁119号，対伊藤英成議員（衆））

資料 1-15

○政府参考人（宮﨑礼壹君）
……憲法9条の文言にもかかわらず自衛権の発動として我が国が武力を行使することができる，認められるのは，当該武力の行使が，外国の武力攻撃によって国民の生命や身体あるいは権利が根底から覆されるという急迫不正の事態に対処して国と国民を守るためにやむを得ない措置であるからだというふうに考えられるわけであります。
　ところで，お尋ねの集団的自衛権は，自国と密接な関係にある外国に対する武力攻撃を，自国が直接攻撃されていないにもかかわらず実力をもって阻止する権利という

ふうに解されております。

　このように，集団的自衛権は，我が国に対する急迫不正の侵害に対処する，直接対処するものではございませんで，他国に加えられた武力攻撃を武力で阻止することを内容とするものでありますので，先ほど述べましたような個別的自衛権の場合と異なりまして，憲法第9条の下でその行使が許容されるという根拠を見いだすことができないというふうに考えられるところでございます。

（156回　平15・6・2〈参・事態対処特委〉9号12頁，内閣法制局第一部長）

資料1-16

○内閣総理大臣（小泉純一郎君）
　集団的自衛権については，政府は，従来から，我が国が国際法上集団的自衛権を有していることは，主権国家である以上当然であるが，憲法第9条のもとにおいて許容されている自衛権の行使は，我が国を防衛するため必要最小限度の範囲にとどまるべきものであると解しており，集団的自衛権を行使することは，その範囲を超えるものであって，憲法上許されないと考えてきております。
　憲法は我が国の法秩序の根幹であり，特に憲法第9条については過去50年余にわたる国会での議論の積み重ねがあるので，その解釈の変更については十分に慎重でなければならないと考えております。他方，憲法に関する問題について，世の中の変化も踏まえつつ，幅広い議論が行われることが重要であり，集団的自衛権の問題についてさまざまな角度から研究してもいいのではないかと思います。……

（151回　平13・5・9〈衆・本会議〉28号9頁）

(4) 集団的自衛権の保有と行使

　日米安保条約に明記されているように，我が国も固有の権利として集団的自衛権を有している（**rec.42** 参照）。この点をとらえて，「保有をしているのに行使をすることができない権利」なるものは考え難いとする意見がある[31]）。

---

31) 西修『日本国憲法を考える』（文春新書，1999年）105頁，
　183回　平25・2・28〈衆・予算委〉7号17頁（山田（宏）委員質疑）。
　○山田（宏）委員
　　権利はあるけれども行使できないということはどういうことかというと，例えば，損害賠償の請求権があるけれども損害賠償を請求することは行使できない，または，表現の自由はあるけれどもそのようなさまざまなものを出版することはできない，こういうことと同じで，権利のないことと同じことですよ。
　　権利があるということは，行使することと一体なんですよ。ですから，権利があるけれども行使できないなんというようなばかげた解釈をやっていけば，私は，日本はどんどんどんどん，こういった自衛または安全保障という面でおくれをとってくると思うんです。……

既述したように，集団的自衛権は国際法においてすべての国家に認められた権利である。その意味は，いずれの国もその武力の行使が集団的自衛権の行使としての要件を満たすものである限りは，国際法上，違法とはされない，ということであって，国際法上の義務ではない以上，どの国も集団的自衛権の行使を法的に強制されることはない。

　一般に主権国家は，国際法との関係では，国際法上違法とされること以外のすべてのことをなし得る。その意味では，条約の明文の規定の有無に関わらず多種多様な国際法上の権利を有するのが主権国家であるが，各国がそれぞれの国の国民の意思，すなわち国内法によって，これら国際法上は適法とされる国家の権利の行使を制限することには，何らの問題もないばかりか，それこそが憲法の役割であり，立憲主義の意義にほかならない。実際にも，国際関係に関して国家の権利を制限した憲法は少なくない。たとえばオーストリア憲法は，同国の永世中立を定め，同国が他国と軍事同盟を締結することを許していないが[32]，もとより軍事同盟を締結することに国際法上の制約があるわけではない。軍隊，つまり戦力の保持も，国際法上はどの国についても認められているが，我が国憲法（第9条第2項）がこれを明文で禁じているのも，その一例といえよう。国連海洋法条約では，沿岸国に12海里以内の領海の設定を権利として認めているが，あえて領海を設けない国やこれを3海里又は6海里にとどめている国もある。これらはすべて国際法上の権利を「保有」はしていても，国内法によって国家がその権利を「行使」することに制限を加えている例であるが，そのことに何ら矛盾，不整合はない 資料1-17 。

　憲法は，我が国が条約その他の国際法を遵守すべきことを定めている（第98条第1項）が，国際法と国内法との整合性や両者が矛盾した場合の優劣関係が問題になるのは，国際法において国家に一定の義務が課された場合に限られる。たとえば我が国は，人種差別撤廃条約の批准に際して，「同条約第4条（a）及び（b）の規定の運用に当たり，……，日本国憲法の下における集会，結社及び表現の自由その他の権利の保障と抵触しない限度において，これらの規定に基づく義務を履行する。」旨の留保を行っているが，これはこのような留保を

---

[32]　オーストリア憲法第9a条及びオーストリアの永世中立の承認に関する日本国政府とオーストリア政府との間の交換公文（1955・11・14, 16）。

付さずにこの条約を批准した場合に，条約上の義務の履行が憲法の規定に抵触するおそれが生じるからである 資料1-18 。

　さらに，政府は，我が国が集団的自衛権を憲法上保有しているのかどうかを明らかにしていない，とする批判もみられ[33]，国会でもこの点をめぐっての質疑が行われた。

　この点について政府は従来から，第9条によって行使が許されない集団的自衛権について，国内法上これを「保有」するかどうかは観念論であるから，いずれであったとしても実質が変わるものではないとしてきた[34]。次の答弁にあるように，無数ともいえる国家の国際法上の権利の逐一について，持つ・持たないを明らかにすることは憲法その他の国内法の役割とは考え難いから，「憲法上保有するか」という設問の意味自体が明確ではない。この設問は，民法において，出生による自然人の権利の享有を前提とした上で，その自由な行使を制限している事例があることからの類推的発想かとも思われるが，憲法による国家の国際法上の権利の行使の制限は，国家・国民の意思に基づく自制であって，私人が国内法上「保有」する権利の行使を同じ国内法によって制限するのとは全く異質である。憲法によって行使が禁じられている集団的自衛権を憲法上「保有」しているか，という問は，たとえば，原子力基本法が禁じる原子力の軍事的利用の権利を我が国が同法上「保有」しているかと問うのに等しい。

rec.54

○大野（功）委員
……集団的自衛権というのは，……日本国憲法において保有しているのかどうか，この点についてお答えいただきたいと思います。
○秋山政府特別補佐人
……我が国が主権国家である以上，国際法上，集団的自衛権を有していることは当然であります。
　それで，お尋ねは憲法上どうかという問題でございますが，日本国憲法を

---

[33] 佐瀬昌盛『集団的自衛権〔新版〕』（一藝社，2012年）178頁以下。
[34] 94回　昭56・6・3〈衆・法務委〉18号8頁，角田内閣法制局長官答弁等。

含めましていわゆる近代憲法というものは、主権者たる国民がその意思に基づきまして国家権力の行使のあり方について定めまして、これによりまして国民の基本的人権を保障するというところにその基本的な役割があるものと考えております。したがいまして、ある国際法上の権利を国家が保有するかどうかということについて、そういう事柄について定めることは憲法の本来の役割ではないのではないかと思います。

　それからまた、我が国の憲法は、集団的自衛権を保有するかどうかについて明文で定めているものでもございませんので、憲法の解釈として、憲法上我が国がこれを保有しているかどうかについて結論を導くことについてはなかなか難しい問題があろうと思います。

　ところで、憲法を含め法令の解釈というのは、何らか実際の用に資するために行うものでございます。かねて申し上げているように、憲法9条のもとにおきまして我が国が集団的自衛権を行使することは認め得られないと解される以上、憲法上この権利を保有するかどうかにつきまして論ずることは実際上の利益は余りないのではないかと考えております。

　以上申し上げたところが、従来の説明におきまして、……我が国として、憲法上、集団的自衛権を行使できない以上、これを持っているかどうかはいわば観念的な議論であり、……保有していないと言っても結論的には同じであると申し上げてきた理由でございます。

(159回　平16・2・10〈衆・予算委〉7号5頁，内閣法制局長官)

資料1-17

○秋山政府特別補佐人
……我が国が主権国家である以上、国際法上は集団的自衛権を有していることは当然でございますが、国家が国際法上、ある権利を有しているとしましても、憲法その他の国内法によりその権利の行使を制限することはあり得ることでございまして、国際法上の義務を国内法において履行しない場合とは異なり、国際法と国内法との間の矛盾抵触の問題が生ずるわけではございませんで、法律論としては特段問題があることではございません。……

(159回　平16・1・26〈衆・予算委〉2号5頁，内閣法制局長官)

第Ⅰ章　戦争の放棄

資料1-18

あらゆる形態の人種差別の撤廃に関する国際条約（平成7・12・20条約第26号）
第4条　締約国は，一の人種の優越性若しくは一の皮膚の色若しくは種族的出身の人の集団の優越性の思想若しくは理論に基づくあらゆる宣伝及び団体又は人種的憎悪及び人種差別（形態のいかんを問わない。）を正当化し若しくは助長することを企てるあらゆる宣伝及び団体を非難し，また，このような差別のあらゆる扇動又は行為を根絶することを目的とする迅速かつ積極的な措置をとることを約束する。このため，締約国は，世界人権宣言に具現された原則及び次条に明示的に定める権利に十分な考慮を払って，特に次のことを行う。
(a) 人種的優越又は憎悪に基づく思想のあらゆる流布，人種差別の扇動，いかなる人種若しくは皮膚の色若しくは種族的出身を異にする人の集団に対するものであるかを問わずすべての暴力行為又はその行為の扇動及び人種主義に基づく活動に対する資金援助を含むいかなる援助の提供も，法律で処罰すべき犯罪であることを宣言すること。
(b) 人種差別を助長し及び扇動する団体及び組織的宣伝活動その他のすべての宣伝活動を違法であるとして禁止するものとし，このような団体又は活動への参加が法律で処罰すべき犯罪であることを認めること。

(5) 日米安保条約に基づく共同対処

　既述したように集団的自衛権をめぐる議論は，この権利を日米両国の固有の権利として明記した日米安保条約の改定を契機として活発になった。日米安保条約第5条は日米双方が「日本国の施政の下にある領域における，いずれか一方に対する武力攻撃が，自国の平和及び安全を危うくするものであることを認め，自国の憲法上の規定及び手続に従って共通の危険に対処するように行動することを宣言する。」と規定しており，一見すると日本は，我が国に駐留する米軍に対する武力攻撃に対して集団的自衛権を行使するかのようにも読めることから，この規定に基づき我が国が武力行使をする場合の憲法上の根拠が問われることになった。

　先にみたように（**rec.42～44**参照），この日米安保条約の改定が審議された当時は，集団的自衛権の概念について学説が分かれていたことから，政府も現在のようにこの用語の定義を明確に述べてはいないが，第9条の下では他国に赴いて他国を守ることは許されない旨を繰り返し明らかにするとともに，我が国

の領域内にある米軍基地に対する武力攻撃は，とりもなおさず「我が国に対する武力攻撃」であるから，日米安保条約の下でも，我が国は，個別的自衛権を行使して対処するのであって，集団的自衛権を行使するものではないとしている。

rec.55

○岸国務大臣

……この攻撃を受ける在日米軍というものは，日本に基地を持って日本に駐留しておるものであります。日本の施政下にある領土の一部でございます。これが武力攻撃を受けることでありまして，それをアメリカの側から見て，あるいは別の観念として，在日アメリカ軍に対する攻撃だ，こう言いますけれども，それは同時に日本の主権に対する，日本の施政下にある領土に対する武力攻撃でありますから，これを離れてあり得ないということを申しておる。われわれはあくまでも，日本の施政下にある領土が他国から武力攻撃を受けた場合においては，国有の自衛権の発動，個別的自衛権の発動によって，これに対して実力を行使してこれを排除するということは，当然のわれわれの自衛権の行動である，かように思います。

(34回　昭35・4・20〈衆・安保委〉21号37頁，内閣総理大臣)

この場合の米軍の武力行使の根拠については，以下のように述べている。

rec.56

○林（修）政府委員

　この第5条でいっておりますのが今の場合でございます。日本におります米軍に対する攻撃，いわゆる施設・区域と申しますより，米軍に対する攻撃が何だということでございます。これに対して，日本におります以上，日本の領土，領海，領空に対する攻撃をせずにこれを攻撃することはできませんから，日本においては，これを個別的自衛権の発動として排除できる，しかし，米国の立場に立ってみた場合は，いわゆる日本におりましょうと，どこにおりましょうと，自国の軍隊に対する攻撃でございますから，自国に対する攻撃と見て，その場合には個別的自衛権，しかし，同時に，日本を守るという意味においては集団的自衛権，この両方の自衛権の発動，こういうこと

になると考えるわけでございます。

(34回　昭35・4・20〈衆・安保委〉21号26頁，法制局長官)

(6)　弾道ミサイル防衛と集団的自衛権

　米国における弾道ミサイル防衛（BMD）構想の進展と北朝鮮による弾道ミサイル，テポドンの発射実験（1998年8月）などを受けて，我が国もミサイル防衛システムの配備を決めた。これは，外国が発射した弾道ミサイルをイージス艦に搭載したミサイルSM-3等によって破壊するとともに，破壊できなかった弾道ミサイルは，地上配備するパトリオットミサイルを用いて破壊するというもので，2007年度から順次，運用が始まっている。

　政府はその配備を閣議決定（2003年12月19日）するに際して，「BMDシステムは，弾道ミサイル攻撃に対して我が国国民の生命・財産を守るための純粋に防御的な，かつ，他に代替手段のない唯一の手段であり，専守防衛を旨とする我が国の防衛政策にふさわしいものである」という見解を明らかにしている。

　ミサイル防衛システムの整備に先立って，自衛隊法に新たに第82条の2（弾道ミサイル等に対する破壊措置，現在は第82条の3）を設ける改正が行われ，この規定に基づいて，防衛大臣が自衛隊の部隊に対して，原則として内閣総理大臣の承認を得た上で，我が国の領域だけでなく公海の上空においても，我が国に飛来する弾道ミサイル等の破壊を命ずることができることになった。これは猛スピードで飛来する弾道ミサイル等に対して，その企図や性質のいかんを問わず迅速に対処することが求められるためであって，政府は次のようにこの破壊措置の必要性を説明している。

rec.57
○大野国務大臣
　ミサイルという新しい脅威に対していかに対応していくか。
　ミサイルが飛来する場合，これは明らかに，急迫不正でありという自衛権発動の三要件ですね，一々言いませんけれども。それに当たるのかどうか，こういう問題があろうかと思います。誤射の問題とか，あるいは過って落ちてくる，こういう場合もあろうかと思います。

しかし，このミサイル防衛の一番大切な問題というのは，これを放置しておけば必ず落ちる，日本に落ちて国民の財産生命に多大な被害を与える，これはどんなことがあっても防がなきゃいけない。即応性，これが一番であります。

……そこをどういうふうに解釈するか。自衛権というのか，警察権というのか。我々は，何が何でも，自衛隊というか防衛庁といたしましては，日本へ落ちてくる可能性のある，可能性というよりも，必ず落ちてくるのはわかるわけですから，それを防護する，これが一番の使命であります。

……自衛隊の任務としては，自衛権の発動という問題，それからもう一つは公共の維持という問題，二つあろうかと思いますけれども，強いてこれを分類するとすれば，警察権というか公共秩序の維持，こういう意味で分類できるのかなというふうに思うわけでございます。

○阪田政府特別補佐人
……武力攻撃事態であることが認定され，したがって，防衛出動が下令されているという状況のもとでミサイルを破壊するという措置は，これは当然に自衛権の行使として行われるということであります。

　ただ，今，防衛庁長官の話にもありましたように，そのためには，武力攻撃事態法にのっとって自衛権の発動要件が満たされているということの認定が必要であります。具体的に言いますと，我が国に対する武力攻撃が発生したこと，それから他に手段がないこと等々の判断をしなければいけない。

　今回の法制は，あくまでも自衛権発動の要件が満たされたと認めるには至っていないという状況のもとで，我が国に向かって飛来し，それから我が国に対して被害をもたらすであろうミサイルを撃ち落とす，破壊するということでありますから，自衛権の行使としてなされるものではないということであろうかと思います。

(162回　平17・2・24〈衆・安保委〉2号8頁,
大野防衛庁長官，阪田内閣法制局長官)

　このように自衛隊法第82条の3による弾道ミサイル等の破壊措置は，ミサイル等の落下に伴う我が国の人的・物的被害の防止を目的とする一種の警察権

の行使であって，直ちに我が国の武力の行使に当たるものではない。また，仮に当該弾道ミサイルの発射が，事後的に評価して，あるいは客観的に見て，我が国に対する武力攻撃であり，したがってこれを破壊する行為が我が国の武力行使に該当したとしても，その武力行使が自衛権発動の三要件を満たすことになるから，自衛隊によるこの破壊措置が第9条との関係で問題になることはない。

これに対して，たとえばアメリカ等，日本以外の国に向かう弾道ミサイルについてまで同様に自衛隊が破壊することについては，政府は以下のように憲法上の問題が生じ得るとしている。

rec.58

〇横畠政府参考人

……弾道ミサイルが発射された場合，直ちにこれを我が国あるいは他国に対する武力攻撃であると断ずることは，それ自体また難しいというのが今回の法制の前提でございます。さらに，そうは申し上げましても，その手段の性質から見て，相当程度に武力攻撃として行われた可能性というものが含まれているわけでございまして，その意味で，先ほど申し上げましたように，武力攻撃でないということが明らかな場合というのは，またそれ自体非常に少ないのではないかというふうに考えております。

すなわち，灰色の部分というのが相当多いのですけれども，その両端の明確な部分というのは相当少なくて，武力攻撃であるということが明らかなものも，前提状況によりますけれども全くないとは申し上げませんけれども，通常，いきなり発射されたときに直ちにそれを武力攻撃であると断ずることはなかなか難しい。

それと同程度あるいはそれ以上にそれが武力攻撃でないということが明らかであるということを認定するのもなかなか難しいというか，ほとんどそういう場合はなかなか想定されないであろう，そういう前提に立って申し上げるわけでございますけれども，我が国に向けて飛来する弾道ミサイルにつきましては，これが実際に我が国に対する武力攻撃であったとしても，それは我が国から見ますれば，客観的に申し上げれば，自衛権の行使としてそれを破壊するということが許される場合，憲法上も国際法上も当然許される場合

に当たりますので，法制的には警察権という，先ほど申し上げた警察権のような形で御説明を申し上げておりますけれども，客観的に評価したときに，自衛権として見たとしても，それは許される場合に当たるのであろうかというふうに思っています。

　他方，他国に向かう弾道ミサイルにつきましては，それが実際に他国に対する武力攻撃であったならば，それを我が国が撃墜するということは，やはり集団的自衛権の行使と評価せざるを得ないのではないかと考えておりまして，それを我が国が行うということにつきましては，やはり憲法上の問題を生じ得るのではないかと考えているところでございます。

（162回　平17・3・25〈衆・安保委〉4号4頁，内閣法制局第二部長）

ちなみに，「米国に向かうかもしれない弾道ミサイルの迎撃」は，前述したように安倍内閣の安保法制懇の検討課題の一つでもあった。アメリカに向けて飛ぶ弾道ミサイルを日本国内から撃墜することは，現時点では技術的に難しいといわれているが，安保法制懇の報告書は，「米国に向かうかもしれない弾道ミサイルを我が国が撃ち落す能力を有するにもかかわらず撃ち落さないことは，我が国の安全保障の基盤たる日米同盟を根幹から揺るがすことになるので，絶対に避けなければならない。この問題は，……個別的自衛権や警察権によるという従来の考え方では解決し得ない。よって，この場合も集団的自衛権の行使によらざるを得ない。」（報告書22頁）としている。しかし，前述したとおり（62頁），集団的自衛権の発動には，その手続に一定の時間を要すると考えられることからと，米国艦船の防護にもまして時間的に切迫した対応が必要となる弾道ミサイルの迎撃に，集団的自衛権が有効な手段となり得るかどうか疑問である。

5　政府解釈に対する異論と芦田修正

　第9条第1項に類似した表現は，前述の不戦条約第1条にすでに現れており，国連憲章やイタリア憲法などにも承継されている。しかし，不戦条約において

否定されている「国際紛争解決」又は「国家ノ政策」実現のための戦争は，一般に，侵略目的の戦争のみを意味し，国家の固有の自衛権に基づく戦争や制裁のための戦争は放棄の対象外であるとされ[35]，国連憲章やイタリア憲法の戦争禁止規定も同趣旨であると解されている。こうしたことから，第9条第1項の文理に照らせば，同条が禁止しているのも侵略を目的とした戦争や武力行使などに限られると解すべきであり，集団的自衛権を含め，自衛のための戦争や制裁を目的とする戦争，すなわち国際法上適法とされる戦争を行うことは禁止されていないとする意見がある。

たしかに第9条第1項の表現は，不戦条約第1条に類似しており，この規定だけから，政府が解しているように，我が国の海外での武力行使がすべて禁じられていると解することには異論があり得よう。しかし，同条第2項は，過去の条約や諸外国の憲法に例をみない規定であり，政府の解釈は，この第1項，第2項を併せて第9条全体を整合的にとらえようとするものである。見方を変えると，「戦力」や「交戦権」を持てないことを前提として第9条第1項の「国際紛争を解決する手段として」の戦争・武力行使を理解しようとすれば，同項の趣旨も不戦条約等の場合とは異なると解さざるを得ない，ということである。

これに対して，政府の解釈とは違って，第9条が集団的自衛権の行使や後述の国連決議に基づく制裁を目的とした武力行使を禁じていないと解する説は，通常，まず同条第1項について，同項で放棄した「国際紛争を解決する手段として」の戦争及び武力行使は，国際法の伝統どおり，侵略目的のものに限られると解した上で，同条第2項については，以下のように解釈するべきであるとしている[36]。

① 「戦力」の不保持は，「前項の目的を達するため」，つまり侵略目的での違法な戦争の放棄を実現するために必要な限度で求められているのであり，集団的自衛権の行使等，国際法上適法な戦争の遂行のために必要な軍備までを禁じたものではない。

---

35) 前掲注 28)『国際関係法辞典〔第2版〕』547頁。
36) 大石義雄『憲法逐条講義〔増補版〕』(嵯峨野書院，1981年) 75頁。

② 「交戦権」は国家の戦争を行う権利を意味するが，ここで否認しているのは，第1項で放棄した違法な戦争を行う権利に限られるから，結局，この規定には第1項が定めた違法な戦争の放棄を入念的に定める以上の意味はない。

　この解釈によると，②の交戦権に関してはもとより，①の戦力についても，第9条第2項は同条第1項に規定する以上のことには触れていないことになる。けだし，適法な戦争をすることができるのであれば，それに必要な戦力を持ち得ることは当然である一方，（適法な戦争と違法な戦争とで必要とする戦力にどのような差異があるのか不分明な点はさておくとしても，）違法な戦争はすでに第9条第1項で放棄しているのであるから，そのために必要な戦力を持ち得ないことも，第2項に規定するまでもなく当然だからである。

　このように，この解釈を採ると，第9条第2項に特別の規範性はなく，同項はあってもなくても同じこと，という結論になるが，そうだとすれば，第9条は，イタリア憲法と同じように第1項だけで終われば十分なはずで，わざわざ第2項として，第1項に比べると極めて具体的な規定を加えているのが何のためかの説明に窮することになる。ちなみに，第2項について上記の解釈によることとした場合は，同項が特別の意味を持たないだけではなく，第9条そのものが全体として特段の規範性を持たない，いわば入念的な規定にすぎないことにもなる。なぜなら，第98条第2項は「日本国が締結した条約及び確立された国際法規」の誠実な遵守を定めており，国際法において違法とされる侵略目的の戦争をすることは，第9条を俟つまでもなく，第98条第2項の規定に照らして憲法上許されないことが明らかだからである。

　侵略戦争のような違法な戦争は，そもそも国連憲章によって禁じられているから，我が国のみならず，いずれの国も（少なくとも国連に加盟している以上は），その憲法規範のいかんにかかわらず，法的にはなし得ない。したがって，第9条が違法な戦争だけを放棄したものであるとする上述のような解釈に従えば，戦争・武力行使に関して，我が国の憲法は，諸外国とは異なる特別の規制を行っているわけではない，という結論になる。このように憲法の「平和主義」が世界標準並みでしかないとすれば，平和主義を国民主権，基本的人権の尊重と

第Ⅰ章　戦争の放棄

並ぶ憲法の三原則と位置づけるべきかどうか疑問であり，こうした解釈は，国会での議論等を経て定着してきた国民の平和主義の理解とも異なるといわざるを得ない。

　上述の解釈に関しては，文理上の問題も指摘されている。先に①として述べたように，この解釈は，第9条第2項の「前項の目的」は，侵略戦争を放棄しようとすることであるとし，この目的の達成に必要な範囲で戦力を保持できないとするものであるが，そうだとすれば，同様に侵略目的のものに限って放棄されているはずの交戦権（戦争をする権利）の否認の部分にこの「前項の目的を達するため」の修辞句が置かれていないのは不整合である，換言すれば，「前項の目的を達するため」という修辞句がないにもかかわらず，交戦権についても侵略戦争に限って放棄したものと解する法理上の根拠がない，ということである。

　この「前項の目的を達するため，」の句は，周知のように，制憲議会における衆議院での修正によって加えられたものであるが，後に首相を務めた芦田均帝国憲法改正小委員会委員長の提案によるものであったことから，一般に芦田修正として知られている。芦田元首相は，のちに第9条は自衛戦争までを禁じたものではなく，自衛のための軍備を持つことは許されるとする自説を展開する一方で，この修正について，第9条のこのような趣旨を明らかにする上で「多少なりとも役立つ」と考え，そうした「含蓄」をもって提案したと述べており[37]，このことが，こうした解釈の論拠の一つとして挙げられる。しかし，制憲議会での修正提案に際しては，こうした含意への言及はなく 資料1-19 ，また，この修正が第9条第1項冒頭への「日本国民は，正義と秩序を基調とする国際平和を誠実に希求し，」の句を挿入する修正と併せて行われたこともあって，制憲議会においては，そのような趣旨の議論も行われていないことから，これを芦田元首相が述べるような意味を持つものと認識した議員もいなかったといわれる。

　以下にみるように，政府は，自衛隊発足当初から「前項の目的を達するため，」は，第1項全体を受ける趣旨であるとして，この言葉を自衛隊の憲法適

---

[37]　昭和32・12・5憲法調査会第7回総会における芦田発言。同総会議事録90頁。

合性の根拠とするいわゆる芦田説を否定してきている。

rec.59

○八木幸吉君

次に憲法第9条第2項前段の「前項の目的を達するため」という意味は，同条第1項後段の「国際紛争を解決する手段として」にかかるか，又は第1項前段の「日本国民は，正義と秩序を基調とする国際平和を誠実に希求し」にかかるとお考えになりますか，如何でありますか。

○政府委員（佐藤達夫君）

只今のお言葉にありました第9条第1項について見ますと，これは前段の，いわゆる「国際平和を誠実に希求し」そういうことに繋がっているのでありまして，要するに第2項においては，目的の如何を問わず戦力は保持しない，かように憲法御制定の当時から政府としては考えて参っております。

(19回　昭29・5・20〈参・内閣委〉39号3頁，法制局長)

rec.60

○八木幸吉君

そういたしますと，憲法9条第2項の，「前項の目的を達するため，」ということは，芦田理論や溝瀬理論のように，やはり「国際紛争を解決する手段としては，」，これにかかっている。従って，戦力は，自衛戦力は持てる，こういう解釈になると思いますが，さようでありますか。

○国務大臣（岸信介君）

第1項全体を受けて第2項が私はできていると思います。従って，今私が申し上げているような，この自衛権の範囲に属する実力を持つことは，これは2項が禁止しておる戦力には当らない。戦力の中にはそういうものは含まない。すなわち，2項においてそういう実力を持ち，それをかりに戦力という俗称をもってすれば，戦力かもしれませんが，そういう一つの力を持つことは，いわゆる2項の禁止している戦力には入らない，かように考えます。

(28回　昭33・4・18〈参・内閣委〉30号21頁，内閣総理大臣)

rec.61

○八木幸吉君

先般の委員会で政府の憲法9条の解釈を伺ったのですが，念のために，そ

の点をもう一度総理に確認しておきたいと思います。

　第一点は，9条は，全体として国際紛争解決の手段としての戦争は放棄しているが，自衛戦争はこれを否定していない。それから第二点は，憲法第9条2項の「前項の目的を達するため，」とは，1項全般を受けておるものである。三は，1項，2項ともに自衛戦争は禁止していない。第四は，交戦権否認の規定は無条件であって，侵略戦争にも自衛戦争にも適用される。こういうふうに承わっておりますが，間違いはございませんか。

○国務大臣（岸信介君）

　その通りに考えております。

　　　　　　　　　（28回　昭33・4・21〈参・内閣委〉31号14頁，内閣総理大臣）

rec.62

○源田実君

　そうすると，まあいろんな解釈があるが，結局，政府の解釈というのは，いまの「前項の目的を達するため，」というのはどういうぐあいに生かすわけですか。もう一ぺんはっきり，そこのところを……。

○政府委員（角田礼次郎君）

　これは，政府がこの問題についてはっきり国会の場において申し上げた記憶は私はございませんけれども，ただ従来，「国際紛争を解決する手段としては，」ということばを「前項の目的を達するため，」にかけて読む読み方は，いわゆる自衛のためには，戦力といいますか，自衛戦争もできるし，自衛のためには必要な限りにおいて戦力も持てるというような説に結びつくわけでございます。政府としましては，この点についてはそのような見解は持っておりません。むしろ，そういう意味では，「正義と秩序を基調とする国際平和を誠実に希求し，」というほうの目的，政府の説はそれに近いと思います。ただ，そういうことばで申し上げたことは私はないと思います。

　　　　　　　　　（71回　昭48・9・13〈参・内閣委〉27号7頁，内閣法制局第一部長）

rec.63

○森（清）委員

　……芦田説というのは，これは簡単明瞭でありますが，そして自民党にもあるいは学界にも支持者がありまして，自民党には圧倒的支持を得ている考え

方でありますが，1項では，これは国際紛争を解決するための戦争はしてはいかぬということですが，これは侵略戦争だ，自衛戦争は構わない。大体これは多数説でありますからいいんであります。2項で，前項の目的を達するため陸海空軍その他の戦力は保持してはならぬと書いてあるんだから，侵略戦争のための軍隊は持ってはいけないが，自衛のための軍隊は持ってもいいんだというのが芦田説であり，先ほど言ったように自民党議員の半分はこれを支持している，こういうことであります。

ところが，政府の解釈はそれと全く違って，自衛のためといえども陸海空軍その他の戦力は持ってはいけないんだ。条文どおり解釈している，そのとおりだと思うのです。それじゃ現状の自衛隊はどうだと言われますから，苦し紛れに珍妙なる解釈をしておる。

……自衛権はあるんだから，自衛のために必要最小限度以下のものであるからいいんです，こう言っているんです。逆に言えば，自衛のための必要最小限度を超えたら憲法違反ですと言っている。いいですか。自衛のための必要最小限度は超えてないからいいんです，こういうことを言っている。……そのことが論理的に可能なのか。私は不可能であると思うのですが，その点について法制局の見解を求めます。

○前田政府委員

ただいま御指摘の点は，憲法第9条第2項にございます「前項の目的を達するため，」という文言をどのように読むかということによりまして解釈が分かれるのではなかろうかと思います。憲法第9条第1項では自衛権は否定されておりませんし，自衛権の行使も否定されていないわけでございますが，それを前提といたしますならば，自衛戦争というものもそこでは直ちには否定されてないという議論も出てまいると存じます。しかしながら，政府といたしましては，その「前項の目的を達するため，」という文言を，一項全体を受ける趣旨，つまり憲法第9条第1項では，国際紛争を解決する手段といたしましての戦争，武力による威嚇，それから武力の行使を放棄しておりますけれども，先ほど申し上げましたように，自衛権は否定されておりませんし，自衛のための必要最小限度の武力の行使は認められているということを受けまして，必要最小限度のものは認められる。つまり，憲法第9条第2項

が戦力は保持しないと言っているのは，第1項を受けまして，自衛のために必要最小限度を超えるものが違反である。つまり，憲法の法規範といたしましては，抽象的に申し上げますならば，自衛のための必要最小限度を超える実力である，こういうふうに解釈しております……。

(102回　昭60・4・17〈衆・安保委〉5号8頁，内閣法制局第一部長)

資料1-19 38)

○参考人（鈴木義男君）
……第9条は，……一つ高き理想を掲げて撤廃することに文章の上でもうたおうじゃないかと，……「日本国民は，正義と秩序を基調とする国際平和を誠実に希求し，」こういう言葉を入れた……何だかうまくつながらないような感じがしたので，コンジャンクション，接続詞を芦田さんが，言い出されて，「前項の目的を達するため，」という言葉を入れようじゃないか，……初めて一つのつながる文章になる。全くそうだ。コンジャンクションが必要であるというので，私ども賛成して，あれは入れたので……この言葉を入れるというと，自衛のためには軍隊が持てることになるのだ。──こんなことは夢にも仰せられなかった。仰せられたらわれわれは反対した。ただ文章がつながらないから入れようじゃないかというお言葉であったのであります。……

(24回　昭31・5・7〈参・内閣委〉38号21頁)

6　国連活動への参加

(1)　集団安全保障の枠組み

集団的自衛権としばしば混同される概念に集団安全保障がある。これは，「主権国家からなる国際社会において，ある国が他の国を軍事的に侵略した場合，他のすべての国が侵略国に対して（軍事的）制裁を加え，そのことによって侵略行動をやめさせ，侵略された国の主権を回復し，原状に復帰する仕組み」39) であり，具体的には，国連安保理の決議に基づいて採られる措置である

---

38)　発言者の鈴木義男衆議院議員は，社会党に所属し，帝国憲法改正小委員会の委員であった。後に，片山内閣・芦田内閣において司法大臣・法務総裁を務めた。
39)　前掲注28)『国際関係法辞典〔第2版〕』453頁。

点で，関係国間の友好・同盟関係を基礎とする集団的自衛権の行使とは性質を異にすると考えられている。

　国連憲章は，加盟国に国際紛争の平和的解決を義務づけ，武力の行使及び武力による威嚇を原則として禁止するとともに（第2条第3項・第4項），これを実効有らしめるために，平和に対する脅威，平和の破壊又は侵略行為に対しては，加盟各国が一致協力して強制的な措置を採ることによって平和を回復することを予定している（第7章）。もっとも，こうした強制措置のうち憲章第42条等に規定する軍事的な措置については，これまで実現したことはなく[40]，安全保障理事会（安保理）が「平和の破壊」の存在を決定した湾岸戦争（1990年）に際しても，米・英を中心とする加盟各国が安保理の武力行使容認決議等[41]に基づき，それぞれの軍隊をもって「平和の破壊者」たるイラクに対して武力を行使した。いわゆる多国籍軍による軍事行動である。

(2) 集団安全保障措置の実施——多国籍軍への参加

　集団安全保障措置としての制裁は，国連の決議に基づき行われる。このため，国際社会の平和を守るためのこの活動は，国際的な警察活動というべきものであって，多国籍軍によるものであっても，集団的自衛権の行使のような個々の主権国家の判断，意思による武力行使とはいえないから，我が国が多国籍軍に加わって実力を行使したとしても，第9条に違反するものではないばかりか，むしろこうした集団安全保障への参加は，前文において国際協調主義を宣明している憲法の理念に沿うものである，とする意見がある[42]。

　しかし政府は，次の応答にみるように，国連決議に基づくものといえども「我が国の行為」である以上は，武力の行使又は武力による威嚇に当たる行為

---

40) 憲章第43条第1項に定める「特別協定」は未だ締結されておらず，近い将来にこの協定に基づいていわゆる国連軍が発足する見通しもないといわれている。
41) 1990・8・25決議665号及び1990・11・2決議678号。
42) 小沢一郎「今こそ国際安全保障の原則確立を」世界771号（2007年11月号）148頁。なお，安保法制懇の報告書も，第9条が禁じているのは，「『国際紛争を解決する手段として』の『国権の発動たる戦争と，武力による威嚇又は武力の行使』であって，」集団安全保障等はこれとは次元を異にするから，これへの参加は禁じられていないとしている（報告書13頁）。

に及ぶことは第9条によって許されないとしている。

rec.64

○中川（秀）委員

　憲法の9条にございます「国権の発動」、国権の発動による戦争は放棄するというこの「国権の発動」、この「国権の発動」の中に国連決議によるものは含まれていると考えますか、含まれてないと考えますか。

○丹波政府委員

　……この憲法9条は、「国権の発動たる戦争」というものを「永久にこれを放棄する。」というふうに書いてございますので国連の決議がこの国権の発動たる戦争というものを伴うような形でしか日本が参加できないものであるとすれば、それは日本の憲法9条上、日本としてはそういうものに参加はできない、こういうことであろうと思います。

○中川（秀）委員

　法制局長官、今の外務省の御答弁でいいですか。

○大出政府委員

　憲法9条のただいま御指摘の「国権の発動」といいますのは、「国権の発動たる戦争」というような言い方をいたしておるわけでありますが、これは要するに、別な言い方をすれば、我が国の行為による戦争、そういうものを放棄する、こういう趣旨のものであろうかと思います。……

○中川（秀）委員

　……憲法9条の「国権の発動」は日本政府の意思によるものであるから、国連の決議、国連の意思によるもの、それに従っていく場合は、国連の決議に従っていく場合は国権の発動に当たらない、こういう意見を持っている人もいるんですよ。その場合は武力行使もよいという考え方をする人がいらっしゃるんです。……その点についてどうかというふうにお伺いをしたわけです。

○大出政府委員

　要するに、憲法第9条は、我が国が戦争を放棄する、あるいは原則的に我が国を防衛するための必要最小限度の自衛権を行使するということ以外のいわゆる武力行使、武力による威嚇というものを我が国は放棄する、我が国の行為によってそうすることを放棄するということであります。

ただいまのお話につきまして，国連決議との関連について，いろんな場合があるいはあり得るのかどうかちょっとわかりませんけれども，原則的に申し上げますれば，要するに国連の決議に従って我が国がこれらの行為をするということであれば，我が国の行為でございますから，それはやはり9条によって放棄をしているというふうに理解すべきものと思います。

　　　　　　　　　　　（129回　平6・6・8〈衆・予算委〉18号9頁，
　　　　　　　　　　　　丹波外務省条約局長，大出内閣法制局長官）

rec.65

○政府委員（大出峻郎君）

……集団的安全保障とは，国際法上武力の行使を一般的に禁止する一方，紛争を平和的に解決すべきことを定め，これに反して平和に対する脅威，平和の破壊または侵略行為が発生したような場合に，国際社会が一致協力してこのような行為を行った者に対して適切な措置をとることにより平和を回復しようとする概念であり，国連憲章にはそのための具体的な措置が定められております。

　ところで，憲法には集団的安全保障へ参加すべきである旨の規定は直接明示されていないところであります。ただ，憲法前文には，憲法の基本原則の一つである平和主義，国際協調主義の理念がうたわれており，このような平和主義，国際協調主義の理念は，国際紛争を平和的手段により解決することを基本とする国連憲章と相通ずるものがあると考えられます。

　我が国は，憲法の平和主義，国際協調主義の理念を踏まえて国連に加盟し，国連憲章には集団的安全保障の枠組みが定められていることは御承知のとおりであります。

　したがいまして，我が国としては最高法規である憲法に反しない範囲内で憲法第98条第2項に従い国連憲章上の責務を果たしていくことになりますが，もとより集団的安全保障に係る措置のうち憲法第9条によって禁じられている武力の行使または武力による威嚇に当たる行為については，我が国としてこれを行うことが許されないのは当然のことであります。……

　　　　　　　　　（129回　平6・6・13〈参・予算委〉13号2頁，内閣法制局長官）

第I章　戦争の放棄

　湾岸戦争（1991年）やアフガニスタンの国際治安支援部隊（ISAF）の設置 [43]（2001年）に際して国連安保理が行った決議は，国連憲章第7章に言及しつつ，加盟各国が国際の平和・安全の回復等のために「必要なすべての手段」をとること，したがって武力の行使をもすることを容認（authorize）するものではあったが，決議に応えて多国籍軍やISAFに加わるかどうかについては各国の自由な意思に委ねていた。このことにかんがみると，こうした国連決議に基づく武力行使であっても，法的には国連そのものが行うものではなく，派兵する加盟各国の行為と評価せざるを得ないから，我が国にとって憲法の射程外にあると解することは困難である，ということであろう [44]。

　さらに，これまで実現してはいないが，国連が本来予定していた国連憲章第42条に基づく軍事的措置を実施することになった場合，我が国は国連憲章第43条の定めに従って特別協定を締結し，兵力の提供，すなわち自衛隊の派遣を行うことは可能であろうか。多国籍軍への参加の場合とは異なり，同条の特別協定の締結及びこれに基づく「兵力，援助及び便益」の安保理への供与は，憲章上の義務であると考えられるが，政府は，この特別協定に基づく国連軍への兵力の提供について，以下のように，憲法上疑義があるとする一方で，国連軍（前述の多国籍軍と区別する趣旨で「正規の国連軍」とよばれる）は未だ編成されたことがなく，特別協定の内容 [45] が具体的に明らかでない現段階では，明確な判断ができないとして結論を留保している。

rec.66

○大森政府委員

……現在の国連憲章第42条，43条に規定されております国連軍につきまし

---

[43]　国連安保理決議1386号。

[44]　もっとも政府は，我が国がこうした国際の平和・安全の回復や維持のための国際的な協力を一切することができないと解してきたわけではなく，武力行使を目的とせず，また，実際にも武力行使に及ぶことがないように枠組みを整備した上であれば，軍事行動をとる多国籍軍に対しても実力組織たる自衛隊による支援が憲法上可能であるとしてきた。その具体化がテロ特措法に基づく給油活動やイラク特措法に基づく空輸活動等であるが，この点についての詳細は104頁以下参照。

[45]　政府は，国連憲章第43条の特別協定の内容について，「いわゆる兵力の提供には限られ（ず），そのほかの援助または便益の提供というものも想定されている」と述べている。（118回　平2・10・5〈衆・安保委〉7号4頁，柳井外務省条約局長答弁）。

ては、従前から私どもが申し上げておりますように、憲法9条の解釈、運用の積み重ねから推論いたしますと、我が国がこれに参加することには憲法上の疑義があるというふうに考えているわけでございます。
……憲章上の正規の国連軍……の編成が現実の問題となり、兵力の提供に関する特別協定の具体的内容が確定したときに初めて確定的な意見が申し上げられるということ、これも従前から申し上げているところであります。これは、何も結論を逃げているわけじゃございませんで、具体的な特別協定がどうなるかが決まらなければ、確定的な憲法判断ができないということでございます。

それを若干申し上げますと、要するに、国連軍への参加というのは、我が国の主権行為が基点になることは間違いございません。ただ、その上で、その参加をした我が国の組織が国連軍の中でどう位置づけられ、それに対する指揮の形態がどうなるのか、あるいは撤収の要件あるいは手続がどう定められるのかということが、その参加した我が国の組織の行動がなお我が国の武力の行使に当たるかどうかという評価にやはり決定的な影響を及ぼす。したがいまして、特別協定が決まらなければ、そのあたりの確定的な評価ができない、こういうことでございます。

(142回　平10・3・18〈衆・予算委〉27号3頁、内閣法制局長官)

この答弁で推論の根拠とされている過去の「憲法9条の解釈、運用の積み重ね」は、具体的には、①自衛隊は我が国の自衛のための必要最小限度の実力組織であり、その限りにおいて合憲であること、②海外での武力行使は、集団的自衛権の行使に当たるものを含め、一般に自衛のための必要最小限度を超えるから、憲法上許されないこと、などを指している[46]。

なお、仮に国連軍に対する兵力の提供が加盟国の義務とされることになったとしても、それによって直ちに憲法上の違法性が超克されるわけではない。「国際法上保有しているが、憲法上行使できない」集団的自衛権の場合とは違って、このように国際法上の義務の履行が国内法に違反するケースでは、まさ

---

46)　119回　平2・10・19〈衆・予算委〉1号6頁、工藤内閣法制局長官答弁参照。

しく憲法第98条第2項の趣旨，すなわち国際法と国内法令の効力関係が問題となる（4(4) 資料1-17 参照)。

周知のように国際法の国内的効力に関しては，国際法と国内法とを一の法体系・法秩序とみるいわゆる一元論とそれぞれ別個の法体系・法秩序とみる二元論とがあるが，憲法と条約の優劣については，いずれの立場に立つ学説であっても，憲法優位説，つまり違憲の条約は，少なくとも国内法的には無効とする考えが支配的であり，後述のように，政府も同じ見解をとっている（308頁以下参照）。

このような見解を前提とすれば，特別協定の具体的な内容を踏まえた上で，仮に国連憲章第43条に基づく兵力の提供が第9条に抵触するという結論に至った場合には，我が国は，兵力の提供を内容とする特別協定を締結し得ないことになろう[47]。

(3) PKO 活動への参加

国際平和の回復・維持のための国連活動は，集団安全保障措置の実施に限られているわけではない。その典型が平和維持活動（PKO）である。PKOは，国連が本来予定したものではなく，国連憲章に明文の根拠を見出し難いといわれるが，これまで多様な実績が積み重ねられ，現在も世界各地で多数の活動が行われている。

PKO は，一般に，平和維持隊とよばれる小規模な軍事組織がその活動の主たる担い手になるが，原則として，紛争当事者の同意と協力の下に中立的な立場で行われ，武器の使用が防御的なものに限定される等の点で，平和の破壊者等に対する制裁を目的とする国連憲章第7章の集団安全保障措置とはその性格を異にする。平和維持隊は，国連の統括下で活動することになる。しかし，通常，各国が派遣する要員はその国の公務員たる地位を失わず，これら要員に対する個別の指揮権がそれぞれの国に留保されることにかんがみると[48]，平和

---

[47] 1952年6月16日，我が国は国連への加盟を申請したが，第9条による制約を念頭に置いて，その申請書に，「国際連合の加盟国としての義務を，その有するすべての手段をもって，履行することを約束する」旨を記載している。

維持隊の個々の活動は，多国籍軍の場合と同様に，要員を派遣する各国の行為であると評価せざるを得ない。したがって，平和維持隊の一員として我が国の組織が活動をする場合には，当然に第9条に適合することが必須の条件となる。

他方，第9条で禁止されているのが，海外での自衛隊のすべての活動ではなく，自衛隊による武力の行使であることはいうまでもない。したがって，その任務が武力行使を伴わず，かつ，その活動が他国軍隊の武力行使と一体化しないことを制度的に確保することができるのであれば，自衛隊を海外に派遣し，活動させたとしても，憲法上の問題は生じない。

湾岸戦争の際に，我が国が多額の資金援助を行ったにもかかわらず，人的貢献を行わなかった[49]ことから，国際的に高い評価を得られなかったとして，人的貢献を可能ならしめる仕組みの整備を求める声が大きくなった。こうしたことから政府は，湾岸戦争終結後の平成3年9月，第9条の枠内での国連のPKO等への参加を通じて国際平和に人的な面での貢献を行えるよう，「国際連合平和維持活動等に対する協力に関する法律」案，通称PKO協力法案を国会に提出した。この法案は，社会党などの野党の強い反対を受け，国会では長時間に及ぶ審議が行われたが，翌平成4年6月に成立をみた。この法律に基づいて我が国も国連のPKOに参加することになり，同年9月に自衛隊の施設部隊や文民警察要員がカンボディアに派遣されたのをはじめとして，ゴラン高原や東ティモール，最近の南スーダンに至るまで様々なPKOに要員を派遣してきた。PKOと「人道的な国際救援活動」及び「国際的な選挙監視活動」[50]を合わせて，これまで（平成25年2月15日まで）にPKO協力法に基づき27回の「国際平和協力業務」が実施され，延べ9507人（うち自衛官9174人）の派遣が行われている。

---

[48] 122回　平3・11・27〈衆・国際平和協力特委〉8号17頁，小澤委員質疑，153回　平13・11・27〈衆・安保委〉4号6頁，内閣法制局長官答弁参照。

[49] 多国籍軍の結成を受けて政府は，平成2年10月に自衛隊に多国籍軍に対する協力活動を行わせることを目的とする国際連合平和協力法案を国会に提出したが，後述の経緯により廃案となった（105頁参照）。なお，戦争終結後，自衛隊法第99条（現第84条の2）に基づき海上自衛隊の部隊がペルシャ湾に派遣され，遺棄された機雷の除去に当たった。

[50] 「国際的な選挙監視活動」は，平成10年のPKO協力法改正によって追加された。

PKO協力法に基づく自衛隊の「国際平和協力業務」が憲法第9条の禁ずる武力行使に及ぶことがないように，同法においては，国連PKOへの参加は，以下の5原則が満たされる場合に限ることをその基本方針としている．

① 紛争当事者間で停戦合意が成立していること（同法第3条第1号）
② 当該国を含む紛争当事者のすべてが，当該PKO及び当該PKOへの我が国の参加に同意していること（同法第3条第1号，第6条第1項第1号）
③ 当該PKOが中立の立場で行われること（同法第3条第1号）
④ ①〜③のいずれかが満たされない状況となったときは，我が国の部隊を撤収すること（同法第6条第13項第1号，第8条第1項第6号）
⑤ 武器の使用は，要員の生命等の防護のために必要な最小限度のものに限ること（同法第24条）

政府は，この参加5原則を踏まえると，停戦合意が破れるなど，何らかの事情で万一他の国連の平和維持隊が武力行使をするような事態に立ち至っても，我が国（の派遣する部隊）が第9条に違反するおそれはないとし，その理由を以下のように説明している．

rec.67

○工藤（敦）政府委員
……我が国の自衛隊が今回の法案に基づきまして国連がその平和維持活動として編成した平和維持隊などの組織に参加する場合に，まず第一に武器の使用，これは我が国要員等の生命，身体の防衛のために必要な最小限のものに限られる，これが第一でございます．

それから第二に，紛争当事者間の停戦合意，これが国際平和維持活動の前提でございますが，そういう紛争当事者間の停戦合意が破れるということなどで我が国が平和維持隊などの組織に参加して活動する，こういう前提が崩れました場合，短期間にこのような前提が回復しない，このような場合には我が国から参加した部隊の派遣を終了させる，こういった前提を設けて参加することといたしております．

したがいまして，仮に全体としての平和維持隊などの組織が武力行使に当たるようなことがあるといたしましても，我が国としてはみずからまず武力の行使はしない，それから，当該平和維持隊などの組織といわゆるそこが行

います武力行使と一体化するようなことはない、こういうことでございまして、その点が確保されておりますので、我が国が武力行使をするというような評価を受けることはない。したがって、憲法に申します平和主義、憲法前文で書かれ、あるいは憲法9条で武力の行使を禁止している、そういう点につきまして憲法に反するようなことはない、かように考えております。……

(121回　平3・9・25〈衆・国際平和特委〉3号3頁、内閣法制局長官)

このような厳格な要件が設けられていたにもかかわらず、さらに、この法案の成立時には、当分の間、自衛隊の国際平和協力業務を輸送、建設等、平和維持隊の後方支援的な業務に限定することとし、武装解除の監視、放棄された武器の収集・処分などのいわゆるPKF本体業務については、別に法律で定める日まで実施しないとする凍結措置（法案修正）が講じられた。この「凍結」は、いわゆる9・11テロに対処する多国籍軍を支援するためのテロ特措法が制定された後の平成13年12月に解除されたが、これまで自衛隊の部隊がPKF本隊業務に従事したことはない[51]。

(4) 自衛隊の武器の使用と武力の行使

PKO協力法案の審議においてもっとも大きな争点となったのは、自衛隊員の武器の携行とその使用についてである。PKO協力法では、要員の生命等の防護のために必要最小限度の範囲内とはいえ、隊員による武器の使用を認めており、この武器使用が、仮にその相手方が「国又は国に準ずる組織」であった場合には、とりもなおさず我が国の武力行使、すなわち「国際的な武力紛争の一環としての戦闘行為」に当たるのではないか、という問題である[52]。

このとき政府は、武器の使用と武力の行使との関係について、次のように、PKO協力法に規定する武器使用権限は「いわば自己保存のための自然権的権

---

51) 過去に停戦合意が崩れるなどして「国際平和協力業務」が中止されたことはなく、また、派遣された自衛隊員が武器を使用する事態に至ったこともない。

52) 先にみたように（33頁参照）、武器を使用する相手方が「国又は国に準ずる組織」ではなく、単なる強盗団であったような場合には、当該武器使用の態様のいかんを問わず、これが第9条の禁じる武力の行使に該当することはない。

利というべきもの」であって，相手方のいかんにかかわらず，その規定に基づく武器使用が武力の行使に当たることはないとした上で，当該武器使用は私的な行為ではなく業務上の行為であるから，その結果について，我が国においても，また地位協定に基づいて受入国においても，個々の隊員等が刑事上・民事上の法的責任を問われることはない旨の説明を行っている。

rec.68

武器使用と武力の行使の関係について

一　一般に，憲法第9条第1項の「武力行使」とは，我が国の物的・人的組織体による国際的な武力紛争の一環としての戦闘行為をいい，法案第24条の「武器の使用」とは，火器，火薬類，刀剣類その他直接人を殺傷し，又は武力闘争の手段として物を破壊することを目的とする機械，器具，装置をその物の本来の用法に従って用いることをいうと解される。

二　憲法第9条第1項の「武力の行使」は，「武器の使用」を含む実力の行使に係る概念であるが，「武器の使用」が，すべて同項の禁止する「武力の行使」に当たるとはいえない。例えば，自己又は自己と共に現場に所在する我が国要員の生命又は身体を防衛することは，いわば自己保存のための自然権的権利というべきものであるから，そのために必要な最小限の「武器の使用」は，憲法第9条第1項で禁止された「武力の行使」には当たらない。

（政府統一見解　平成3・9・27〈衆・国際平和特委〉理事会提出）

rec.69

〇政府委員（野村一成君）

ただいま先生御指摘の法案第24条に定めております武器の使用，これは全く私的な護身行為ということではございません。個々の要員の判断によって行われます業務上の行為というふうに位置づけられておりまして，刑法で申しますと35条の正当行為といたしまして類型的に刑事免責の対象となるわけでございます。

また，武器の使用により発生した損害というのに対しまして我が国が責任を負うべき場合というときには，国家賠償法の適用を含めまして政府として遺漏なきよう対処する仕組みになっております。

さらに御説明をさせていただきますと，実はモデル地位協定というのがございます。それに示された考え方によりますれば，PKOのすべての構成員は，ただいま申しましたような公的な資格で行った行動に関して，受け入れ国におきます刑事，民事上の訴訟手続を免除されるということになっております。我が国の要員に対しまして，法案第24条に定めます武器の使用について，受け入れ国において訴訟が提起されることはないということに相なります。

　このように，今回の法案におきましては，24条の要件に沿った武器使用である限りにおきましては，今申し述べましたような各般の法律的な責任についてそれぞれ国として当該行為を保護する仕組みになっておる次第でございます。

(123回　平4・5・27〈参・国際平和特委〉12号23頁，内閣審議官)

この武器使用権限に関しては，制定当初の規定がこれまでに2度，次のように改正され，今日に至っている。

rec.70

国際連合平和維持活動等に対する協力に関する法律（PKO法）における武器使用権限規定の変遷

一　成立時（平成4年）
（武器の使用）
第24条①，②　略
③　第9条第5項の規定により派遣先国において国際平和協力業務に従事する自衛官は，自己又は自己と共に現場に所在する他の自衛隊員若しくは隊員の生命又は身体を防衛するためやむを得ない必要があると認める相当の理由がある場合には，その事態に応じて合理的と判断される限度で，第6条第2項第2号ホ（2）及び第4項の規定により実施計画に定める装備である武器を使用することができる。
④　前三項の規定による小型武器又は武器の使用に際しては，刑法（……）第36条又は第37条の規定に該当する場合を除いては，人に危害を加えては

第Ⅰ章　戦争の放棄

ならない。
⑤　略
⑥　自衛隊法第 95 条（編注：武器等の防護のための武器の使用）の規定は，第 9 条第 5 項の規定により派遣先国において国際平和協力業務に従事する自衛官については，適用しない。
⑦，⑧　略

二　平成 10 年（法 102）改正後
（武器の使用）
第 24 条①，②，③　略
④　前二項の規定による小型武器又は武器の使用は，当該現場に上官が在るときは，その命令によらなければならない。ただし，生命又は身体に対する侵害又は危険が切迫し，その命令を受けるいとまがないときは，この限りでない。
⑤　第 2 項又は第 3 項の場合において，当該現場に在る上官は，統制を欠いた小型武器又は武器の使用によりかえって生命又は身体に対する危険又は事態の混乱を招くこととなることを未然に防止し，当該小型武器又は武器の使用がこれらの規定及び事項の規定に従いその目的の範囲内において適正に行われることを確保する見地から必要な命令をするものとする。
⑥　第 1 項から第 3 項までの規定による小型武器又は武器の使用に際しては，刑法（……）第 36 条又は第 37 条の規定に該当する場合を除いては，人に危害を加えてはならない。
⑦　略
⑧　自衛隊法第 95 条（編注：武器等の防護のための武器の使用）の規定は，第 9 条第 5 項の規定により派遣先国において国際平和協力業務に従事する自衛官については，適用しない。
⑨，⑩　略

三　平成 13 年（法 157）改正後
（武器の使用）

第24条①, ② 略
③ 第9条第5項の規定により派遣先国において国際平和協力業務に従事する自衛官は，自己又は自己と共に現場に所在する他の自衛隊員，隊員若しくは<u>その職務を行うに伴い自己の管理の下に入った者の</u>生命又は身体を防衛するためやむを得ない必要があると認める相当の理由がある場合には，その事態に応じて合理的と判断される限度で，第6条第2項第2号ホ(2)及び第4項の規定により実施計画に定める装備である武器を使用することができる。
④〜⑦ 略
⑧, ⑨ 略（改正前の第8項削除）

　まず平成10年の改正では，個々の隊員の判断に委ねられていた武器の使用が，現場に上官が居るときは，原則として上官の命令に従って行うことに改められた（PKO協力法第24条第4項）。その趣旨は，同条第5項に明記されているとおり，武器使用の適否を個々の隊員の判断に委ねることに伴い生じ得る無用の混乱を回避し，より整然と適切に武器の使用が行われることを担保することにある。政府は，「いわば自己保存のための自然権的権利というべきもの」という武器使用の目的自体が変わるものではないとし，その上で，こうした目的での武器使用が統一的な指揮の下に，部隊単位でなされたからといって，第9条の禁じる武力の行使に当たることはないとしている。

rec.71

○立木洋君
……国家の使命として武器を持って派遣され，上官の命令で組織的に武器を使用することは，まさに憲法第9条が永久に放棄した武力による威嚇と武力の行使そのものであります。……憲法違反でないと言うのなら，その根拠と理由を明確にしていただきたい。

　さらに，PKO法は，国連事務総長の認める範囲内で武器の保有，携帯を認めており，装甲車や重機関銃や迫撃砲を携帯することができることになっています。自衛隊員の武器使用は，刑法の正当防衛，緊急避難の場合以外に人に危害を加えてはならないとしてきましたが，およそ刑法上の考え方として，隊員個々人が重機関銃や迫撃砲，バズーカ砲で自分の身を守るというこ

第Ⅰ章　戦争の放棄

となどあり得ないということは，衆議院のPKO特別委員会で法務省の刑事局公安課長も答弁で認めていたことであります。それが，上官の命令で部隊として組織的にこれらの武器を使用するということになれば，刑法上の正当防衛，緊急避難どころか，それはまさに戦闘行為であり，政府自身が，武力の行使とは，物的，人的，組織体による国際的な紛争の一環としての戦闘行為と，こう主張して禁止してきた統一見解そのものではありませんか。この統一見解を破棄するのでしょうか。……

○国務大臣（橋本龍太郎君）

……次に，今回の法改正により，組織的な武器使用を認めたのではないかという御意見をいただきましたが，今般の改正法案は，いわば自己保存のための必要最小限の武器の使用という点を何ら変更せず，維持した上で，その一層の適正を確保するために，原則として，現場にある上官の命令によることとするものであります。その結果，武器の使用が統制がとれたものとなり，いわば集団的に行われるものとなる場合があるとしても，その本質は，あくまでいわば自己保存のための自然権的権利というべきものでありまして，任務遂行のための部隊としての武器使用となるものではございません。

武器使用を個人判断とした答弁の変更についての御質問については，法案審議当時，本法の武器の使用は，個々の隊員の判断にゆだねることが適切である旨の答弁をいたしましたが，その後の派遣の経験等を踏まえ，今回，武器使用の一層の適正を確保するため，原則として，現場にある上官の命令による使用へと改めたいと考えておりますが，これはいわゆる五原則を何ら変更するものではありません。

次に，今般の法改正は憲法違反の武力行使を認めるものという御指摘でありますが，今般の改正法案は，これまでと同様，何ら憲法に違反するものではございません。すなわち，政府はこれまでも，自己または自己とともに現場に所在する我が国要員の生命または身体を防衛することは，いわば自己保存のための自然権的権利というべきものであるから，そのために必要な最小限の武器の使用は，憲法第9条第1項で禁止された武力の行使には当たらないとしており，また，これまでも命令に基づく武器の使用に対し，例えば生命，身体の防護のためやむを得ない必要があったとき，集団的に行ったから

憲法上問題があるということにはならないという御答弁を申し上げております。

　今般の法改正により，武器の使用と武力の行使についてのこれまでの統一見解を変えるものだという御指摘もありましたが，ただいまお答えをしたとおり，本改正は，武器の使用と武力の行使の関係についてのこれまでの憲法解釈及び統一見解を何ら変更するものではございません。……

(142 回　平 10・5・20〈参・本会議〉28 号 7 頁，内閣総理大臣)

　続いて平成 13 年に，①武器を使用しての防護の対象に「自己又は自己と共に現場に所在する他の隊員」のほかに，「その職務を行うに伴い自己の管理の下に入った者」を加えるとともに，②武器等防護のための武器使用権限を規定した自衛隊法第 95 条の適用除外規定を削除する（したがって，武器等防護のための武器使用を可能とする）改正が行われた。この改正はいわゆる PKF 本隊業務の凍結解除と併せて行われたものである。

　①の改正に関しては，改正前の規定では，国連 PKO 活動に従事する他国の要員については，自衛隊員と協働しているような場合であっても，自衛隊員が武器を用いて彼らを保護することができず，また，たとえば総理や国務大臣らが活動の現場に視察に訪れたような場合に，その警衛のための武器使用ができないといった問題がかねてより指摘されていた。武器使用面でのこうした制約は，アフガニスタンにおいてテロ組織，アルカイーダの掃討に携わる米軍等に対する支援の実施を決めた際に一層現実的な問題として顕在化することになった。このため政府は，テロ特措法（案）における武器使用基準を①のように拡充することとし，これに合わせて，PKO 協力法の武器使用規定も改正することとしたものである。テロ特措法の法案審議の過程で，政府は，この武器使用権限規定についての考え方を詳細に述べている。

rec.72

平成 13 年 9 月 11 日のアメリカ合衆国において発生したテロリストによる攻撃等に対応して行われる国際連合憲章の目的達成のための諸外国の活動に対して我が国が実施する措置及び関連する国際連合決議等に基づく人道的措置に関する特別措置法第 11 条に規定する武器の使用について

第 I 章　戦争の放棄

一　武器の使用と憲法第9条第1項の「武力の行使」との関係については，政府としては，『憲法第9条第1項の「武力の行使」は，「武器の使用」を含む実力の行使に係る概念であるが，「武器の使用」がすべて同項の禁止する「武力の行使」に当たるとはいえない。例えば，自己又は自己と共に現場に所在する我が国要員の生命又は身体を防衛することは，いわば自己保存のための自然権的権利というべきものであるから，そのために必要な最小限の「武器の使用」は，憲法第9条第1項で禁止された「武力の行使」に当たらない』（平成3年9月27日「武器の使用と武力の行使の関係について」衆議院国際平和協力等に関する特別委員会理事会提出）と解してきている。

二　このような「いわば自己保存のための自然権的権利というべきもの」である武器の使用を規定したものとして，国際連合平和維持活動等に対する協力に関する法律（平成4年法律第79号）第24条，周辺事態に際して我が国の平和及び安全を確保するための措置に関する法律（平成11年法律第60号）第11条，自衛隊法（昭和29年法律第165号）第100条の8及び周辺事態に際して実施する船舶検査活動に関する法律（平成12年法律第145号）第6条の規定がある。

三　これらの規定においては，いずれも武器の使用による防護の対象を自己（武器を使用する自衛官）のみに限定しておらず，国際連合平和維持活動等に対する協力に関する法律第24条は，「自己と共に現場に所在する他の自衛隊員若しくは隊員」を，周辺事態に際して我が国の平和及び安全を確保するための措置に関する法律第11条及び周辺事態に際して実施する船舶検査活動に関する法律第6条は，「自己と共に当該職務に従事する者」を，自衛隊法第100条の8は，「自己と共に当該輸送の職務に従事する隊員」及び「その保護の下に入った当該輸送の対象である邦人もしくは外国人」をも防護の対象としている。これは，自衛官の職務に関連して当該自衛官と行動を共にし，不測の攻撃を受けた場合にも，当該自衛官と共に行動してこれに対処せざるを得ないような立場にある者の生命及び身体についても当該自衛官の生命又は身体と等しく保護しようとするものであり，このような防護の対象とする者の範囲については，それぞれの法律において，自衛官が行う活動の態

様や場所，どのような者がその職務に関連して行動を共にすることが想定されるかなどを考慮して規定されているものと解される。

四　本法案第11条〔編注：衆議院における修正後の第12条〕も，これらの法律の規定と同じ考え方に基づくものである。すなわち，本法案が規定する協力支援活動，捜索救助活動及び被災民救援活動においては，例えば，傷病兵や被災民の治療，人員の輸送，国際機関や他国の軍隊との連絡調整など，活動の実施を命ぜられた自衛官がその職務を行うに伴い，幅広い場面で自衛隊員以外の者と共に活動することが想定されるところ，このような者のうち，自衛隊の宿営地，診療所，車両内といった自衛隊が秩序維持・安全管理を行っている場に所在するもの，あるいは，通訳，連絡員として自衛官に同行しているものなど，不測の攻撃を受けて自衛官と共通の危険にさらされたときに，その現場において，その生命又は身体の安全確保について自衛官の指示に従うことが期待される者を防護の対象としようとするものであり，このような関係にある者を「自己と共に現場に所在する……その職務を行うに伴い自己の管理の下に入った者」と表現しているものである。

五　したがって，本法案第11条に基づく武器の使用は，「自己と共に現場に所在する……その職務を行うに伴い自己の管理の下に入った者」の生命又は身体を防護する部分を含めて，その全体が「いわば自己保存のための自然権的権利というべきもの」と言うことができ，憲法第9条で禁止された「武力の行使」には当たらないと考える。

　人の生命・身体は，かけがえのないものであり，その身を守る手段を十分に有さず，自衛官と共に在って，いわば自らの身の安全を自衛官に委ねているに等しいこのような者の生命又は身体を防護するための武器使用が憲法上許されると解することは，人道的見地からみても妥当なものと考える。

(平13・10・15〈衆・テロ特委〉理事会提出)

　①の改正と同様に，テロ特措法案において自衛隊法第95条の適用を除外しない方針を採ることとしたのに平仄を合わせて，PKO協力法についても②の改正を行うことになった。武器等防護のための武器使用は，既に自衛隊法に規定されていることもあってか，この改正については，さほどの異論がみられず，

国会でも取り上げられることが少なかったが，政府はその合憲性を次のように説明している。

> **rec.73**
> イラク問題に関する質問に対する答弁書
> 二の⑤及び⑫について
> 　お尋ねは……自衛隊法（昭和 29 年法律第 165 号）第 95 条の規定による武器の使用と憲法の禁じる「武力の行使」との関係を問うものと考えるが，これらの規定は，武器の使用が許される場合とその態様を明確に限定して規定しているところ，累次の政府答弁で述べているとおり，……自衛隊法第 95 条による武器の使用は我が国の防衛力を構成する重要な物的手段を破壊，奪取しようとする行為からこれらを防護するための極めて受動的かつ限定的な必要最小限の行為であって，これらの武器の使用は，我が国領域外で行われたとしても，国家の人的・物的組織体による国際的な武力紛争の一環としての戦闘行為である「武力の行使」に当たらない。……
>
> 　　　　　　　（160 回　平 16・8・10 答弁 18 号，対仙谷由人議員（衆））

　PKF 本体業務の凍結解除や PKO 協力法の武器使用権限規定の改正が，PKO 協力法制定時におけるような大きな反対をみることなく認められた背景には，法律施行後 10 年近くの間，自衛隊の PKO 活動の実績が積み重ねられ，一連の活動が戦闘行為や武力行使とは無縁な人的国際貢献であることについての国民の理解が深まったことのほかに，周辺事態安全確保法やテロ特措法など，自衛隊が他国の軍隊に対して，これらの軍事活動とより近接した協力支援活動を行うことを可能とする法律が制定されるに至ったこともあると考えられる。

　ひるがえって，**rec.68** において政府は，PKO 協力法の規定による武器使用は，武器の使用ではあっても武力の行使に該当しない一つの事例であり，ほかにも憲法上許容される武器使用があり得ることを示唆していた。その後の PKO 協力法の改正によって認められることになった自衛隊法第 95 条の規定に基づく武器使用も武力行使に当たらないものの一例であるが，同様に「PKO 任務の遂行のための武器使用」をも認めるべきであるという意見が，国会の内

外を問わず,PKO協力法制定の直後から少なからずみられる。これは,一般に国連が定めるPKFの行動準則においては,PKO活動に際して「任務の遂行を実力をもって妨げる企てに対抗するための武器使用」が「Bタイプの武器使用」として,防衛のために受動的に認められる「Aタイプの武器使用」と併せて認められているとし[53],このことを前提として,自衛隊の国際平和協力業務が諸外国のPKFとの協力の下に遂行されるものである以上,自衛隊の武器使用権限を「国際標準」に合わせるべきであるとするものである[54]。しかし政府は,PKOでの武器使用基準について一律の国際標準が存在するわけではないとしている。

rec.74

○国務大臣(石破茂君)

……国際標準と比べてどうなんだという議論があるがというお話でございまして,……これが国際標準ですというようなものが明文であるわけではございません。これはPKOの場合にはSOP等々によりまして武器使用コードというものが定められておりますが,そのPKOにおきましてもそれぞれで展開されるPKOにおいて違います。そしてまた各国とも,これが我が国の武器使用基準ですよというのを明らかにしておるわけではございません。

よく端的に言われます,それでは任務遂行型,いわゆるBタイプというのはどうなのだということでございますが,要するに,自らの身に危険が迫ればこれは正当防衛,緊急避難ということになるわけでございます。あるいは,物品がそういう状況になりますと,これは自衛隊法95条の武器等防護ということになるわけでございまして,相手の立場に立って物事を考えてみ

---

53) 典型的には例えば,1973年にエジプト・イスラエル間の戦闘の深刻化に対応して兵力の引き離しを目的として派遣された第2次国連緊急軍(UNEF II)の行動指針には,次のような記述がある。
「緊急軍には防衛用にのみ武器が供与される。武器は自衛以外に使用してはならない。自衛は,安全保障理事会に委任された緊急軍の義務遂行を阻止する目的で,武力を用いてなされる企てに抵抗することも含まれる。」
54) 安保法制懇の報告書は,「我が国の武器使用基準は国際基準と著しく異なって」いるとした上で,前記のように(前掲注42)参照)国連PKOへの参加はおよそ第9条が禁止する武力の行使等とは異質であるとして,我が国の武器使用基準の緩和を提言している(報告書13頁,23頁)。

第Ⅰ章　戦争の放棄

ましたときに，我が自衛隊を襲ったと，隊員の生命，身体にも危害を与えず，そして持っておる装備品にも危害を与えず，任務のみを妨害するというのは一体どういう概念なんだということを理屈の上からは考えなければいけません。

　そうしますと，例えて言えば，素手の何にも持たない住民が，にこにこしながら，人間の輪みたいな形でここは通っちゃいけないというようなのは，確かに自分の身にも危害は迫らないし，そして装備品にも95条を使うような状態は現出せしめないということです。じゃ，ここを通さないぞといって人間の輪みたいなものを展開しているときに，それを，武器を使用してまでそれを排除するようなものなのであろうかというと，法案は多分それを予定していないと思っています。繰り返しになりますが，17条ではなくて，任務遂行妨害型というようなものは一体何なのだろうか，それに対してまで武器を使用するということをこの我々のやるべき行動は予定をしているのだろうかという議論をいたしておるところでございます。……

（156回　平15・7・15〈参・外交防衛委〉16号4頁，防衛庁長官）

　その上で，上の答弁にもある任務遂行型，いわゆる「Bタイプ」といわれる積極的な武器使用については，不測の攻撃に対して自らの生命等を防護するためにやむを得ず行う，いわば受動的な武器の使用とはその性質を異にするから，慎重な検討を要するとしてきた。

rec.75

○政府委員（秋山收君）
……PKOでございますが，国連の平和維持活動におきます自衛隊の武器使用につきましては，憲法上の可否を判断するに当たりましては，平和維持活動におきます自衛隊の武器の使用が集団的自衛権の行使に当たるか否かを含めまして，憲法9条1項で禁止されました武力行使に当たるものであるか否かという観点から判断すべきものと考えます。

　一般に憲法9条1項に申します武力の行使と申しますのは，我が国の物的，人的組織体による国際的な戦闘行為をいうものと解しているところでございますが，国連の平和維持活動におきまして，御指摘のように，通常，要員が

6　国連活動への参加

生命等を防護するための武器使用と任務の遂行を実力をもって妨げる企てに対抗するための武器使用が国連の原則上は許されております。

　そのうちの，我が国の国連平和維持活動等に対する協力に関する法律の24条に規定いたします自己または自己とともに現場に所在する我が国要員の生命，身体を防衛すること，これは従前から申し上げておりますとおり，いわば自己保存の自然権的な権利というべきものでありまして，そのために必要な最小限の武器使用は憲法9条1項で禁止された武力行使に当たらないものというふうに考えております。

　しかしながら，自己保存の自然的権利とは言えないような，任務の遂行を実力をもって妨げる企てに対抗するために武器を使用するときは，状況によりまして国際的な武力紛争の一環として戦闘を行うという評価を受けることになりまして，このような武器の使用は憲法9条で禁止された武力の行使に当たるという疑いを否定することができないものと考えまして，これにつきましては慎重に考えるべきものと考えている次第でございます。

　　　　　　(136回　平8・5・7〈参・内閣委〉6号8頁，内閣法制局第一部長)

rec.76

○石破国務大臣
……そこで，政府としてどのように考えているかと申し上げますと，どういう場合かは一概に申し上げられないのですが，少なくとも，従来から，武器使用は合憲ですよ，その根拠として申し上げておりますのは，自己保存のための自然的権利，こう申し上げておるわけで，任務遂行を実力で妨げる企てに抵抗するための武器使用というのは少なくともこれではない。国または国に準ずる組織が相手であった場合には，9条が禁じますがところの，先ほどの答弁でも申し上げましたが，武力の行使に該当するおそれがないわけではないという考えをとっております。

　しかし，何か奥歯に物の挟まったようなことを申し上げておりますのは，逆に申し上げた場合に，相手が単なる犯罪集団であるとかいう場合に，国際的な武力紛争の一環としての戦闘行為ではありませんというような状況，そういうような客観的な状況が設定をされた場合には，任務の遂行を実力で妨げる企てに対抗するための武器使用というものも憲法上許容されないわけで

第Ⅰ章　戦争の放棄

はないというふうに考えております。これは理屈の上の整理でございます。
　ただ，自分を守るための武器使用というものは認められておるわけですね。そしてまた，武器等防護というものも95条で認められておりますわけで，自分を守るための武器使用でもなく，武器等を守るための武器使用でもなく，任務遂行を実力で妨害する企てに対する武器使用というのは一体どういうような状況なのだろうかということを考えてみましたときに，それは非常に想定しにくい状況なのだろう。あるいは，仮にそういうことがよしんばあったとしても，それに対して，武器を使用してそれを排除しなければならないような状況というのはどういうものなのかということをぎりぎり考えてみましたときに，このいわゆるBタイプの武器使用を認めなければ実際に行動が相当に制約されるという御議論は，私は必ずしも正しくないのではないかというふうに思っております。

　　　　　　　　（159回　平16・3・3〈衆・イラク特委〉7号3頁，防衛庁長官）

　ちなみに，安保法制懇の報告書は，PKO活動に参加する際の武器使用権限に関して，このいわゆる「Bタイプ」の武器使用と並んで，「同じ国連PKO等に従事している他国の部隊又は隊員が攻撃を受けている場合に，その部隊又は隊員を救援するため，その場所まで駆け付けて，要すれば武器を使用して仲間を助ける」いわゆる駆け付け警護をも認めるべきであると提言している（報告書13頁）。安保法制懇の意見は，そもそもこうした国連主導の活動への参加自体が第9条の射程外にあるという考えに基づくものであるが，すでに述べたように，PKO活動に参加するかどうかは各国の自由な意思に委ねられていることにかんがみれば，参加各国のそこでの個別の活動が各国の行為であると評価されることは当然であり（そうでなければ，自衛隊の活動が我が国の人的な貢献として評価されることもない），自衛隊の活動は，第9条に違反することがないように実施されなければならない。
　こうしたことから，この駆け付け警護についても，政府は第9条との関係で問題があるという認識を示している。

rec.77

○山本香苗君
……他国の軍隊が攻撃を受けた際に武器を使用して反撃をするいわゆる駆け付け警護について，従来どのような憲法解釈がなされてきたのか，どういう解釈で憲法上問題があるとされてきたのか，お答えいただけますか。

○政府参考人（梶田信一郎君）
……まず，憲法第9条第1項の武力の行使といいますのは，基本的には，我が国の物的，人的組織体による国際的な武力紛争の一環としての戦闘行為をいうと。ここでいいます国際的な武力紛争といいますのは，国又は国に準ずる組織の間において生ずる武力を用いた争いをいうと，こういうふうに考えてきております。

憲法9条の下におきましては，こうした武力の行使はいわゆる自衛権発動の三要件が満たされる場合，これ以外の場合は禁じられているというふうに解釈をしてきておるところでございます。この武力の行使という概念，これは武器の使用を含みます実力の行使に係る概念でございます。

我が国の公務員がいわゆる自衛権発動の三要件が満たされる場合以外において武器の使用をすること，これが全て憲法第9条が禁ずる武力の行使に該当するかどうかというと，そういうわけではございませんで，武器使用の相手方が先ほど言いました国又は国に準ずる組織であった場合でありましても，憲法上の問題が生じないという武器使用の類型があるというふうにお答えをしてきているところでございます。

その一つのタイプが，いわゆる自己保存のためのもの，これはPKO法の24条等に規定されているところでございます。それから，二つ目のタイプといたしまして，自衛隊法第95条に規定する武器等を防護するためのもの，この二つのタイプがございまして，この武器使用は憲法上禁じられているものではないというふうに整理をしてきているところでございます。

このうちの前者のタイプの武器使用でございますが，これは，不測の事態に対しまして，自己又は自己とともに現場に所在する我が国要員や自己の管理下にある者等の生命又は身体を防護するものでありまして，言わば自己保存のための自然権的権利というべきものでありますから，そのために必要な

必要最小限の武器使用というのは，その相手方が国又は国に準ずる組織である場合でありましても，この憲法第9条の禁ずる武力の行使には当たらないというふうに解釈をしてきているところでございます。

　それで，お尋ねの駆け付け警護における武器使用についてでございますけれども，その具体的な内容が明らかではございませんけれども，自己の生命，身体の危険がない場合にあえて駆け付けて武器を使用するということでありますれば，先ほど申し上げました言わば自己保存のための自然権的権利というべきものの範囲を超えるというものであると考えられます。

　したがいまして，こうした駆け付け警護における武器使用につきましては，これは国又は国に準ずる組織に対して行うという場合には憲法第9条の禁ずる武力の行使に当たるおそれがあると，こういう問題があるというふうにお答えをしてきているところでございます。

○山本香苗君
……我が国の自衛隊が，国又は国に準ずる組織から他国の軍隊が攻撃を受けた際に武器を使用する，使用して反撃することができるとするならば，従来の憲法解釈の変更が必要ということでよろしいですね。……変えないでできるものではないということですよね。

○政府参考人（梶田信一郎君）
　従来の憲法解釈を前提にする限り，今申し上げました駆け付け警護というものは認めることについては問題があるということでございます。

　　　　　　（179回　平23・10・27〈参・外交防衛委〉2号25頁，内閣法制局長官）

7　他国軍隊に対する支援の限界 ── 武力行使との一体化

(1)　「参加」と「協力」

　前述したように，自衛隊の海外派遣の必要性が，現実の問題として初めて論議されることになったのは，1990年のイラクによるクウェート侵攻後である。国連安保理がイラクの即時撤退を求める決議（第660号）を採択，アメリカの

7 他国軍隊に対する支援の限界——武力行使との一体化

主導する多国籍軍（有志連合）がサウジアラビア等の周辺諸国に展開するに及んで、我が国もこれらの多国籍軍の支援を目的として自衛隊を派遣する方針を決定し、海部（俊樹）内閣は同年10月、「国際連合平和協力法案」を国会に提出した。

この法案が予定した「平和協力業務」は、停戦監視のほか、物品の輸送、通信、医療等の活動に限られ、また、携行する武器も小型武器のみで、その使用も生命・身体の防護を目的とするものに限定されていたものの、自衛隊の海外派遣[55]を可能とする初めての法案であったことから、野党の強い反対を受けることになった。

この法案の提出以前から、政府は、国連主導の下に編成された多国籍軍であっても、その目的・任務が武力行使を伴う場合には、自衛隊がこれに「参加」することはできないとしていた。

rec.78
自衛隊の海外派兵・日米安保条約等の問題に関する質問に対する答弁書

3　いわゆる「国連軍」〔編注：国連が平和維持活動として編成した平和維持隊などの組織をいう。〕は、個々の事例によりその目的・任務が異なるので、それへの参加の可否を一律に論ずることはできないが、当該「国連軍」の目的・任務が武力行使を伴うものであれば、自衛隊がこれに参加することは憲法上許されないと考えている。これに対し、当該「国連軍」の目的・任務が武力行使を伴わないものであれば、自衛隊がこれに参加することは憲法上許されないわけではない……。

（93回　昭55・10・28答弁6号，対稲葉誠一議員（衆））

湾岸戦争に際して湾岸地域に展開する多国籍軍は、明らかにイラクに対する武力行使を目的・任務とするものであったことから、この法案に基づく自衛隊の「平和協力業務」の実施とこれまでの政府の見解との整合性が国会での質疑の焦点となった。これについて政府は、「参加」と「協力」は異なるとして、次のように述べている。

---

[55]　法案の構造上は、派遣の対象は「平和協力隊」であり、自衛隊の部隊や隊員も改めて平和協力隊員に任命されることになっていた。

第Ⅰ章　戦争の放棄

rec.79

○中山国務大臣

委員お尋ねの過日の政府見解につきまして，これから申し上げます。

一　いわゆる「国連軍」に対する関与のあり方としては，「参加」と「協力」とが考えられる。

二　昭和55年10月28日付政府答弁書にいう「参加」とは，当該「国連軍」の司令官の指揮下に入り，その一員として行動することを意味し，平和協力隊が当該「国連軍」に参加することは，当該「国連軍」の目的・任務が武力行使を伴うものであれば，自衛隊が当該「国連軍」に参加する場合と同様，自衛のための必要最小限度の範囲を超えるものであって，憲法上許されないと考えている。

三　これに対し，「協力」とは，「国連軍」に対する右の「参加」を含む広い意味での関与形態を表すものであり，当該「国連軍」の組織の外にあって行う「参加」に至らない各種の支援をも含むと解される。

四　右の「参加」に至らない「協力」については，当該「国連軍」の目的・任務が武力行使を伴うものであっても，それがすべて許されないわけではなく，当該「国連軍」の武力行使と一体となるようなものは憲法上許されないが，当該「国連軍」の武力行使と一体とならないようなものは憲法上許されると解される。

以上でございます。

（119回　平2・10・26〈衆・国連平和特委〉4号25頁，外務大臣）

　政府はこのように，多国籍軍の目的・任務が武力行使を伴う場合であっても，当該多国籍軍の武力行使と一体化しない限度での「協力」を行うことは，第9条の禁ずるところではない，とした上で，この法案に基づいて自衛隊が実施する協力もその範囲内にとどまるから，憲法上の問題はないとしたのである。

(2)　武力行使との一体化

　政府は以前から，我が国自らが武力行使をしなくても，他国軍隊に対してそ

の武力行使と「一体化」するような協力・支援を行うことは許されないとしており[56]，国際連合平和協力法案は，他国軍隊の武力行使と一体化しない範囲内での協力を行うことを企図したものであったが，法案には，「平和協力業務の実施等は，武力による威嚇又は武力の行使に当たるものであってはならない。」(第2条第2項)と規定するのみで，他国軍隊の武力行使と一体化しない範囲内での協力であることが明記されていなかった。

このため，法案の審議過程で輸送や補給といった業務を中心に，改めてこの「一体化」の問題が取り上げられることになり，政府は，我が国が自ら直接武力行使はしなくても，他国の武力行使と一体化するような活動を行うことが許されないとする理由および個々の活動が他国の武力行使と一体化するかどうかを判断するための基準などについて次のような説明を行って理解を求めた。

rec.80
○国務大臣 (小渕恵三君)
……補給，輸送協力等それ自体は直接武力行使を行わない活動でありましても，他国による武力の行使と一体となるような行動としてこれを行うことは憲法第9条との関係で許されないものであり，一体化するかどうかは，活動の具体的内容の事情を総合的に勘案いたしまして，事態に即して個々具体的に判断すべきものであると考えております。……

(145回　平11・1・22〈参・本会議〉3号4頁，内閣総理大臣)

rec.81
○大森 (政) 政府委員
……例としてはよく，輸送とか医療とかあるいは補給協力ということが挙げられるわけでございますが，それ自体は直接武力の行使を行わない活動について，それが憲法9条との関係で許されない行為に当たるかどうかということにつきましては，他国による武力の行使，あるいは憲法上の評価としては武力による威嚇でも同じでございますが，武力の行使等と一体となるような行動としてこれを行うかどうかということにより判断すべきであるということを答えてきているわけであります。

---

56) 31回　昭34・3・19〈参・予算委〉14号19頁，林法制局長官答弁参照。

このような，いわゆる一体化の理論と申しますのは，仮に，みずからは直接武力の行使をしていないとしても，他の者が行う武力の行使への関与の密接性等から，我が国も武力の行使をしているとの評価を受ける場合を対象とするものでありまして，いわば法的評価に伴う当然の事理を述べるものでございます。

　そして問題は，他国による武力の行使と一体となす行為であるかどうか，その判断につきましては大体4つぐらいの考慮事情を述べてきているわけでございまして，委員重々御承知と思いますが，要するに，戦闘活動が行われている，または行われようとしている地点と当該行動がなされる場所との地理的関係，当該行動等の具体的内容，他国の武力の行使の任に当たる者との関係の密接性，協力しようとする相手の活動の現況等の諸般の事情を総合的に勘案して，個々的に判断さるべきものである，そういう見解をとっております。

　　　　　（140回　平9・2・13〈衆・予算委〉12号18頁，内閣法制局長官）

rec.82

○柳井政府委員

　武力行使と一体となるかどうかという点につきましては，いろいろな具体的な状況を総合的に判断して判定する必要があるわけでございます。ただいま，何を提供するか，何を運ぶかという点についての御指摘がございましたが，必ずしも何を提供するかということで一義的に決まるということではございませんで，戦闘行動が行われているところで，これはきのうちょっと私の方からも触れましたけれども，例えば地上で戦闘行動が行われている，そこに物資を空挺部隊が投下するというような場合には武力行使と一体となるというようなことが考えられるわけでございます。その場合に，どのような物資を投下するか，どのような物資を補給するかということは必ずしも関係なく，仮に食糧のようなものでございましても，戦闘行動と，武力行使と一体になるという場合も考えられると思います。他方，武器弾薬のようなものでございましても，戦闘行動が行われている場所から非常に離れたところでそれと関係なく補給を行うというようなことは，単なる補給活動として，戦闘行動とは，武力行使とは一体とならないということはあると思います。

7 他国軍隊に対する支援の限界——武力行使との一体化

(119回　平2・10・30〈衆・国連平和特委〉6号12頁，外務省条約局長)

rec.83

○柳井政府委員

……この法案におきまして，平和協力隊が輸送業務を行うということがその任務の一つとして掲げられております。それで，先ほども申し上げましたように，何を運ぶかということは，そのときどきの具体的なケースに応じまして，具体的な案件に応じまして決めるということでございまして，法律上は，おっしゃいましたような武器弾薬等を含めましていろいろなものを運び得ることになっております。その運ぶ内容につきましての限定というのは特にないわけでございます。ただ，この目的は，国際の平和及び安全の維持のための国連決議を受けて活動している多国籍軍のために輸送分野での協力を行うということでございまして，それが武力の行使と一体をなすような行為に当たらない限り協力法上平和協力隊がそのような協力を行うことは可能でございまして，かつ，それが適切と認められる場合には，協力法の定める手続に従って実際にかかる協力を行うことになるわけでございます。

……何をどのように運べるかということにつきましては，先ほど申し上げましたように，武力の行使と一体をなすような行為に当たらないという範囲内で行うわけでございますが，これがいかなる場合にそうかという点につきましては，この協力の目的，態様等具体的な実態に即してケース・バイ・ケースで判断すべき問題でございます。

(119回　平2・10・24〈衆・国連平和特委〉2号31頁，外務省条約局長)

しかしながら，この法案には平和協力隊による多国籍軍への「協力」が多国籍軍の行う武力行使と一体化しないことを担保する法制上の枠組みが設けられておらず，すべての業務が「ケース・バイ・ケース」の判断に委ねられていたことなどから，政府のこうした説明が野党の十分な理解を得るに至らず，この法案は衆議院段階で審議未了，廃案となった。

この結果，いわゆる多国籍軍が安保理の対イラク武力行使容認決議（第678号）を受けて，翌年1月にイラクに対する多国籍軍の攻撃が開始されたにもかかわらず，我が国は戦闘が終結するまで自衛隊を派遣することはなかった。

第Ⅰ章　戦争の放棄

　自衛隊の活動と他国軍隊の武力行使との一体化の問題が再びクローズアップされたのは，日米安保条約に基づく日米間の防衛協力の指針の見直し，いわゆる新ガイドライン[57]の策定に際してである。新ガイドラインでは，「Ⅴ　日本周辺地域における事態で日本の平和と安全に重要な影響を与える場合（周辺事態）の協力」として，日米双方が，捜索・救難活動や安保理決議に基づく船舶検査を主体的に実施するほか，作戦行動中の米軍に対して我が国が「後方地域支援」を行うことが合意された。「後方地域支援」は，「主として日本の領域において行われるが，戦闘行動が行われている地域とは一線を画される日本の周囲の公海及びその上空において行われる」こともあり得るとし，具体的な協力項目例が後記のように掲げられた（表参照）。周辺事態に際して，この新ガイドラインに基づき自衛隊が行う協力・支援活動の根拠法として制定されたのが，周辺事態安全確保法である[58]。

　周辺事態は，一般に我が国の平和と安全に脅威をもたらすといえるが，我が国に対する武力攻撃が発生しているわけではないから，自衛隊が武力行使に及ぶことは許されない。他方，周辺事態に際して自衛隊が支援を行う米軍は，いうまでもなく戦闘に従事しているのであるから，その協力・支援活動が米軍のこの武力行使と一体化して，我が国も武力行使をしているとの法的評価を受けることがあってはならないのである。

　そこで，周辺事態に際して，日米安保条約に基づき自衛隊が米軍に対して協力・支援活動を実施する場合も，これらの活動が米軍の武力行使と一体化しないことを確保しなければならない。先にみたように廃案となった国際連合平和協力法案では，このことについての具体的な法制上の担保が設けられていなかった。周辺事態安全確保法においては，米軍に対する協力・支援活動（物品・役務の提供）の種類を補給，輸送等に限定して列挙するとともに，これを実施する区域を「後方地域」に限ることによって，国際連合平和協力法案の場合と

---

57)　日米防衛協力のための指針（平成9年9月23日）。
58)　新ガイドラインにおいては，周辺事態に際し，米軍への協力とは別に我が国が主体的に船舶検査活動を行うこととされたことから，周辺事態安全確保法から1年余り遅れて「周辺事態に際して実施する船舶検査活動に関する法律」（周辺事態船舶検査法）も制定された。船舶検査活動については120頁参照。

7 他国軍隊に対する支援の限界——武力行使との一体化

表「周辺事態における協力の対象となる機能及び分野並びに協力項目例」

機能及び分野			協力項目例
日米両国政府が各々主体的に行う活動における協力	救援活動及び避難民への対応のための措置		・被災地への人員及び補給品の輸送 ・被災地における衛生、通信及び輸送 ・避難民の救援及び輸送のための活動並びに避難民に対する応急物資の支給
	捜索・救難		・日本領域及び日本の周囲の海域における捜索・救難活動並びにこれに関する情報の交換
	非戦闘員を退避させるための活動		・情報の交換並びに非戦闘員との連絡及び非戦闘員の集結・輸送 ・非戦闘員の輸送のための米航空機・船舶による自衛隊施設及び民間空港・港湾の使用 ・非戦闘員の日本入国時の通関、出入国管理及び検疫 ・日本国内における一時的な宿泊、輸送及び衛生に係る非戦闘員への援助
	国際の平和と安定の維持を目的とする経済制裁の実効性を確保するための活動		・経済制裁の実効性を確保するために国際連合安全保障理事会決議に基づいて行われる船舶の検査及びこのような検査に関連する活動 ・情報の交換
米軍の活動に対する日本の支援	施設の使用		・補給等を目的とする米航空機・船舶による自衛隊施設及び民間空港・港湾の使用 ・自衛隊施設及び民間空港・港湾における米国による人員及び物資の積卸しに必要な場所及び保管施設の確保 ・米航空機・船舶による使用のための自衛隊施設及び民間空港・港湾の運用時間の延長 ・米航空機による自衛隊の飛行場の使用 ・訓練・演習区域の提供 ・米軍施設・区域内における事務所・宿泊所等の建設
米軍の活動に対する日本の支援	後方地域支援	補給	・自衛隊施設及び民間空港・港湾における米航空機・船舶に対する物資（武器・弾薬を除く。）及び燃料・油脂・潤滑油の提供 ・米軍施設・区域に対する物資（武器・弾薬を除く。）及び燃料・油脂・潤滑油の提供
		輸送	・人員、物資及び燃料・油脂・潤滑油の日本国内における陸上・海上・航空輸送 ・公海上の米船舶に対する人員、物資及び燃料・油脂・潤滑油の海上輸送 ・人員、物資及び燃料・油脂・潤滑油の輸送のための車両及びクレーンの使用
		整備	・米航空機・船舶・車両の修理・整備 ・修理部品の提供 ・整備用資器材の一時提供
		衛生	・日本国内における傷病者の治療 ・日本国内における傷病者の輸送 ・医薬品及び衛生機具の提供
		警備	・米軍施設・区域の警備 ・米軍施設・区域の周囲の海域の警戒監視 ・日本国内の輸送経路上の警備 ・情報の交換
		通信	・日米両国の関係機関の間の通信のための周波数（衛星通信用を含む。）の確保及び器材の提供
米軍の活動に対する日本の支援	後方地域支援	その他	・米船舶の出入港に対する支援 ・自衛隊施設及び民間空港・港湾における物資の積卸し ・米軍施設・区域内における汚水処理、給水、給電等 ・米軍施設・区域従業員の一時増員
運用面における日米協力	警戒監視		・情報の交換
	機雷除去		・日本領域及び日本の周囲の公海における機雷の除去並びに機雷に関する情報の交換
	海・空域調整		・日本領域及び周囲の海域における交通量の増大に対応した海上運航調整 ・日本領域及び周囲の空域における航空交通管制及び空域調整

異なり，米軍の武力行使と一体化しないことを法制上担保して米軍への協力・支援活動を行う仕組みが設けられたのである。

この「後方地域」は，「我が国領域並びに現に戦闘が行われておらず，かつ，そこで実施される活動の期間を通じて戦闘行為が行われることがないと認められる我が国周辺の公海……及びその上空の範囲」（周辺事態安全確保法第3条第1項第3号）と定義されていて，このような区域における支援活動は，それ自体が武力の行使に当たるものでない限り，ケース・バイ・ケースで判断するまでもなく，およそ支援を受ける軍隊の武力行使と一体化することがないというのが，政府の考えである。

rec.84

○政府委員（大森政輔君）

　まず，この法案が予定している事柄はいかなることであるかということを御理解いただかなければならないわけでございますが，特に今回行おうとしております後方地域支援，ここでは周辺事態に際しまして安保条約の目的の達成に寄与する活動を行っている米軍に対する補給，輸送，修理及び整備，医療，通信等の支援措置を行うことを指しているわけでございます。したがいまして，このこと自体が憲法が禁止している武力行使そのものに当たるということは委員もお考えではないであろうと思います。

　しかも，したがいまして，いわゆる武力行使と一体化する行動じゃないかということを言われているんであろうと思いますが，今までもたびたび申し上げておりますように，後方地域支援と申しますのは，後方地域，すなわち我が国領域並びに現に戦闘行為が行われておらず，かつそこで実施される活動の期間を通じて戦闘が行われることがないと認められる我が国周辺の公海及びその上空の範囲において行うという制約をまず課しております。そしてしかも，現実にその行動を行う実施区域の指定の変更あるいは活動の中断または一時休止についても制度を設けておりまして，すなわち後方地域においてのみ後方地域支援活動が行われるということを実効的に確保するためのシステムを設けております。

　このような後方地域支援の性格，内容にかんがみますと，この法案に基づいて実施することを予定している後方地域支援が米軍の武力の行使と一体化

7 他国軍隊に対する支援の限界――武力行使との一体化

を生じるということはそもそも想定できないということでございます。
　したがいまして，米軍が武力の行使をしている，それは言葉をかえますと軍事行動をしているということでございますが，それに一定の限度でかかわることがすべて憲法に違反するというような議論というのは，飛躍した議論ではなかろうかと思うわけでございます。

　　　　（145回　平11・5・10〈参・日米防衛協力特委〉3号28頁，内閣法制局長官）

　この「後方地域」の定義に用いられた「現に戦闘が行われておらず，かつ，そこで実施される活動の期間を通じて戦闘行為が行われることがないと認められる」地域という概念は，その後，テロ特措法及びイラク特措法にも継承されることになり，一般に非戦闘地域として知られるようになった[59]。
　なお，こうした「武力行使との一体化」の考え方及び後方地域（又は非戦闘地域）での活動であることを武力行使と一体化しないことの法制的担保とする考え方をめぐっては，以下のように左右両方の陣営からの異論がないわけではない。
　まず，周辺事態安全確保法等に基づく武器弾薬や兵員の輸送その他の後方地域支援活動は，現代の戦争においては武力行使と一体不可分とされる軍事上の「兵たん（站）」そのものであるから，たとえ後方地域で実施しようとも，原則としてすべて支援を受ける軍隊の武力行使と一体化するというのが，米軍支援等を非とする立場からの主張である[60]。これに対して政府は，後方地域支援は，活動の区域を画することによって米軍の武力行使と一体化しない支援，すなわち法的に我が国の武力行使に当たらない支援活動だけを指すのであって，軍事にいう兵たんとは異質の概念であるから，第9条に抵触することはない旨の説明を行っている[61]。
　対照的に，他国の軍隊に対する支援は，それ自体が武力の行使に当たるもの

---

[59]　周辺事態安全確保法の「後方地域」とテロ特措法及びイラク特措法のいわゆる非戦闘地域との相違は，前者が我が国の領域と我が国周辺の公海に限られているのに対し，後者は，そもそも海外において自衛隊の活動が行われることから，公海全体及び外国の同意があった場合の当該外国の領域を含む点にある。
[60]　平11・5・12〈参・日米防衛協力特委〉5号26頁，小泉委員質疑等。
[61]　平11・3・26〈衆・日米防衛協力特委〉8号34頁，野呂田防衛庁長官答弁等。

は別としておよそ第 9 条の禁止するところではないとする立場から「武力行使との一体化」の考え方を批判する意見も少なくない[62]。これら両方の主張は，その結論は正反対であるにもかかわらず，①「武力行使との一体化」という考え方が世界的に類例のない特異なものであること，②後方地域ないし非戦闘地域なるものがあいまいで明確さを欠くことの 2 点を批判の主な理由とする点において共通している[63]。

このうち①の外国では論じられることのない我が国独自の議論であるという点について，政府は次のように反論している。

rec.85
内閣法制局の権限と自衛権についての解釈に関する質問に対する答弁書
……御指摘の「武力行使との一体化」論とは，仮に自らは直接「武力の行使」をしていないとしても，他の者が行う「武力の行使」への関与の密接性等から，我が国も「武力の行使」をしたとの法的評価を受ける場合があり得るとするものであり，いわば憲法上の判断に関する当然の事理を述べたものである。これは，我が国の憲法が欧米諸国に例を見ない戦争の放棄等に関する第 9 条の規定を有することから生まれる解釈であり，「独りよがりの解釈となっている」との御指摘は当たらないと考える。……

（156 回　平 15・7・15 答弁 119 号，対伊藤英成議員（衆））

批判の②の概念の明確さについては，非戦闘地域の概念そのものというよりは，特定の地域における個々の実力行使が「戦闘行為」に該当するものかどうかの事実認定及び自衛隊の「活動の期間を通じて」当該地域において戦闘行為が発生しないことの見極めという，いわゆる「当てはめ」が必ずしも常に容易であるとはいえないことに起因するものと考えられる。こうした事実認定や見通しが十分に慎重に，いわば謙抑的に行われなければならないことはいうまでもなく，こうした観点から，周辺事態安全確保法等においては，公海や外国の

---

[62] 安保法制懇報告書 15 頁。
[63] 前掲注 60）のほか，平 11・5・10〈参・日米防衛協力特委〉3 号 29 頁，筆坂委員質疑，伊藤英成議員（衆）質問主意書（156 回　平 15・7・8 質問 119 号「内閣法制局の権限と自衛権についての解釈に関する質問主意書」等。

領域での支援活動等については，当該活動を実施している場所の近傍で，現に戦闘行為が発生した場合だけでなく，戦闘行為の発生が予測される場合にも，活動を一旦休止するなどして防衛大臣の指示を待つ等の慎重な対応を行うべきことが定められている[64]。

このような法的枠組みの下で行われたイラクにおける陸上自衛隊及び航空自衛隊の活動はおよそ5年間に及び，この間，その活動区域へのロケット砲弾の着弾といったことがありはしたものの，他国の軍隊がその隊員に少なからぬ犠牲者を出す中で，自衛隊は一度も武器の使用に至ることはなく，また，人的，物的な被害を受けることもなかった。

ちなみに前述の安保法制懇の報告書では，「補給，輸送，医療等の本来武力行使であり得ない後方支援と支援の対象になる他国の武力の行使との関係については，憲法上の評価を問うこれまでの『一体化』論をやめ」るべきであるとされている（報告書24頁）が，この問題は，上に述べたとおり，特定の具体的な行為が法規範に照らしてどのように評価されるのかという問題であり，「やめる」とか「やめない」といった政策判断に係る問題とは次元が異なるといえよう。

(3) 合憲性確保のための法的措置

自衛隊の海外における活動を可能ならしめる法律として，これまでPKO協力法，周辺事態安全確保法及び周辺事態船舶検査法，テロ特措法及び補給支援特措法[65]，イラク特措法が制定された。このうちPKO協力法と周辺事態安全確保法及び周辺事態船舶検査法が恒久法であるのに対し，テロ特措法，補給支援特措法とイラク特措法は時限立法であり，いずれも現在は失効している。また，PKO協力法（及び周辺事態船舶検査法）以外の4つの法律は，いずれも米軍等の外国軍隊が武力行使をすることを前提として，これらの軍隊に対して自衛

---

64) 周辺事態安全確保法第6条第5項等。
65) 「テロ対策海上阻止活動に対する補給支援活動の実施に関する特別措置法」（平成20年法第1号）。テロ特措法が2007年（平成19年）11月に失効したことに伴い，アフガニスタンにおける多国籍軍等の活動に対する我が国の支援をインド洋での洋上給油活動に限定して行うこととしたもの。

隊が協力支援活動を行う根拠となる法律であるから，こうした自衛隊の活動が第9条に反しないことを担保するために共通の制度的な枠組みを備えている。改めて整理をすると，以下のとおりである。

① 実施する活動として，補給，輸送，修理及び整備，医療，通信等，それ自体が武力の行使に該当しないものを限定的に列挙

② 活動を行う地域を後方地域（又は非戦闘地域）に限定

③ 活動（周辺事態安全確保法では「輸送」）を実施している場所の「近傍において，戦闘行為が行われるに至った場合又は付近の状況等に照らして戦闘行為が行われることが予測される場合には，当該活動の実施を一時休止し又は避難するなどして」，防衛大臣による活動の実施区域の指定変更や活動の中断命令を待つこと

④ 武器の使用は，自衛隊法第95条による場合のほか，自己等の生命・身体の防護に必要な場合に限定し，かつ，人に危害を与えることができる場合を，正当防衛又は緊急避難に当たるときに限定

なお，これら4法は，武器・弾薬の提供及び戦闘作戦行動のために発進準備中の航空機に対する給油及び整備を実施しないことを明記している点でも共通しているが，周辺事態安全確保法の国会審議の際に，政府はその理由を次のように説明している。

rec.86

○佐藤（茂）委員
……武器弾薬を含む補給ということについては，今回のガイドラインとはまた別にして，これは武力行使と一体とみなされるのかどうか，もしお答えできるのであればお答えしていただきたいと思います。

○大森政府委員
　検討の過程におきまして，そのような問題が一時念頭に上がったことは上がりましたけれども，最終的にそのような需要はないとということでございましたので，私どもは詰めた検討を行うには至ってない。しかし，大いに憲法上の適否について慎重に検討を要する問題ではあろうという感触は持っております。

（141回　平9・11・20〈衆・安保委〉3号2頁，内閣法制局長官）

テロ特措法等に基づく自衛隊の海外派遣を契機として，しばしば，第9条の政府解釈が変更され，より緩やかになったのではないか，といった意見が聞かれたが，この点については次のように考えるべきであろう。

9・11テロやフセイン政権との対峙といった事態に直面して，国連加盟諸国には国際社会の平和と安全に対してより積極的に人的な貢献を行うことが求められるようになってきた。一連の自衛隊の海外派遣の根拠法は，我が国も過去にはなかった国際社会のこうした要請に応えるべく，個々の事態における具体的なニーズを踏まえて，第9条の下で許容される人的貢献の法的枠組みを検討し，追求した結果にほかならない。したがって，これらの法律の前提は，あくまでも海外での武力行使は行えない，とする政府の第9条の解釈であり，これらの法律の内容は，この政府の従来の考え方を逸脱するものでも，これと矛盾するものでもない。

自衛隊はこれまで，周辺事態安全確保法及び周辺事態船舶検査法以外の4つの法律に基づいて，実際に海外での活動を実施してきたが，④に掲げた隊員による武器使用がなされたことすら皆無であり，ましてや我が国の武力行使が問題になるような事態は発生していないことにかんがみても，これらの法律の制度的枠組みの下に行われる自衛隊の活動の合憲性は十分に担保されているものと評価できよう。

(4) 米軍への情報提供その他の活動

周辺事態安全確保法に明記されていない活動に自衛隊による軍事情報の収集とその米軍への提供がある。これについて政府は，日米安保体制下で，自衛隊の日常的な活動を通じて得られる情報を一般的な情報交換の一環として米軍に提供することは，実力の行使には当たらないから，データリンクシステムのような即時性の高いものを含め，憲法上の問題はないとする一方で[66]，次のように，自衛隊の情報提供が米軍の武力行使と一体化する場合もあり得ないわけ

---

[66] 140回 平9・6・4〈衆・外務委〉18号16頁，秋山内閣法制局第一部長答弁，平13・11・26〈衆・テロ特委〉10号13頁，中谷防衛庁長官答弁。

ではないとしている。

rec.87

平成9年4月10日衆議院日米安全保障条約の実施に伴う土地使用等に関する特別委員会における東委員の質問について[67]（抜粋）」
1　米軍への情報提供について

　日米安保体制下において，日米両国が平素から，軍事情報を含め，相互に必要な情報交換を行うことは当然のことであり，このような一般的な情報交換は，実力の行使に当たらず，集団的自衛権の行使には当たらないと考えられる。

　しかしながら，一方で，政府としては，従来から，我が国は自らは直接武力の行使を行わないとしても，他の者が行う武力の行使への関与の密接性などから，他の者による武力の行使と一体となるような行動を行う場合は，我が国としても武力の行使をしたとの法的評価を受けることがあると申し上げてきた。

　お尋ねの事柄についても，このような考え方に従って，例えば，特定の国の武力行使を直接支援するために，偵察行動を伴うような情報収集を行い，これを提供するようなことについては，他の者による武力の行使と一体となると判断される可能性があると考えられる。

（2〜4　略）

（平9・4・10内閣法制局　文書回答）

rec.88

○野呂田国務大臣

……自衛隊がその任務を遂行するために行う情報収集活動により得られた情報を，一般的な情報交換の一環として米軍へ提供することは，憲法上の問題はないと考えます。これも先般申し上げたところでありますが，例えば，特定の国の武力行使を直接支援することのみを目的として，ある目標に方位何度何分，角度何度で撃てというような行為を行うことについては，憲法上問題を生ずる可能性があると考えているところであります。現実にこのような

---

[67]　140回　平9・4・10〈衆・安保土地使用特委〉5号13頁参照。

情報を私どもが米軍に提供することは，全く考えておりません。

(145回　平11・4・26〈衆・日米防衛協力特委〉12号8頁，防衛庁長官)

同様に，かつて武力行使との関係が問われたものに機雷の除去作業がある。これの法的性質について，政府は次のように説明している。

rec.89

○政府委員（大森政輔君）

　機雷の除去が武力の行使に当たるか否か，これはいかなる具体的な状況のもとで，またいかなる態様で行われるか等により判断さるべきものでございまして，一概に言うことは困難であるわけでございますが，一般的に申し上げますと，外国により武力行使の一環として敷設されている機雷を除去する行為，これは一般にその外国に対する戦闘行動として武力の行使に当たると解せられます。したがいまして，自衛権発動の要件を充足する場合に自衛行動の一環として行うこと，これは憲法が禁止するものではございません。しかしながら，それ以外の場合には憲法上認められないのではないかと考えている次第でございます。

　これに対しまして，遺棄された機雷など外国による武力攻撃の一環としての意味を有しない機雷を除去するということは単に海上の危険物を除去するにとどまり，その外国に対する戦闘行動には当たりませんので，憲法上禁止されるものではないと，これが機雷の掃海に関する私どもの基本的な考え方でございます。

(140回　平9・6・16〈参・内閣委〉14号3頁，内閣法制局長官)

自衛隊法には，海上自衛隊が防衛大臣の命を受けて，「海上における機雷その他の爆発性の危険物の除去及びこれらの処理を行う」とする規定が設けられているが（第84条の2），この規定に基づく機雷の除去は，武力の行使に該当しないもの，すなわち遺棄機雷等を対象とするものに限られていることはいうまでもない。この規定[68]に基づき，湾岸戦争の終結後，ペルシャ湾にイラクが敷設した機雷の除去を目的として海上自衛隊の掃海艇が派遣され，掃海作業に携わった。

第Ⅰ章　戦争の放棄

　また，周辺事態船舶検査法において，我が国は，周辺事態に際し，米軍への協力とは別に自衛隊の部隊等による船舶の積荷等の検査を実施することを定めている。この船舶検査は，我が国が参加する貿易その他の経済活動に係る規制措置を実効あらしめる目的で，国連決議に基づいて，又は旗国の同意を得て実施されるが，軍艦等は検査の対象外であるほか，船舶の積荷の検査，確認やその目的地の変更の要請等を行うにすぎず，また，武器の使用については，PKO協力法等と同じく自己等の生命・身体の防護のためにやむを得ない場合に限定していて，警告射撃を含め実力を用いた強制に及ぶことはない。こうしたことから，以下のように憲法との関係で問題を生じることはないと説明されている。

rec.90

○国務大臣（野呂田芳成君）
……船舶検査活動についてでありますが，船舶検査活動は，経済制裁措置の実効性を確保することを要請する国連安保理決議に基づき，船舶の航行状況の監視，呼びかけ，船籍，目的地等の照会，同意を得ての船舶検査，進路変更の要請を行い，これに応じない船舶に対しては説得を行うこととしている。この際には，説得に必要な限度において接近，追尾，伴走及び進路前方における待機といった措置をとることとしてありますが，上述のような態様で行うこの船舶検査活動は，制裁対象国との関係を含め，武力の行使または武力による威嚇に当たるものではなく，憲法上問題となることはないと確信しております。

　さらに，船舶検査活動は，他国の検査活動と明確に区別された海域において，我が国自身の主体的な判断に基づき，必要な一連の検査活動を行うものでありまして，仮にいずれかの国により検査活動に伴って武力の行使が行われた場合であっても，かかる他国の武力の行使と一体化すると評価されるものではなく，憲法上問題が生ずることはないと思います。……

68）　湾岸戦争当時は第99条。平成19年の防衛庁から防衛省への移行に併せ，機雷除去がPKO協力活動などとともに自衛隊のいわゆる本来任務と位置づけられたことに伴い，規定の位置が変更された。

7 他国軍隊に対する支援の限界——武力行使との一体化

(145回　平11・2・24〈参・予算委〉4号17頁,防衛庁長官)

　船舶検査活動の実施区域は我が国の領海及び我が国周辺の公海であって,我が国が自主的に行い,基本的には米軍等の武力行使と関わりを有さない活動であるが,それが米軍等の武力行使と一体化することがないように,その実施区域については,「外国による船舶検査活動に相当する活動と混交して行われることがないよう」に明確に区別して指定することとしている（同法第5条第2項）。

　ちなみに,平成11年3月,周辺事態安全確保法の法案審議と時を同じくして,海上保安庁の巡視艇や海上自衛隊の護衛艦などが能登半島沖で発見された不審船を追尾し,これに警告射撃を加える事件が発生した。政府はこれを我が国の警察権の行使であるとする一方,船舶検査活動に際しても同様の警告射撃が必要ではないかとする意見に対しては,次のように慎重な姿勢を示してきている。

rec.91

○国務大臣（野呂田芳成君）

　2隻の不審船舶に対しまして海上警備行動に当たる海上自衛隊の部隊が実施した警告射撃と爆弾投下による警告は,自衛隊法第93条により準用される警察官職務執行法第7条に基づき実施したものであります。

　自衛隊が行った警告射撃と爆弾投下による警告につきましては,海上警備行動発令後,不審船舶を停船させ立入検査を行うため停船命令を行ったにもかかわりませず,不審船舶がこれを無視して逃走を続けたため,あくまで警告のために相手方に危害を与えることのないよう十分配慮して行ったものであります。

(145回　平11・5・14〈参・日米防衛協力特委〉7号19頁,防衛庁長官)

rec.92

○政府委員（大森政輔君）

　……お尋ねの船舶検査活動における警告射撃,これはひいては警告射撃が効果を生じない場合のスクリュー等船体への射撃等航行不能措置までつながっていく問題でございまして,このような一連の行為を念頭に置いて検討する

第Ⅰ章　戦争の放棄

必要があるということが一つでございます。

　法案の検討過程におきましては，この法案というのは政府が当初提案しました法案の検討過程におきましては，警告射撃等と憲法9条との関係につきまして憲法に明白に抵触しないとの結論に達するに至っていなかったところ，検討過程で法案には警告射撃等を盛り込まないということとなったため，それ以上詰めた議論は行わなかったものでございます。

　以上のような経過でございますが，安保理決議に基づく船舶検査活動は，我が国の治安維持を目的として行われる警察活動ではなく，国連憲章第7章の安保理の権限のもとで行われる集団的安全保障措置の一環であり，集団的安全保障措置につきましては，そのうち憲法9条によって禁じられている武力の行使または武力の威嚇に当たる行為については，我が国としてこれを行うことは許されないと従前から考えているところでございます。

　したがいまして，集団的安全保障措置の一環である船舶検査活動において警告射撃等を行うことを内容とする法案につきましては，そのような行為を伴う船舶検査活動が制裁対象国及び船舶の旗国との関係で憲法9条が禁止する武力の行使または武力による威嚇に当たらないかどうかについてさらに慎重な検討がなされる必要がある問題である，このように私どもは現在のところ考えております。……

○国務大臣（野呂田芳成君）

　私としては，衆議院においても，多分参議院においても申し上げていると思いますが，この件については，政府としては船舶検査の際に警告射撃等の武器の使用を行うことと憲法との関係についてはさらに慎重な検討を行う必要がある問題であると，こういうふうに何回かお答えしているわけであります。……

　　　　（145回　平11・5・12〈参・日米防衛協力特委〉5号12頁，内閣法制局長官）

8　海賊への対処

　近年自衛隊が海外で行うこととなった活動の一つに，ソマリア沖の海賊行為への対処がある。

　海賊行為を抑止し，船舶の航海の安全を確保することが国際社会全体の利益に適うことはいうまでもない。このため，「海洋法に関する国際連合条約」（国連海洋法条約）では，「すべての国は，最大限に可能な範囲で，公海その他いずれの国の管轄権にも服さない場所における海賊行為の抑止に協力する」こととされ（第100条），さらに，これら公海等における海賊行為 資料1-20 については，海賊船舶等の国籍のいかんを問わず，いずれの国も取り締まり（拿捕，逮捕等），裁判に付することができることとされている（第105条）[69]。

　海賊行為は，かつてはマラッカ海峡を中心として東南アジアの海域で多くみられたが，マレーシア等の沿岸国の取締り体制が整うにつれて逓減し，代わって2008年頃から紅海の入り口に当たるアデン湾やソマリア沖合のインド洋で頻発し，我が国の商船も被害を受けるようになってきた。

　こうした事態を受けて国連安保理は，2008年6月，ソマリア沖の海賊行為を非難するとともに，6カ月間，加盟国に当該海賊行為等を鎮圧するために武力行使を含む必要なあらゆる措置をとる権限を認める決議（1816号）を採択したのを皮切りに，これを延長・強化する決議を相次いで採択し，各国に軍艦や軍用機の派遣を要請するに至った。

　アデン湾が我が国艦船の重要な航路であることにもかんがみて，政府は，この海賊行為の取締りに積極的に加わる必要があるとして第171回国会（平成21年1月召集）に「海賊行為の処罰及び海賊行為への対処に関する法律」案を提出し，その成立・施行を受けて同年7月から自衛隊の航空機と艦船による海賊対処行動が開始されている[70]。この法律では，海賊行為が犯罪であることを

---

[69]　海賊行為は犯罪であるから，領海における海賊行為については沿岸国がその取締りの権限と責任を負う。

[70]　この法律の施行までの間の応急的な対応として，同年3月に防衛大臣が自衛隊法第82

明確にした上で（第3条, 第4条）[71]，これへの対処は海上保安庁が行うとし（第5条），さらに，特別の必要がある場合には防衛大臣が内閣総理大臣の承認を得て海上自衛隊の部隊に「海賊対処行動」を発令できることとなっている（第7条）。また，海上保安官及び自衛官の武器使用については，警察官職務執行法第7条の規定による場合のほか，海賊行為を続ける海賊船を止めるのに他に手段がないと信じるに足りる相当の理由があるときに，その事態に応じて合理的に必要と判断される限度において可能とされている（第6条, 第8条第2項）[72]。

政府は，この法律に基づく海賊対処行動は，犯罪の取締り，すなわち我が国の警察権の行使にほかならないから，この職務を遂行するに際しての（私人に対する）自衛官等の武器使用が第9条との関係で問題になることはないとし，さらに，PKO活動等における武器使用との相違についても次のように説明している。

rec.93

○内閣総理大臣（麻生太郎君）

……海賊行為というものは，これは私的目的とした私人の犯罪行為であります。したがって，海賊行為への対処のためには，これは海賊行為であって，日本の刑罰法令が適用される犯罪行為に当たる行為を行った者に対して法令の範囲内で武器を使用するということは，憲法が禁ずる武力の行使とは全く違うものだと思っております。

(171回　平21・6・18〈参・外交防衛委〉20号19頁)

rec.94

○政府参考人（横畠裕介君）

……まず，本法案による海賊対処は，国連海洋法条約によって許される範囲

条に基づく海上警備行動を発令し，護衛艦の派遣等を行った。なお，第183回国会（平成25年）に「海賊多発海域における日本船舶の警備に関する特別措置法案」（審議未了廃案）が提出されたが，これは，我が国の船舶に小銃を所持した民間警備員の乗船を認めることを内容とするものであって，政府の組織の活動とは無関係である。

71)　法案の国会審議の際に，この法律が犯罪とする「海賊行為」に国又は国に準ずる者による武力行使が含まれないことについて 資料1-21 のような説明が行われている。

72)　自衛隊法第95条（武器等の防護のための武器の使用）の適用は排除されていないから，この規定に基づく武器使用も可能である。

内で我が国の管轄権，具体的に申し上げれば我が国の統治権能の一部であります警察権であり，これには厳格な比例原則の下での強制力が伴うものでございますが，これを公海上にまで及ぼし，我が国の法執行としてこれに服すべき海賊を取り締まるものでございます。そのために，本法案では海賊行為を定義し，これを国内法上の犯罪として規定した上で，海上警察機関である海上保安庁及びこれを補完する役割を担うものとしての自衛隊が海賊行為の取締り等に当たることを規定し，武器使用を含む所要の権限を付与しております。

　本法案による自衛隊による海賊対処行動では，自衛官が私的目的による私人の行為として定義された海賊行為の抑止，取締りという職務を行うに当たって，武器の使用を含む強制力を用いることを認めております。法案の第6条の停船射撃はまさにその現行犯の海賊行為を制止するためのものでございます。これについては，当該自衛官の職務が我が国の法執行であるということに強制を及ぼす法的根拠があり，また，あくまでも私人を相手とするものであるということから，そもそも武力の行使に当たるものではないものと整理しております。

　他方，御指摘のPKO活動等は我が国の統治の及ばない国外の領域において行われるもので，その法的性質も我が国の法執行ではないことから，我が国の統治に服するものでもない他国民に対して自衛隊が武器を使用して強制力を発揮することについては，その法的根拠についての議論が必要であることを始め，その相手方が国又は国に準ずる者である場合には憲法第9条が禁ずる武力の行使に当たるおそれがあるという問題があることから，現行法上，これらの活動においてはいわゆる任務遂行のための武器使用は認められておらず，これらの点に疑義がない，いわゆる自己保存のための武器使用及び自衛隊法第95条による武器等防護のための武器使用に限って認められているものと承知しております。

　　　　（171回　平21・6・4〈参・外交防衛委〉16号29頁，内閣法制局第二部長）

第 I 章　戦争の放棄

資料 1-20

　国連海洋法条約は，海賊行為を次のように定義している。
第 101 条
海賊行為とは，次の行為をいう。
(a)　私有の船舶又は航空機の乗組員又は旅客が私的目的のために行うすべての不法な暴力行為，抑留又は略奪行為であって次のものに対して行われるもの
　(i)　公海における他の船舶若しくは航空機又はこれらの内にある人若しくは財産
　(ii)　いずれの国の管轄権にも服さない場所にある船舶，航空機，人又は財産
(b)　いずれかの船舶又は航空機を海賊船舶又は海賊航空機とする事実を知って当該船舶又は航空機の運航に自発的に参加するすべての行為
(c)　(a)又は(b)に規定する行為を扇動し又は故意に助長するすべての行為

資料 1-21

○三日月委員
　……この第 2 条の各号に定められている基準に沿って海賊行為だと判断して，そして第 6 条で認められている危害射撃を行った結果，……それが結果的に，例えばテロリストであったり，国または国に準じる者であった場合，これは憲法で禁じている武力の行使ということに当てはまるのではないですか。……
○宮崎政府特別補佐人
　今回の法案は，海賊行為という特別な類型について着目しておるわけでございます。
　恐らく御案内のとおり，まず，軍艦でもなければ，各国政府が所有しまたは運航する船舶でもない，すなわち私的船舶によって行われる行為であることがまず第一点であります。二つ目に，私的目的で行われるということが明記してございます。三つ目に，基本的観点でいえば，公海上で行われるものでございます。
　さらに，そのようなものが船舶の強取，財物の強取，乗組員等の略取等の行為を行うというふうに定義しておりまして，これは古くから，いわゆる人類共通の敵として定型的に認められてきたような，卑劣で重大な犯罪というものを踏まえて，少し長くなりますけれども，海洋法条約におきましても，そういうものを対象にして規定をし，また，それを踏まえて今回の法案で海賊行為というものをきちんと定義いたしまして，それは私的な，私人による行為というふうに考えておるわけであります。
　したがって，この法案に言います海賊行為を行う船舶に対して，御指摘の法案 6 条を含め，所定の法令の範囲内で武器使用を行うことは，憲法の禁ずる武力の行使に当たるものではないということでございます。

(171 回　平 21・4・17〈衆・海賊行為対処特委〉4 号 12 頁，内閣法制局長官)

第 II 章

統治機構

　統治機構に関しては，政府の憲法解釈は，当然のことながら，内閣及び内閣と国会との関係をめぐって明らかにされることがほとんどであって，国会や司法権のみに関わる規定について政府が自らの見解を示す機会は少ないし，特に純粋に国会のみにしか関係しない規定については，仮に政府が見解を示したとしても一種の参考意見以上の意味を持つことはない。
　したがって，本書で「国会」や「司法」として取り上げるのは，もっぱらこれらの二権と内閣の権能との相互関係についての政府の考えであり，かつ，あくまでも政府の立場から述べられた意見であることはいうまでもない。

1　国　　会

(1)　国権の最高機関

> □　第 41 条
> 国会は，国権の最高機関であつて，国の唯一の立法機関である。

　過去，様々な場面でしばしば政府の見解を問われたのが，第 41 条の国会が「国権の最高機関」であるとする規定の意味についてである。次の答弁は，これについての政府の見解を端的に示している。

rec.95
○中曽根内閣総理大臣
……国会が国権の最高機関であるという言葉については，いろいろ憲法上の解釈がございます。ただ言葉だけじゃないかという説もあります。なぜなれ

ば，国会が立法したことについて裁判所の法令審査権を憲法上明記してあるわけであります。したがって，国会がつくった法律についても違憲であると最高裁が決定する権限を状況によっては持っているわけでございます。そういうわけですから，やはり三権が調和がとれつつ行われている。ただ，国会というものは国民が直接選んだ議員から構成される，そういう意味において，主権在民の国家においては民意を代表する直接機関であるという意味において，政治的に非常に重要な地位にある，そう思うわけです。総理大臣も国会の指名に基づいて任命されるわけでございますから，そういう意味においては，やはり国会というものは行政権のある意味における母体でもあるわけであります。そういういろんな面を考えてみて，最高機関という言葉が使われておると思うのですが，実定法上の権限の分配という面を見ると，三権のバランスはとれているような形に行われておる，そう考えております。

(104回　昭61・2・7〈衆・予算委〉5号3頁)

　この中曽根康弘総理の答弁は，同総理の大統領的首相観が第41条の規定に照らして我が国にはなじまないのではないか，という上田哲議員の質問に対してなされたものであるが，この規定の趣旨をどう考えるか，という政府に対する問いは，多くの場合，国会の権能の行使，特に第62条に規定する衆参両院の国政調査権の行使に対して政府の協力が十分ではないとする議員が，政府はより積極的な協力を行うべきであるという主張を展開する際の論拠として，発せられてきた。

　次の政府統一見解も，政府が，刑事訴訟法上公開が許可されなかった確定訴訟記録の国会への提出を拒否したことを契機として，求められたものである（131頁参照）。

rec.96

○山本正和君
……総理は今，国権の最高機関たる国会，この役割をどういうふうにお考えになっているのか。三権あります。確かに立法，行政，司法とある。しかしながら，国会の機能というものは一体どうなのか，その中で。その辺についての総理のお考えを承りたいと思います。

1　国　会

○国務大臣（宮澤喜一君）

　この問題につきましては前国会で山本委員からお話がございまして，行政府として国会の国政調査には最大限に協力をしなければならないというお答えを申し上げました際に，行政，司法をあわせて国会が最高機関であるということの意義について見解をお求めになりまして，政府の統一見解をまとめまして申し上げますということをお約束申し上げました。

　それで，委員長のお許しを得まして，法制局長官からまずそれを御報告させていただきます。

○政府委員（大出峻郎君）

　お答えを申し上げます。

　憲法第41条の「国会は，国権の最高機関」，こういうことについての意義を御説明申し上げたいと思います。

　憲法第41条における国会は国権の最高機関である旨の規定は，国会が主権者たる国民によって直接選挙された議員から成る国民の代表機関であるところから，国家機関の中で主権者に最も近く最も高い地位にあると考えるにふさわしいものであるとの趣旨を表明したものと解されるわけであります。他方，憲法は，国家の基本体制といたしましていわゆる三権分立の制度を採用いたしておるわけであります。

　したがいまして，この41条の規定は，行政権及び司法権との関係において国会の意思が常に他に優越するというそういう法的な意味を持つものではないと解されるわけであります。例えば国会の一院である衆議院が内閣の助言と承認による天皇の国事行為として解散されるということが制度的にあり得るわけであります。また，国会の制定した法律が最高裁判所による違憲審査の対象となるということがこれもまた憲法上明文で規定されているところでございます。

　なお，国政調査権との関連についての原則的な考え方を申し上げますれば，憲法及び国会法の規定に基づいて認められたものでありますから，内閣といたしましても法令の範囲内で可能な限りこれにこたえるべきものであるというふうに考えておるわけであります。……

(126回　平5・3・9〈参・予算委〉2号16頁，宮澤内閣総理大臣，大出内閣法制局長官)

このように政府は，この文言が国会の地位の重みを表すものであるとしつつも，三権それぞれの権限が具体的に規定された憲法の下では，これはいわば理念の表明であって，格別の法的意味を持つものではないとする考えを繰り返し明らかにしている。

(2) 立法権と政府の法案提出

第41条は，国会が唯一の立法機関であることも規定している。一般にその趣旨は，

① 実質的な意味での立法の権能が国会に専属し，憲法が別に定める場合を除き，国会以外の機関が立法することができないこと

② 立法は国会のみによって完結し，憲法上の特例を除いては，国会以外の機関の参与を要しない，いわゆる国会単独立法の原則

の両方を意味すると解されている[1]。

内閣法第5条には，内閣の国会への法律案の提出権限が明記されている。しかしこれが，予算の国会提出などとは違って，憲法第73条等に内閣の権能として明記されていないことから，過去には上記②の国会単独立法の原則を侵すものではないかという疑念が呈されたことがある。政府は，内閣の法律案提出権限の憲法上の根拠を次のように説明している。

rec.97

○内閣総理大臣（小渕恵三君）

……内閣の法律案提出権の根拠についてお尋ねがありました。

　内閣は，行政権行使に当たりまして，広く各種の問題に直面し，かつ国民からさまざまな情報や要望に接しておりますので，こうした情報や要望を基礎に，広く施策を立案すべき立場にあるというべきでありまして，議院内閣制をとる我が国といたしましては，憲法第72条に基づき，内閣が法律案を立案し国会に提出できることについては，憲法制定時の国会審議におきまし

---

[1] 芦部信喜（高橋和之補訂）『憲法〔第5版〕』（岩波書店，2011年）287頁。

ても明らかにされ，その後の国会審議を通じ，この解釈は定着いたしておると考えております。……

(145回　平11・3・23〈衆・本会議〉18号6頁)

　憲法第72条の規定により内閣が国会に提出する「議案」の中に法律案も含まれるということであるが，過去60年間に国会で可決され，成立した法律案の8割以上は政府が国会に提出したいわゆる閣法であり，今日では政府による法律案の国会提出は，いわゆる7条解散と同様に確立した憲法慣習として定着しているといえよう。

　なお政府は，憲法改正案の原案についても自ら国会に提出することができると解しており，かつて内閣に憲法調査会を設置したこともあるが，この点についての詳細は，第Ⅳ章に譲ることとする。

(3)　国政調査権と行政

> □　第62条
> 両議院は，各々国政に関する調査を行ひ，これに関して，証人の出頭及び証言並びに記録の提出を要求することができる。
> □　第63条
> 内閣総理大臣その他の国務大臣は，両議院の一に議席を有すると有しないとにかかはらず，何時でも議案について発言するため議院に出席することができる。又，答弁又は説明のため出席を求められたときは，出席しなければならない。

　「国権の最高機関」が規範的な意味を有するかどうかが具体的に問題になるのは，国政調査権に基づいて議院が政府に対して委員会への資料等の提出を求める場合においてである。

　国会法第104条第1項は，政府が各議院または各議院の委員会からの資料等の提出の求めに応じなければならない旨を定めているが，議院証言法[2]第5条第1項では，公務員である証人が「職務上の秘密に関する」事実である旨を申し立てたときは，当該公務所又はその監督庁が承認しない限り証言等を求め

---

2)　議院における証人の宣誓及び証言等に関する法律。

第Ⅱ章　統治機構

ることができないとしていることに照らしても，憲法第62条の国政調査権が自動的に政府の秘密事項に及ぶものではないと解される³⁾。

　もっとも，当該公務所等がこの承認を拒否するときはその理由を疎明しなければならず，議員又は委員会がその理由を受諾できなければ，さらに求められている証言等が「国家の重大な利益に悪影響を及ぼす」旨の内閣声明を要求することができることとして，国政調査権の行使に対する政府の協力を予定している（議院証言法第5条第2項・3項，国会法第104条第1項・2項）。過去に政府が議院証言法に基づくこうした手続を採るに至ったことは少ないが⁴⁾，守秘義務があることを理由として，政府が事実関係についての答弁を差し控えたり，記録の提出を見合わせたりすることは少なくない。その典型が刑事捜査や税務調査に関する事項であるが，政府はこれまで，その内容はもとより，捜査・調査に着手しているかどうかについても答弁できないとしてきている。

　国政調査権と政府の守秘義務との関係についての政府の以下の説明は，いわゆる田中金脈事件に伴う田中内閣の総辞職と相前後して，野党議員が田中総理に対する国税当局の対応を質し，さらには確定申告書等の税務関係資料の提出を求めたのに対して行われたものである。

rec.98

○政府委員（吉國一郎君）

……要は，先ほど総理からお答えございましたように，片方，国政調査権と申しますものは，憲法第62条に淵源を有しまする国政の全般にわたってその適正な行使が確保されなければならない重大な権限でございます。他方，憲法65条によりまして，内閣には行政権が属しておりまして，その行政権に属する公務は民主的かつ能率的な運営が確保されなければならないことは当然でございまして，その公務の民主的かつ能率的な運営のために公務員に

---

3) 内閣声明は，昭和29年12月3日に吉田内閣が造船疑獄事件についての証人喚問等に関して発出したのが唯一の例である。この1週間後に吉田内閣は退陣している。
4) 衆議院先例集によると，内閣総理大臣等が議院証言法第5条第1項に規定する「承認」を拒否した事例は過去に4回あるが，このうち同法第2項の「理由（の）疎明」が容れられず，内閣声明の発出に至ったのは，昭和29年に吉田内閣がいわゆる造船疑獄事件に関連しての証言等を拒んだときの1件のみである。なお，参議院先例集には前例は記述されていない。

秘密保持義務が課されているということでございます。

　そこで，国政調査権と国家公務員の秘密保持義務との間に，場合によっては調整を必要とする場合が生まれるわけでございますが，先ほど総理からお答え申し上げましたように，両者の関係は常に一方が他方に優先するというようなものではなくて，国政調査権の要請にこたえて職務上の秘密を開披するかどうかということは，秘密保持義務によって守られておりまする公共の利益と国政調査権の行使，国会に与えられました重大な権限でございます国政調査権の行使によって取得せらるべき公の利益と，まさに個々の事案ごとに，この個々の事案と申しますものは，ただいま問題になっております特定の人物の事案ということばかりじゃございませんで，その人に関するどういう資料であるか，どういう部分の秘密であるかという個別の事案ごとに比較考量いたしまして決しなければならない。

　ただいま申し上げましたのは国政調査権が国会法第104条によりまして，いわゆる議院証言法の法的手段によらないで，一般的に行なわれた場合について申し上げたわけでございますが，国政調査権の行使のためのきわめて有力な手段として，また，この手段が認められたことが新憲法のもとにおける国会の国政調査権の有効な行使をいわば可能ならしめたものだということに学説が一定しておりますいわゆる証言法，議院における証人の宣誓及び証言等に関する法律の先ほど御指摘の第5条でございますが，その第5条の規定が，いま申し上げましたような法理を基本にして，そこに法律的なきわめて詳細な手続を定めておるということであろうと思います。

　単に国会法104条に基づきまして国政調査が行なわれる場合は，そのようなことで個々の事案ごとに大蔵省なら大蔵省が判定をいたしまして，こういう秘密については開示をいたします，こういう秘密はこういうことで開披できませんとか申し上げます。それに対して議院のほうの側で，あるいは議院においてあるいは委員会においてその理由が納得できないと仰せられます場合には，それに対して質疑等によって十分な御議論をなさる。それに対してまた政府側がその理由を解明するということで，その調整は十分につけられると思います。そのようなことは，ただいま申し上げましたいわゆる証言法の第5条の手続でも詳細に定められておりますが，104条の場合においても，

第Ⅱ章　統治機構

そういうことで両方が十分に議論することによってその理由を解明していただいて，そこで提出される，開示されるべき秘密はどういうものであるかということが漸次確定してまいるということに相なると思います。

(74回　昭49・12・21〈参・予算委〉2号30頁，内閣法制局長官)

rec.99

○国務大臣（三木武夫君）

　国政調査権と守秘義務との関係について，政府の見解を申し上げます。

　一　いわゆる国政調査権は，憲法第62条に由来するものであり，国政の全般にわたってその適正な行使が保障されなければならないことはいうまでもないところである。

　　一方，憲法第65条によって内閣に属することとされている行政権に属する公務の民主的かつ能率的な運営を確保するために，国家公務員には守秘義務が課されている。

　二　そこで，国政調査権と国家公務員の守秘義務との間において調整を必要とする場合が生ずる。国政調査権に基づいて政府に対して要請があった場合，その要請にこたえて職務上の秘密を開披するかどうかは，守秘義務によってまもられるべき公益と国政調査権の行使によって得られるべき公益とを個々の事案ごとに比較衡量することにより決定されるべきものと考える。

　三　個々の事案について右の判断をする場合において，国会と政府との見解が異なる場合が時に生ずることは避け得ないところであろうが，政府としては，国会の国政調査活動が十分その目的を達成できるよう，政府の立場から許される最大限の協力をすべきものと考える。

ということでございます。

……政府の気持ちは，可能な限り最大限度に協力をするという態度をあらわしておるのですが，しかし，いま申したように，国政調査権と守秘義務との間にやはり衝突が起こる場合もあり得るわけです。そのときの判断というものは，当然に政府の行政責任としてなければならぬので，これはやはり個々の事案について比較検討するよりほかにはないし，そのことは，国会の，またその判断に対して御批判もあろうし，世論もあるわけですから，そこを接

点として，そうしてその問題について，いろいろな国会の論議やあるいは世論の批判を受けることになるわけでありまして，あらかじめもうこちらが絶対だということは言えないと思うのでございます。また，この事件が，田中さん自身だからという，田中さん個人の名前はないわけです。だれの場合でも共通でなければ，前総理であったからこういうものに対して区別があるというものではあっては断じてならない，だれのケースにも共通する判断でなければならぬということでございます。

(74回　昭49・12・23〈参・予算委〉3号39頁，内閣総理大臣)

rec.100

○矢追秀彦君

……昭和49年の12月23日の本委員会で出されました政府の統一見解，これはいまなお政府としては変わらない見解でございますか。

○国務大臣（三木武夫君）

　変わりません。

○矢追秀彦君

……この統一見解の第二項目の中にある国政調査権と公務員の守秘義務の問題につきまして，「その要請にこたえて職務上の秘密を開披するかどうかは，守秘義務によってまもられるべき公益と国政調査権の行使によって得られるべき公益とを個々の事案ごとに比較衡量することにより決定される」と，こうなっておりますが，この「比較衡量することにより決定される」その決定権はどこにあるのですか。

○政府委員（吉國一郎君）

……ただいま御指摘のように，「国政調査権に基づいて政府に対して要請があった場合，その要請にこたえて職務上の秘密を開披するかどうかは，守秘義務によってまもられるべき公益と国政調査権の行使によって得られるべき公益とを個々の事案ごとに比較衡量することにより決定されるべきものと考える。」，政府としてはかように考えておりますので，仮に，いわゆる議院証言法によりまして公務員が証書を求められまして，公務員からこれが職務上の秘密に属するものであることを申し立てますと，当該公務員あるいはその公務員の属しております公務所またはその公務員の監督者が承認をしない限

り証言ができないことになります。

　その場合に，その承認をいたします当該公務所なり監督者なりが，ここで書いてございますように「比較衡量」をいたしまして証言すべきかどうかを決定するわけでございます。その決定をいたしまして，承認をすればよろしゅうございましょうが，承認をいたさない場合には，その承認をしない理由を議院なり委員会に対して疎明をいたさなければなりません。疎明をいたしまして，議院なり委員会なりがなるほど証言をしないことはもっともであるとお考えになれば，それでおしまいになりますし，その疎明を不十分である，やはり承認をすべきであるとお考えになれば，その場合にはこの「個々の事案ごとに比較衡量」という政府側の考え方に対して，議院なり委員会なりが異議を申し立てられるわけです。その場合には今度は内閣が，国家の利益に重大な障害があるという内閣声明をするかどうかという問題になってまいります。内閣声明を，議院なり委員会として声明を出すかどうかということを迫られるわけです。

　政府といたしましては，その，要請があった場合に，10日以内に内閣声明をいたさない限りは証言をいたさなければならないことになりますが，その場合はまた政府側が，この項目によりまして証言をするかどうかということを両方の公益をその事案について「比較衡量」いたしまして，内閣声明をするかどうかを決定して，内閣声明をしないで証書をすればまたそれで終わりになりますし，内閣声明をすればそれで証言をする義務が免れまして，それで事案が終わりになるという段階になりますので，この決定と申しますのはいわば客観的に決定されるべきものでございまして，具体的な問題としては，証言を求められた場合に，まず政府側が，かようかようなことで証言をいたしますとか，いたしませんとかということを申して，それが今度は議院なり委員会なりによって判断をされて，それでよろしいということになればそれで終わりになるということで，交互に政府側の判断と議院なり委員会側の判断とが交錯をいたしまして，最終的な決定に至るという運びになると思います。

○矢追秀彦君

……仮に最終的に内閣声明ということ，事態になった場合，結局総理の判断

でしょう。こっちは仮に要求したとした場合，拒否されるされないは総理の判断ということは，やっぱり総理の方が国政調査権より上回るんじゃないですか。その点いかがですか。

○政府委員（吉國一郎君）

　議院証言法におきましては，先ほど申し上げましたように，第5条でずっと段取りが規定されておるわけでございますが，その公務所または監督庁が承認を拒むという理由を疎明をいたしまして，その理由が納得できないというふうにお考えになる場合には，これはもう議院もしくは委員会が内閣に対してその証言を求めることについて「国家の重大な利益に悪影響を及ぼす旨の内閣の声明」ということでございますから，これはもう大変な問題でございます。「国家の重大な利益に悪影響を及ぼす」かどうかという判定については，これは一昨年の参議院の法務委員会においても，また大蔵委員会においても，いろいろ御議論のあったことでございますが，これもやはり客観的に「国家の重大な利益に悪影響」があるかどうかということを判断すべきものでございまして，そのような声明を出すことについては，内閣としてはきわめてこれは重い責任を負うことになります。したがって，ただいまおっしゃいますように，行政の方が優越するというような考え方ではなしに，これはもうまさに最後の段階に至ってこの声明をするかどうかということをきわめて高い見地から決定するものでございまするから，国会としても内閣に対してそのような重大な声明を要求されるということにかんがみまして，政府側におきましても，内閣で，閣議で決定することに相なりますが，きわめて慎重な考慮をした上で内閣の声明をするかどうかということを決定するわけでございますから，行政が立法に優越するなんということは全然考えられないと思います。

　　　　　　　　　　　（77回　昭51・4・28〈参・予算委〉6号23頁，
　　　　　　　　　　　　　　三木内閣総理大臣，吉國内閣法制局長官）

　なお，国務大臣が議員の質問に答弁を行わないことと第63条に規定する国務大臣の国会への出席義務との関係についても以下の質疑応答がなされている。

rec.101

○橋本敦君

……憲法63条では，総理大臣及び国務大臣は議院に出席する権利があると同時に，答弁，説明のために出席を求められたときは，出席をしなければならないと明記をしてあります。この63条で言っておるところの国務大臣の国会への出席義務ですが，この出席義務というのは，当然に誠実に議員の質問に答えて答弁をする義務を含むと，こう解釈すべきだと思いますが，この点についてまずいかがでしょうか。

○政府委員（吉國一郎君）

……憲法63条におきましては，内閣総理大臣その他の国務大臣の議院出席の権利と義務を規定いたしております。このことは，内閣総理大臣その他の国務大臣が議院に出席をいたしました場合には，発言をすることができ，また政治上あるいは行政上の問題について答弁し説明すべきことを当然の前提といたしておるのでございます。つまり，答弁し説明をする義務があるというふうに考えております。

○橋本敦君

……ところで，具体的にはあの稲葉問題においてこういう議論がありました。答弁を差し控えさせてもらいたいとこう言っておることは，これは答弁をしているんだという意見がありました。これは稲葉さんに限らず，そのような答弁を差し控えるということが往々にしてあり得ることもあるでしょう。答弁を差し控えたいということは，まさに答弁をしないという大臣の意思表示ですから，それは理由が正当かどうかは後の問題として，答弁を差し控えたいということがこれが答弁であるというようなことでこの重要な答弁義務が尽くされていると憲法上解されるのかどうか。明白に私はこれは答弁をしないという意思表示だから，これは憲法63条のたてまえの重要性から見て，それは答弁拒否であるというように言うのはあたりまえだと，こう思うのですが，その点に限って，まず長官の御見解を伺いたいと思います。

○政府委員（吉國一郎君）

……この第63条の内閣総理大臣その他の国務大臣の国会における答弁または説明のための出席義務というものは，まことに厳粛に考えなければならず，

その義務を完全に履行するように努むべきことは当然の憲法上の義務であるという点については，全く仰せられるとおりでございます。

　しかしながら，答弁あるいは説明を求められた事項が，全く当該内閣総理大臣あるいは国務大臣の答弁すべき事柄ではないというような合理的な理由がございます場合には，その理由を述べまして答弁をいわば差し控えることがこの義務に違背するということには相ならぬと思います。たとえば全く個人的な事柄について国会で御審議があって，それに対して答弁を求められたというような場合には，この答弁を差し控えるという言葉を申し上げることが答弁になると言い，あるいはその場合には答弁の義務が解除されるんだと言うか，それは言い方の問題でございますけれども，恐らく稲葉法務大臣がそういう言葉を使って先般の審議に際して申し上げましたのは，そういう趣旨のことであろうと思っております。

　　　　　　　　(75回　昭50・6・5〈参・法務委〉10号9頁，内閣法制局長官)

　また，平成10年には，国会に「行政監視院」を設置して行政の監視に当たらせるとする内容の法案が野党（民主党）から提出されたが，この法案では，行政監視院から政府に報告や記録の提出要求があった場合には，情報公開法第5条に規定する不開示情報であっても提出を拒否できないこととされていた[5]。この法案の前提となっている国会の行政に対する監督権限や具体的な行政監視の手法に関して，次のような議論が行われている。

---

[5]　「行政監視院による行政監視の手続等に関する法律案」（抄）
　第1条　この法律は，別に定める法律により国会に設置される行政監視員7人をもって組織される行政監視院による行政監視の開始の手続及び方法，報告書の提出等に関し必要な事項を定めるものとする。
　第6条　行政監視院は，行政監視のため必要があると認めるときは，国の行政機関，地方公共団体その他の者に対して，報告又は記録の提出を要求することができる。
　②　前項の要求に係る報告又は記録が情報公開法（平成10年法律第▼▼▼号）第5条第1項各号に掲げる行政情報が記録されている行政資料に該当する場合であっても，当該要求を受けた行政機関（同法第2条に規定する行政機関をいう。）は，当該報告又は記録を行政監視院に提出しなければならない。

rec.102

○菅（直）委員
……国会は行政全般について行政監督権ともいうべき機能を持っていると考えるのが私は適当だと思いますし，それなりに私も調べてみましたが，そういう考え方を持つ方もかなりおられます。この点についての，基本的な問題ですので，ぜひ総理のお考えを聞かせていただきたいと思います。

○橋本内閣総理大臣
　これは本来，法制局長官から精密なお答えを申し上げるのが至当な内容かもしれません。

　私は，確かに憲法第41条において，国会は国権の最高機関である，そう規定されております。国会が，主権者である国民によって直接選挙をされたその議員から成っております国民の代表機関，こうした位置づけでありますから，国家機関の中で，何といいましても一番主権者に近い，しかも最も高い地位にあるにふさわしい，そういう趣旨を当然のことながらこれはあらわしていると思います。

　同時に，憲法が国家の基本法制としてのいわゆる三権分立という制度を採用しておりまして，これは行政権及び司法権との関係において，国会の御意思が常に他に優越するということでは私はないのではなかろうか，むしろ，そこまで最高機関と位置づけました場合に，司法との関係には非常に微妙な問題を生ずるのではないかという感じがいたします。

　国会と内閣ということになりますと，65条で「行政権は，内閣に属する。」と定めておりますけれども，同時に，憲法は議院内閣制を採用しておりますし，国会が立法や予算の議決権，国務大臣の出席あるいは答弁要求権等によって行政権を統制されることを認めております。また，「内閣は，行政権の行使について，国会に対し連帯して責任を負ふ。」と定められております。ですから，私は，内閣の行政権行使の全般にわたりまして政治的責任を，あるいはその政治責任を追及する上での行政監督権というものは，国会は当然のことながらお持ちになっていると思います。

　ですから，私は，この前御答弁申し上げましたときにも，まさにそうした憲法のもとにおきまして，国会が行政に対する監督，監察の権限をお持ちに

なるということを全く否定してはおりません。

　ただ同時に，私は，本当に行政自身が全く自己監察の機能を持たなくてよいのかということになりますと……。

　例えば郵政監察あるいは国税の監察，警察の監察等，不祥事の防止のための内部監察組織というものも機能している。私はやはり，不十分な点はより強固なものにしていく努力をしながら，行政そのものも自己を監察する能力は持っているべきだ，そう思っているということであります。

(139回　平8・12・6〈衆・予算委〉2号16頁)

rec.103

○斎藤文夫君

　民主党から，国会の附属機関として行政監視院法案たるものが提出されております。

　……論議を進めてまいりますと，国会の国政調査権，憲法第45条，そして行政府の行政監察，憲法65条，この接点がなかなか微妙だな，三権分立の立場に立ってみて本当に国会が行政の中に手を突っ込むことができるのかな，また行政が国会，我々政治家の関係に手が突っ込めるのかな，いろんな思いをめぐらせておりますが，ぜひひとつその辺を教えていただきたい。

　同時に，したがいまして今の監察局が行っている勧告やあっせんというようなことが民主党さんの御提唱されている新たな監視院でできるのかな，こんな思いがいたしますが，いかがですか。

　あわせて，現行法上いろいろな問題があるんじゃないか，このように思っておりますから，一緒に御答弁をいただきたい。

○政府委員（大森政輔君）

　まず第一の行政府における行政監察と国政調査権の関係いかんという問題からお答えをいたしたいと思います。

　行政府の行う行政監察と申しますのは，国の行政機関等の業務の実施状況について行政府みずからが行政運営の当否を調査または検査するものでございまして，行政府のいわば自己改善機能として行われているものであると言うことができようかと思います。

　これに対しまして，国会は憲法によりまして，立法や予算の議決権，ある

いは国務大臣の出席，答弁要求権，そして内閣の国会に対する連帯責任等，内閣の行政権の行使全般にわたりましてその政治的責任を追及する上での機能といたしまして，行政監督権とも言うべき機能を有しておられるということが言えようと思います。そして，これらの機能を有効に行使するための補助的な権限としまして，手段としまして憲法62条により国政調査権を有しているということになろうかと思います。

そこで，この国政調査権と行政権との関係でございますが，ただいま委員御指摘のとおり，憲法は基本的には三権分立の原則を採用しておりまして，憲法65条により，「行政権は，内閣に属する。」と規定しておりまして，国政調査はあくまでも行政監督の機能行使に役立たせるために実施されるものでございます。したがいまして，憲法62条に基づく国政調査権の行使によりましても，個々の行政を直接的に抑制する，あるいは自主的にみずからその行政を執行する結果となるような行為を行うということまでなし得るものではないのではないかと一般的に解せられているところでございます。……

(139回　平8・12・10〈参・予算委〉1号19頁，内閣法制局長官)

rec.104

○政府委員（大森政輔君）

……それから，もう一つだけ問題がございまして，その案の中では行政監視院自身の立入調査権というものが規定されているわけでございます。

この点は，また国会審議の過程で御議論になろう事柄であろうかとは思いますけれども，私どもがあえて問題を考える視点だけ申し上げますと，こういう国会の附属機関であり，国会議員以外の者により構成される行政監視院が立入調査権等強力な調査権限を有することにつきましては，現行法上，国政調査権を行使するための手段として議院に認められている具体的な権限とのバランスにおいてなお検討を要すべき問題があるんではなかろうかと。すなわち，どういうことかと申しますと，現行法上，国政調査権の行使の手段としてはこの立入調査権は憲法上認めていないというのが学説の通説でございまして，その点で問題があるというふうに思います。

(139回　平8・12・10〈参・予算委〉1号20頁，内閣法制局長官)

(4) 国政調査権と司法

国政調査権は，司法権との関係でも問題になる。これについて政府は，学説や実務の動向を踏まえて次のように述べている。

rec.105

○上田耕一郎君
……憲法上，国政調査権と司法権の独立の関係についてどうお考えになりますか。

○政府委員（吉國一郎君）
　国政調査と司法権の問題については，いろいろむずかしい議論がございます。裁判につきましても，裁判官の資格あるいは裁判所の構成，裁判の手続，その他法律によって規定せられる事項がきわめて多うございますし，また，裁判所の予算も国会の御審議を受けるわけでございますから，その限度におきましては，司法権も国政調査の対象になるということが言い得ると思います。しかしながら，司法権の本質でございます本来の裁判作用につきましては，憲法第76条によって保障をされております司法権の独立の原則によって国会の権能の外にあると考えられますので，国政調査権は司法権，裁判の作用そのものには及ばない，したがって，司法権の独立にいささかでも反するような国政調査は行ってはならないというのが，これは憲法学者のほとんど一致した通説と申してよろしいであろうと思います。

　したがいまして，現に裁判所に係属中の事件につきまして国政調査を行うことは全く許されないと考えられまするし，議院がその事件について調査をしてその判断を公にいたしましても，裁判はそれによっていささかも揺るがされることはないと思いますけれども，一般私人が裁判の批判をしたということとは違って，いやしくも国権の最高機関である国会がそういう批判をするということは，司法権の独立を侵害する効果を生ずると思いまするので，現に進行中の，係属中の事件を調査するということはこれは許されないと思います。従来の実例で申しましても，衆議院においても参議院においても，現に係属中の事件について調査を企図せられたことは全くないと存じております。

第Ⅱ章　統治機構

　次に，裁判に現に係属中の事件でなしに，もうすでに確定した事件につきまして調査を行うことについても，その調査の方法いかんによっては，やはり司法権の独立を侵害するというのが大方の学説の一致した結論でございます。

　この点につきましては，いわゆる浦和充子事件 6) というものが実例としてございまして，……その後二十数年経過いたしましてそのような事例は全くございませんので，いわば先例と申しますか，実例としては，係属中の事件でなくても，確定した事件についてもやはりそのような調査を行うことは適当ではないということが，もう慣行上確立したと申してもいいかと思います。……

(77 回　昭 51・4・27〈参・予算委〉5 号 26 頁，内閣法制局長官)

　政府は，金丸信衆議院議員が政治資金規正法違反で罰金の略式命令を受けた事件に関し，その確定訴訟記録の国会への提出を求められたのに対して，次のように司法権の独立に言及して提出を拒むとともに，三権が分立していることから，国政調査権には一定の限界があるとする考えを明らかにしている。

rec.106

○政府委員（濱邦久君）
……この確定記録の全部または一部につきまして，これを提出して国会で御検討なさるということは，これは記録の公開に関する先ほど申し上げました刑事訴訟法 53 条の趣旨に反することになるわけでございまして，しかも司法権の独立を侵すおそれがあるということで，そこまでは国政調査権の範囲には属さないというふうに考えているわけでございます。

　したがいまして，先ほどお答え申し上げました刑事訴訟法 53 条の規定に

---

6)　浦和充子事件
　　親子心中を図って 3 人の子供を絞殺した母親が，死に切れずに自首した事件で，浦和地裁が犯行動機等に情状酌量すべき点があるとして懲役 3 年執行猶予 3 年の判決を下した（昭和 23 年 7 月）。これに対して同年 10 月，参議院法務委員会が「検察及び裁判の運営に関する調査」の一環としてこの事件を取り上げ，当該母親本人のほか，元夫，担当検事らを呼んで国政調査権に基づく調査を行ったもの。
　　調査結果に基づき，判決が言い渡した量刑は軽すぎて不当であるとする報告書を取りまとめた（昭和 24 年 3 月）。

ありますように，検察庁の事務に支障がなくなった時点におきまして院で御決定がございますれば，その院の御決定の内容に従いましてどういう御協力ができるかということを検討させていただきたいということを申し上げているわけでございます……。
○山本正和君
……憲法62条というものに基づいて国会が機能を持っているんですね。その機能を持っていることに対して，これは国政調査権の範囲に属さないんだと，今，濱さん言ったけれども，だから，一体法務省としては，国政調査権の範囲に属さないものはじゃ何と何があるか一遍きちっと言ってみてください。そこからやらぬとわからぬよ。
○政府委員（濱邦久君）
……国政調査権と申しますのは，国会が立法権あるいは予算審議権，条約審議権，その他国会が本来有しておられます機能を行使するために認められている補助的機能であるというふうに一般に理解されていると思うわけでございます。

したがいまして，国会に認められておりますこのような国政調査権が認められております法の趣旨，またそれと同時に他方において憲法が認めております三権分立の原則，このような観点から，国政調査権にも一定の限界があるということはもう一般に異論のないところだと思うわけでございます。

したがいまして，国政調査権の行使に，司法権との関係で申し上げますれば，司法権の独立との関係で国政調査権に一定の限界があることもこれはやむを得ないところだと思うわけでございます。

私，法務当局が検察権の行使との関係でこれまでいろいろ，例えば職務内容の秘密に属することであるからとしてお答えを差し控えさせていただいておりますのも，このような観点から，司法権自体は憲法によってその独立が保障されている，また検察権自体はこの司法権と密接な関係があるわけでございまして，そういう意味から司法権が適正公正に独立に行使されるためには，その前提として検察権が独立，公正に行使されなければならないということもまたこれは当然のことでございまして，そういう意味合いから検察権の準司法的性格というものが是認されているものと思うわけでございます。

第Ⅱ章　統治機構

　検察権のこのような独立，公正が保障されるためには，職務行為の独立とともに，職務内容の秘密というものが強く要求されることもこれまた十分御理解いただけるところと思うわけでございます。

　したがいまして，基本的には今申し上げましたような国政調査権の認められております法の趣旨及び憲法が認めております三権分立の原則からする国政調査権の限界というものについても，十分御理解をいただきたいというふうに思うわけでございます。

　　　　　　　　　（125回　平4・12・10〈参・予算委〉7号3頁，法務省刑事局長）

2　内　閣

(1)　内閣による行政権の一元行使

> □　第65条
> 行政権は，内閣に属する。

　第65条は立法権における第41条に対応する行政権についての規定である。議院内閣制であるから，内閣はこの行政権の行使について国会に対し連帯して責任を負うこととされている（第66条第3項）。

　行政権の意味や範囲についての国会での議論は多くないが，一般に行政権は，国家の統治権の作用から立法と司法に係る権能を除いたものと理解されており[7]，政府の理解もこのいわゆる控除説と異なるものではない[8]。

rec.107
○国務大臣（橋本龍太郎君）
　憲法65条の行政，これは学問的な一般的な解釈としては，議員が引用さ

---

[7]　芦部・前掲注1）312頁。
[8]　もっとも内閣が行政権を独占しているわけではなく，憲法上も内閣総理大臣の任命その他の国事行為を天皇の権限とし（第7条），会計検査院に決算検査を行わせることとしている（第90条）ほか，国会や最高裁判所にも一定の行政権能を付与している（第6条第1項，第80条第1項等）。

れましたように，国家機能の中から立法と司法を除いた残余の部分，この基本的な考え方自体を改正あるいは訂正する，言いかえるなら憲法の解釈そのものを考え直す必要というものはないと思うんです。

その機能の中で，行政として国のあるべき範囲はどこまでか，地方にお任せし，地方が都道府県レベル，市町村レベルそれぞれにおいて行われる行政とは何か，むしろそれを実体的に定めていけば，私は憲法の解釈までを否定する必要はないと考えております。

(142回　平10・6・9〈参・行財政改革特委〉14号22頁，内閣総理大臣)

rec.108

○江田国務大臣

立法，司法，行政の三権，これが国家の権力だ，どこに入りますかというと，それはどこかに入らなきゃいけないので，そういう意味では，実は控除説という説が，行政というものは何ですかというときの伝統的な説なんですね。立法に属するものあるいは司法に属するもの，それを除いた国家権力の行使というものは，これはすべて行政行為であると。

そういう意味で，広い意味では検察審査会の権限というものは行政行為に，行政権限に入ってくるという意味で，行政権というくくりにしか入れようがないんです。同じことは会計検査院についても言える。ただ，会計検査院は憲法上規定があるからそれはよろしいわけですが，こちらは憲法上の規定はないけれども，しかし，国民主権のもとでいえば，やはりこういう制度が必要だということです。

(177回　平23・2・21〈衆・予算委〉15号35頁，法務大臣)

内閣は行政権の帰属主体ではあっても，多岐に及ぶ行政権能のすべてを自ら直接に行使することは不可能である。そこで内閣法において主任の大臣が行政事務を分担管理することを定め（第3条第1項），実際には国家行政組織法等に基づきこれら主任の大臣を長として設置された各府・省とその下部行政機関が，それぞれ法令によって付与された行政権限を行使している。こうした行政事務の分担管理は，憲法で予定されているところである（第74条）が，内閣はこれらすべての行政について，これを統轄し，その結果についての責任を負う。こ

第Ⅱ章　統治機構

のため第72条では，内閣総理大臣が内閣を代表して「行政各部を指揮監督する」と規定している。こうした行政の内閣への一元化は，国会による行政の民主的コントロールという観点によるものであり（**rec.109**），内閣から独立し，内閣の指揮監督が及ばない組織によって行政が遂行されることは，憲法の予定しないところと考えられる（**rec.110**）。

rec.109

○政府委員（吉國一郎君）

……憲法第72条は，内閣総理大臣は行政各部を指揮監督する旨を規定いたしております。この「指揮監督」と申しますのは，憲法学上あるいは行政法学上申しますならば，上級の行政機関が下級の行政機関に対して一定の行政上の行為をなし，またはなさざるべきことを命ずることを言うものであろうと思います。……この憲法72条の規定は，憲法第65条によって内閣に属するものとされておりまする行政権の行使につきまして，終局的に内閣が国会に対して責任を負うという憲法第66条第3項の義務を全うすることができるようにいたしますために，内閣の首長たる内閣総理大臣にこのような権限を付与いたしまして，行政が全体として統一的に処理されることを期待する趣旨に出たものであると理解いたしております。……

　　　　　　　　　　（75回　昭50・6・27〈参・本会議〉18号34頁，内閣法制局長官）

rec.110

○政府委員（吉國一郎君）

……憲法は，統治権の諸権能のうち，立法権は国会に，行政権は内閣に，司法権は裁判所にそれぞれ属するものと定めて，御指摘のように三権分立の原則を採用いたしておると思います。

　ところで，国会は国の唯一の立法機関であると憲法上規定されております。また，すべて司法権は裁判所に属するとされておるのに対しまして，憲法の第65条には単に「行政権は，内閣に属する。」というような規定をいたしておることからいたしまして，内閣は唯一の行政機関ではないと，したがって，行政権の一部を内閣とは別個の機関に行わせることも憲法上許されるのではないかというような見解も一部の学者にはあるようでございまするが，政府といたしましては，憲法第65条，また第72条の規定の趣旨からかんがみま

して，会計検査院等憲法上明文の根拠がある場合は別といたしまして，それ以外に内閣から完全に独立した行政機関はこれを設けることは憲法違反の疑いがあるというふうに考えております。

(75回　昭50・3・6〈参・予算委〉3号12頁，内閣法制局長官)

(2)　行政委員会の独立性

そこで問題になるのが，公正取引委員会などに代表される行政委員会の存在である。公正取引委員会に例をとれば，内閣府に置かれ，内閣総理大臣の所轄に属するとされ（独占禁止法第27条第2項），委員長及び委員は内閣総理大臣によって任命されるが，一旦任命されると任期内はその身分が保障され，各人が独立して職権を行使することが法定されているほか，規則制定権も有している（同法第31条，28条，76条第1項等）。こうしたことから明らかなように，行政委員会が所掌する行政事務は，内閣の指揮監督も内閣総理大臣その他の主任の大臣の指揮も受けずに遂行されることになるが，行政委員会のこうした高い独立性について，政府は，その所掌する事務の特質に由来するものとしている。

rec.111

○政府委員（吉國一郎君）

……公正取引委員会の行うべき職務は専門的分野に属しておりまして，しかも，公正かつ中立に行うことを要するものでございますので，政治的な配慮に左右されるべきものではございません。独占禁止法の第28条が公正取引委員会の職権行使の独立性を規定いたしておりますのは，公正取引委員会の職務のこのような性質によるものであると考えます。内閣総理大臣または各省大臣が下級の行政機関に対して通常持っておりますような指揮監督権が及ばないとされております職権の独立性を有する行政機関は，公正取引委員会のほかに，……公害等調整委員会，公安審査委員会等，また行政委員会でない国家行政組織法の第8条の機関としては多数の審査会等がございますが，その職務はそれぞれ異なっておりますけれども，これらの機関の職権行使の独立性はその職務の性質に求められるべきものでございまして，公正取引委員会も，また他の行政委員会も，専門的分野に属する事項を政治的な配慮を

排除して，特に公正かつ中立に行うことを要する点において，全く異なるところはないと考えております。

これに関連いたしまして，この職権行使の独立行使の規定が，独占禁止法第28条の規定をまって初めてそうなるものであるか，あるいはその規定をまたなくて，本質上そういうものであるかということでございますが，もちろん，法律上の規定といたしましては，第28条の規定をまって公正取引委員会が職権行使の独立性を有することは，法律の制度としては疑いはございません。ただ，現在行政委員会として最も典型的なものであると学者において挙げられております人事院でございますが，人事院につきましては，このような職権行使の独立性の規定は設けられておりません。また，三者構成で最も公正に仕事が行われるべきことについてどなたもお疑いになりませんような中央労働委員会，あるいは船員労働委員会，公共企業体等労働委員会についても，このような職権行使の独立性の規定は別段設けられておりませんけれども，この職権行使については，私的独占禁止法第28条があたかもあると同じように中立，公正に行われるべきものであるということは，皆様どなたも御異議はないだろうと思います。そのような意味からいたしまして，私的独占禁止法第28条の規定は，もちろん法律上の制度といたしましては，この規定をまって初めて公正取引委員会は職権行使の独立性があるということに相なると思いまするけれども，それは公正取引委員会の職務の本質に内在するものであると言うことができると思います。

(75回　昭50・6・27〈参・本会議〉18号34頁，内閣法制局長官)

その上で政府は，公正取引委員会その他の行政委員会と憲法第65条及び第72条との関係について次のように説明している。

rec.112

○青木一男君

……公正取引委員会の担当している独禁法の施行運用は憲法上の行政権に属するものと思うが，政府の見解を伺いたい。行政権であるとすると，憲法第65条によって内閣の権限に属し，第72条によって公正取引委員会は内閣総理大臣の指揮監督に服し，第66条によって内閣は独禁法の施行について国

会に対し責任を負うことになると思うが，政府の所見を伺います。
○政府委員（吉國一郎君）
……公正取引委員会の担当する私的独占の禁止及び公正取引の確保に関する法律の施行運用の事務は，行政権に属するものでございます。それで，憲法第65条によって行政権に属するものでございまするから，憲法第65条に言うところの内閣の権限に属することもまた当然でございます。

また，第72条におきましては，内閣総理大臣は行政各部に関する指揮監督権を持っておりますが，ただ，公正取引委員会に対しましては，その行政事務の性質上，……政治的な配慮を排除いたしまして，政治的な中立，公正の立場からその事務を処理することが社会的にも要請されているというようなものにつきましては，内閣総理大臣の指揮監督権が制限をせられまして，これは，具体的には私的独占の禁止及び公正取引の確保に関する法律の問題の第28条の規定によって明らかにされておるところでございますが，先ほど申し上げましたような公正取引委員会の所掌する事務の特異な性質によりまして，内閣総理大臣が一般の行政機関に対して有するような指揮監督権がおのずから制限をせられまして，個々の公正取引委員会の事務処理については，直接にこれを指揮して一定の方向においてこれを処理し，あるいは処理しないことを命ずることはできないような法制に相なっております。しかし，その点は先ほど申し上げましたように，公正取引委員会の所掌事務の性質によるものでございまして，憲法上問題を生ずるようなものではないと，また「内閣は，行政権の行使について，国会に対し連帯して責任を負ふ。」ということが第66条において規定をせられておりますが，全般的に申し上げますならば，内閣の統括のもとにある行政機関の行う行政について内閣が責任を有することば当然でございます。公正取引委員会につきましても，内閣なりあるいは内閣総理大臣の一般的な行政機関に対する指揮監督よりは弱い関係ではございまするけれども，あるいは人事あるいは財務，会計その他の事項を通じて一定の監督権を行使するものでございまして，これらを通じてやはりその行政に対しては国会に対して責任を負うというふうに考えております。

(75回　昭50・3・6〈参・予算委〉3号12頁，内閣法制局長官)

rec.113

○政府特別補佐人（津野修君）

……これは一般論としてお聞き願いたいと存じますが，行政委員会一般の話といたしまして，行政権限を行政委員会につきましては内閣から独立して行使する合議制の行政機関として置いているわけでございます。

　行政委員会につきましては，憲法65条あるいは72条の規定の趣旨から見まして，憲法上やや問題が存するところではありますけれども，以下の二つの条件を満たす場合には憲法上問題がない，合憲であるというふうに解されております。

　その所掌事務が，政治的中立性の確保あるいは専門的，技術的な知識または対立する利害の調整が必要とされる，そういったもので，公正かつ中立に行われることが特に要請される行政事務であること，あるいは内閣が当該行政委員会に対しまして人事，任命及び罷免等及び財務について一定の監督権を行使し得ること，そういうような条件のもとに行政委員会というものが設けられているわけでございます。

　そこで，行政委員会の関係での内閣の責任の問題でございますけれども，先ほど言いましたように，行政委員会といいますのは内閣から独立して設けられているものでございますから，おのずから内閣の責任というものも限界があろうと存じますけれども，ただ憲法66条第3項におきまして，「内閣は，行政権の行使について，国会に対し連帯して責任を負ふ。」というふうに定めているわけでございます。これで国会に対して責任を負うということを規定しておりますのは，内閣に帰属する行政権の行使について，これを国会による民主的な統制のもとに置くという基本的な原理を明らかにする趣旨であると考えられるところでありまして，これは基本的にはこの責任というのは，法的責任というよりはむしろ政治的な責任であるというふうに解されているわけであります。

　そして，内閣の責任につきましては，行政権の行使の全般に及ぶというふうに考えられておりまして，同項は各国務大臣の個別の行政権の行使について各国務大臣が個別に責任を負うということを否定するものではないわけでありますが，行政権の行使全般に及んで内閣の責任というものはあるという

ことでございます。

(147回　平12・3・2〈参・予算委〉3号19頁，内閣法制局長官)

　このように政府は，内閣から完全に独立した組織が行政の一部を担うことは憲法に抵触するおそれがあり，行政委員会の事務のように職務遂行に独立性が求められるものであっても，少なくともこれを担う組織の人事と予算を通じて内閣が統轄し，これについての最終的な責任を内閣が負える仕組みになっていることが必要であるとしてきた。

(3)　国の機関以外の組織による行政権限の行使

　公務員の定数の削減や政府機関の独立法人化などもあって，近年，国や地方公共団体が公益法人等に行政権限の行使を委ねることが多くなっている。委任される行政事務は，検査，検定のような技術的で裁量の余地のないものが大半であるが，そうでないものもないわけではない。その究極ともいうべきものが，専売公社の民営化に伴い，大蔵大臣（当時。以下同じ）が塩専売法（昭和59年法第70号。平成9年4月1日に廃止）に規定されていた行政処分権限の行使を日本たばこ産業株式会社に委ねた事例である。以下は，その立法経緯と憲法適合性についての政府の説明である。

rec.114
○正森委員

……行政権の行使というのは，原則として内閣の統括下にある行政機関が行うものであります。一般の行政権の行使は，内閣の統括のもとにおける行政機関によって行われますが，これを一定の条件つきで公社，公団，事業団等の独立行政法人から構成される特殊行政組織にまで拡大するといたしましても，日本たばこ産業株式会社のような特殊法人というのは，この独立行政法人と見るべきかどうかさえ非常に疑問とされております。これは田中二郎教授も言っておられますが，こういうような決め方をすることが妥当であるのかどうかというのは非常に問題だと思われるのですね。そして，公社，公団，事業団，公庫，特殊銀行などは，国にかわる一種の行政主体として，政府の

第Ⅱ章　統治機構

行うべき公的な，公共的な事務事業を代行することをその存立目的としておりますが，この場合も，特定の公共性を持った事務事業に限定されておりまして，許認可権や立入検査権や報告の徴収などのような行政権の行使を行うものとはなっておらないのが通常であります。ましていわんや，特殊会社のように独立行政法人と見るべきかどうかさえも疑問とされているような法人にこれらの行政権を行わせることは，非常に問題であると言わなければなりません。許可等の行政行為を特殊会社が行っている実例というのは，私の見る限り皆無であると言っても差し支えないと思います。そういうものをなぜ本法に盛り込んだのか，御説明を願いたいと思います。

○小野（博）政府委員
……塩専売事業は，塩の買い入れとか売り渡しといういわば通常の事業行為に当たるものと，製造者，販売人の指定等の行政行為から成るわけでございまして，あえて申しますならば，むしろ行政行為が主体と言ってもいいぐらいのことだと思っております。現在公社が一体としてこれを実施しているところでございますけれども，先ごろ来当委員会でいろいろ御答弁申し上げましたように，現在の国内塩産業につきましては，その自立化達成ということに向かって鋭意努力をしているわけでございますが，そういう中で，その行政行為と事業行為というのは，ある意味では密接不可分の関係にあるわけでございます。そういう意味で，この両者を分離して別々の主体に行わせるという場合には，事業運営の一体性であるとかあるいは機動性が損なわれるというような問題があるのではないか。そういうことがございまして，今次改革においても引き続きこれを一体として日本たばこ産業株式会社に実施させることが適当であるというふうに考えたわけでございます。

……今回の改正法案におきましては，大蔵大臣が指名して監督する塩事業責任者といういわば単独の責任者を設けまして行政行為を決定させる，大蔵大臣との意思の一体化を図る。そういうことによりまして，その行政責任の所在を明らかにする，あるいは会社の行う行政処分基準を極力客観化いたしまして会社の恣意性を排除する，あるいは会社の行う処分等が法令に違反し，または不当であるような場合には，大臣はその取り消しを命ずることができる，あるいは大蔵大臣に対する審査請求の道を開くということで，これらの

措置によりまして，行政行為を行う上での公共性は十分に担保されるのではないか。これだけの措置を講じた上においては，たばこ産業株式会社に塩専売事業という行政行為を含む事業を一体としてやらせることも可能ではないか，こういうふうに判断したわけでございます。
○正森委員
……我が国の行政権は内閣に帰属して国家行政組織法や地方行政組織できっちりやっているものについて，異例中の異例のものを持ち込むものにほかならないということで，私は非常に問題であるというように思うのですが，……。
○大出政府委員
……一般論として申し上げてまいりたいと思いますが，先生御指摘のように，憲法第65条におきましては「行政権は内閣に属する。」こういうふうに規定をいたしておるわけであります。したがいまして，国の行政事務につきましては，内閣の統括のもとに国の行政機関あるいは権限の委任を受けた地方公共団体の機関，こういうところにおいて種々処理をされるというのが通常であろうかというふうに思うわけでございます。ただ，国の行政事務でございましても，内閣としてその処理について責任を負い得るような，そういう仕組みのもとであれば，国の行政機関あるいは地方公共団体以外のものにその処理の権限を委任するということも，全く許されないというわけではないであろうというふうに考えるわけであります。

　もっとも，広く国の行政事務といいましても，これは私法関係に属するもの，あるいは管理関係に属する非権力的なもの，あるいは許認可のような権力的なものというようなものがいろいろあるわけでありますが，このうち最後に述べました権力的な性格を有するものというものにつきましては，これは行政主体が優越的な主体として活動するということでありますから，国民の権利義務にも関連を持ってくるということになるわけであります。したがいまして，国または地方公共団体以外のものにこれを委任する場合におきましては，私法関係のもの，あるいは管理関係のもの，そういう行政事務を委任する場合に比べまして一段と慎重な配慮が必要であるということであります。すなわち，当該行政事務の処理に当たっての公正さ，判断の客観性を担

保するという措置あるいは当該行政事務の処理に対する国の監督体制を十分に確保するということ，こういうことについて十分な考慮が加えられることが必要であろうということであります。今回の改正法案におきまして，先生先ほど御指摘になられましたようないろいろな措置がなされておるわけでありますが，これはいわば行政事務をこの株式会社に行わせるということに伴う特別な配慮措置ということで，そのような条文を設けたということであります。

(101 回　昭 59・7・11〈衆・大蔵委〉32 号 12 頁，
小野大蔵大臣官房日本専売公社監理官，大出内閣法制局第三部長)

　このように政府は，国が行政事務を第三者に委任する場合は，当該法人やその行政権限の行使について主任の大臣による所要の監督が行なわれていることが，憲法 65 条等との関係で必要であると解してきた[9]。

　この点で議論があるのが，弁護士法に基づき弁護士会が行う弁護士の登録事務や懲戒処分である。弁護士は，医師等と同じく一定の資格を取得した後，登録を受けないと業務を行うことができず，この登録事務や除名等の懲戒処分が行政事務に当たると考えられる一方，公認会計士協会や税理士会とは違って，弁護士会には法制上，主務大臣（法務大臣）の監督権限が及んでいない。弁護士法は議員立法であることをも踏まえてか，その合憲性について政府は必ずしも明確な答弁をしていない[10]。

rec.115

○説明員（清水湛君）

　御指摘のように，現在弁護士会に登録をしないと弁護士の職務を行うことができない。それからまた，弁護士の被疑行為に対する懲戒権は弁護士会にある。こういう意味で，日本の弁護士会というのは完全に自主独立の団体で

---

[9] 平成 9 年の日本銀行法の全部改正に際しては，金融政策における日銀の自主性を高めるために，大蔵大臣の日銀に対する予算認可の権限をなくすべきであるとする議論があったが，政府は，日銀が国の行政機関ではないことを踏まえ，次のように述べている 資料2-1 。
[10] 会社法や会社更生法の規定に基づく会社の解散命令の発出や更生計画に認可等，裁判所に行政権限を行使させる立法例も数多くみられるが，その合理性が自明であるためか，国会ではこれに関して特段の議論は行われていない。

ある。こういうことになっているわけでございます。

　登録を受けなければ弁護士の仕事ができないということでございますが，例えば医者が厚生省に登録をしないと医師の業務は行うことができない，こういうようなこととの対比で考えてみますと，登録というのは一種の行政作用である，こういうふうに考えられるわけでございます。そういうことになりますと，例えば弁護士会の現在の登録事務というのは一種の行政的作用であるということに相なろうかと思います。

　そこで，恐らく先生の御疑問は，「行政権は，内閣に属する。」という憲法65条の規定がございまして，これとの関係でどういうことになるのかということだろうと思いますけれども，この問題につきましては，国会でもこれまで御議論のあったところでございますが，弁護士会にそういう完全な自治的な能力を与えるということが直ちに憲法65条に反するものではない。それは一種の立法政策的な問題でございまして，弁護士会というのはその職務の特殊性と，それから特に高い自治的能力を備えた団体であるということから，立法政策的にそのような自治権が付与されたものであるというふうに私どもは理解いたしておるところでございます。

（109回　昭62・10・26〈参・決算委〔閉会中〕〉5号11頁，
法務大臣官房司法法制調査部長）

　なお，憲法が地域における行政の主体として地方公共団体を置き，かつ，地方自治が行われることとしている（第8章）ことに照らして，第65条や第66条第3項にいう「行政権」が国の行政に係る権能に限られ，地方公共団体の持つ行政権限を含まないことは当然といえるが，そのことは，次の答弁にあるように，地方公共団体の行う行政に国がいかなる関与をすることも許されないことを意味するわけではない。そして，法律[11]に基づいて行われる国の地方行政への関与，たとえば地方公共団体に対する勧告や指示等は，それ自体が，内閣が責任を負うべき国の行政であることはいうまでもない。

---

[11]　当該法律が，「地方自治の本旨」に反するものであってはならないことは当然である（255頁参照）。

rec.116

○本岡昭次君
……まず憲法上の国と地方の関係について伺ってみたいと思います。

　私たち民主党の菅直人代表が1996年12月の衆議院予算委員会で,「行政権は,内閣に属する。」という憲法65条をめぐって政府と論争しています。そのときに,大森内閣法制局長官が次のような答弁をなさっているのです。それは,65条の意味は,「行政権は原則として内閣に属するんだ。逆に言いますと,地方公共団体に属する地方行政執行権を除いた意味における行政の主体は,最高行政機関としては内閣である,それが三権分立の一翼を担うんだという意味に解されております。」と言うんです。「地方公共団体に属する地方行政執行権を除いた」ということをここでおっしゃったのであります。

　つまり,内閣の行政権は自治体の行政権を除いたものであり,逆に言うと,自治体は,地方公共団体は,その財産を管理し,事務を処理し,及び行政を執行する権能を有するという憲法第94条によって,みずから自立した行政権を有するということなのであります。ここではっきりさせなければならないことは,自治権は国から与えられた自治権ではないということではないかと私は思うんです。

　総理並びに大森法制局長官のこの見解についても,ひとつ見解をお伺いしたいと思います。

○国務大臣（小渕恵三君）
　憲法第65条が「行政権は,内閣に属する。」と規定いたしております趣旨は,三権分立の原則のもとで,国家作用のうち行政権の行使の主体は原則として内閣であることを明らかにしたものでございます。

　委員御指摘の憲法第94条におきまして,地方公共団体は,その財産を管理し,事務を処理し,及び行政を執行する権能を有する旨規定いたしており,地方公共団体の行政執行権を定めておるものでございます。

　したがいまして,このような地方公共団体の行政執行は基本的には内閣に属するものではないことになりますが,内閣が,法律の定めるところにより,行政権の行使として地方公共団体の行政執行に関与することがあり得ることは当然のことである,こういう認識でございます。詳しくは法制局長官から

答弁いたさせますが、最後に申し上げましたように、法律に定めるところによりまして、行政権の行使として地方公共団体の行政執行に関与することがあり得ることは当然であるというのが政府の基本的な立場でございます。

○政府委員（大森政輔君）
　先国会における菅直人衆議院議員に対する私の答弁に言及してのお尋ねでございますので、当時私が申し上げました発言の趣旨を少し敷衍して御説明いたしたいと思います。

　当時、菅直人議員に対してただいま御引用いただきましたような答弁をいたしましたが、この答弁の趣旨と申しますのは、地方公共団体は包括的な行政権能を有している、そして現に地方公共団体の執行にゆだねられている事務自体は、国、言いかえれば内閣またはその統括のもとにある国の行政機関が執行するものではない、そういう意味で内閣が行政の主体でないということを述べたものでございまして、それ以上に、内閣は地方公共団体が行う事務について一切責任を負わない、あるいはかかわりを持たないということを申し上げたものではございません。

　憲法の地方自治の章を眺めますと、まず憲法第92条におきまして「地方公共団体の組織及び運営に関する事項は、地方自治の本旨に基いて、法律でこれを定める。」、このように規定しております。したがいまして、地方公共団体の行政権能がどのように認められるかということにつきましては、その行う事務について地方自治の本旨を十分配慮しながら、どのように国が関与するかということを含めまして、いわゆる立法裁量の問題として国会の判断にゆだねられ、その制定する法律の定めるところによって定まることになるということでございます。

　したがいまして、地方自治の本旨に十分配慮しながらも、法律またはこれに基づく命令において、地方公共団体の行う事務について国が一定の関与を行うことを法律で定めるということは憲法上当然のことであるという考えを持っている次第でございます。

　　　　　　　　　　　（145回　平11・6・15〈参・行財政特委〉3号17頁，
　　　　　　　　　　　　　　　小渕内閣総理大臣，大森内閣法制局長官）

第Ⅱ章　統治機構

資料2-1

○阪田政府委員
　今御指摘ありましたように，憲法65条「行政権は，内閣に属する。」さらに66条3項「内閣は，行政権の行使について，国会に対し連帯して責任を負ふ。」これは内閣に行政権を属さしめるという趣旨の規定でもありますが，同時に，行政を民主的なコントロールのもとにおくということを意図した規定でもあるというふうに承知しております。
　ところで，今お話がありましたように，公正取引委員会等のいわゆる独立行政委員会につきましては，これらの規定との関係で，その憲法適合性がどうかということで，従来も国会等で議論がなされてきたというのは御案内のとおりであります。これに対しまして，政府といたしましては，内閣が人事及び財務等を通じて一定の監督権を行使するという条件が満たされる場合には合憲であると解してきておるわけであります。
　日本銀行につきましても，行政権限を行使する主体であるというところについては御異論がないんだろうかと思いますが，そうであります以上，少なくともこの独立行政委員会と同様の条件が満たされるということが，合憲性の担保としては必要であるというふうに考えております。現在，先生今御指摘がございましたように，人事権だけ内閣が持っている，予算についてはおよそ内閣が関知をしないというような組織は，もちろん行政機関はありませんし，その余の行政主体も存在しないわけであります。
　日銀の場合，その財源の中心になりますものが通貨発行益，これは特段営業努力をして上げ得るというような性格のお金でもないし，また全く独占的に得られる資金なわけでありますけれども，そういうものにつきまして，仮に政府あるいは国が全くチェックをしないということになりますと，果たして適切な監督がなし得ると言えるのかどうか。これは65条との関係であります。さらに，その結果として，その行政権の行使について，行政を一元的につかさどる内閣として，日本銀行の業務に責任を負い得ることになるのかどうかという点が恐らく大きなポイントになるのではないかというふうに思います。
　これについて，今にわかに右だ左だと申し上げる自信はないわけですけれども，憲法上全く問題がないかどうかということについては，なお十分に慎重な検討が必要ではないかというふうに考えております。
○並木委員
……この際，もっと大幅に〔日銀の〕独立性をむしろ付与する，その方向性であるべきではないかなと考えるわけです。
……最低限，人事権という中でコントロールできれば，ほかの行政委員会でもそれに近いものがあるわけです。……法的な解釈においては，最低限，どの程度まで確保されればいいとお考えでしょうか。
○阪田政府委員
　事柄が，国の行政機関に係る場合であるのか，あるいは国の行政機関ではない，国以外の法人の場合であるのかということでいささか違うのであろうかというふうには思いますが，まず国の行政機関について言いますと，もうつとに先生御案内のように，

公正取引委員会等のいわゆる独立行政委員会が存するわけであります。これらにつきまして，人事権はもちろん内閣において持っている，限られた範囲でありますけれども持っておる。それから予算については，内閣においてこれを全体の中で調整をし，国会の御審議をいただくということでありますので，これも内閣がコントロールをしておる。そういう存在しかないし，またそういう存在であれば，その業務が公正，中立に行われるべきものである以上，憲法適合性は十分満たしているというのが従来の考え方である。

では，その一方が欠けたらどうかということについては，従来議論をされたことはないわけですけれども，私どもは，憲法65条というよりは66条で，内閣が国会に対して責任を負う，逆に言えば国会がその仕事の結果を全体として内閣に対して問えるというだけのある種の権限といいますかを持って監督をしていると言えることになるのかというところが，実は非常に疑問なのではないかというふうに思っておるわけです。……

それからもう一つ，日銀の場合には，これは行政の組織の外にあるわけでありますから，そうだといたしますと，行政内部であれば当然に監督されるような事柄，例えばその組織のあり方，これは内閣部内で予算査定が行われ，またそれを予算として国会に御提出申し上げ，御審議をいただくというようなプロセスで，国家公務員の定員が何人が適当であるかとか，どこに地方支分部局をどれだけ設けていいかとかというようなところは御審議いただいているわけでありますけれども，もし日銀が自由に組織を改編あるいは新設することができるということを認めますと，そういうチャンスが全くなくなる。日銀の自由自在になる。

それから，例えば給与でありますけれども，これも国家公務員の場合には特別職の給与法あるいは一般職の給与法等によってコントロールをされておりますし，運用基準についても人事院が目を光らせているという状況でありますけれども，日本銀行についてはそういう部分がないというようなこと。そういった，内閣の中にない組織であるということによって当然に必要となるような部分というのもあると思います。

例えば，最初お話しになりました報告，資料の徴収権のようなものも，政府部内であれば，常に上位の官庁がこれを報告してくれと言えば当然に報告を得られる性格のものだと思うのですけれども，これが一たん人格を異にしますと，何の規定もなければ，言われて出すべきものであるかどうかということについて一々判断が必要になるというようなことで，ちょっと性格が異なるところがあるというふうに思っております。

(140回　平9・5・14〈衆・大蔵委〉20号2頁，内閣法制局第三部長)

(4) 文民条項とシビリアンコントロール

> □ 第66条第2項
> ② 内閣総理大臣その他の国務大臣は，文民でなければならない。

　軍事組織のシビリアンコントロールは，法的な概念ではなく，その意味や趣旨については様々な議論のあるところであるが，憲法上のよりどころとして一般に，第66条第2項のいわゆる文民条項が挙げられる[12]。

　憲法制定時には自衛隊は存在せず，日本にはおよそ武力組織がなかったことから，そもそもシビリアンコントロールについて論じる実益は乏しかったが，第66条第2項は，一般には旧職業軍人を排除する趣旨であると解され，政府は，旧職業軍人の経歴を有し，かつ，軍国主義的思想に深く染まった人だけが「文民」に当たらない，と解していた。政府のこの解釈は自衛隊の発足後も維持されて，当初は，自衛官は文民であるとしていた 資料2-2 。これは，自衛隊は第9条第2項の戦力には当たらないという解釈を前提とした考え方であるとも考えられるが，自衛隊の実力が向上するにつれて，自衛官が自衛官の身分を有したまま防衛庁長官等に就任することの妥当性が問われるようになった。このため昭和40年に至り，政府は，現職の自衛官は「文民」には当たらないとする新たな解釈を明らかにした。その経緯は次のように説明されているが，この「文民」の意味は，これまでに政府が憲法解釈を変更した唯一の例といえよう。

rec.117

○高辻政府委員

　文民の解釈は，率直に申し上げまして，憲法制定当時から，政府のみならず学者の面におきましてもかなり問題になったところでございます。石橋先生御承知のとおりに，これは第90回帝国議会で審議している際に，当時の貴族院でやっております場合に，アメリカのほうから，もっと詳しく言えば極東委員会でございますが，そこから要求がありまして，実は貴族院の段階

---

[12] 第66条第2項は，第9条に係るいわゆる芦田修正（73頁以下）に着目した極東委員会の要請を受けて，貴族院における修正によって付加された。

で入った。当時，シビリアンでなければならないという，このシビリアンを何と訳すべきか，実はそのときから問題があったわけでございます。詳しいことは別としまして，さてそれでは解釈をどうするかということにつきましては，多くの学者は，旧職業軍人の経歴を有しない者というのがほとんど圧倒的な考え方でございます。政府のほうはどう言っておったかと申しますと，これも御承知のとおりに，旧職業軍人の経歴を有する者であって軍国主義的思想に深く染まっている者でない者，そういうようなふうに言っておりました。これにつきましては，憲法制定当時に実は国の中に武力組織というものがなかったわけで，これを意義あるものとしてつかまえようとしますれば，どうしてもそういう解釈にならざるを得なかった。そういう解釈から言いまして，いままで――いままでと申しますか，憲法制定当時からのそういう解釈の流れから申しまして，自衛官は文民なりという解釈にならざるを得なかったのであります。これは，憲法制定当時の日本における状況から申しまして，そう解することについていわれがあったと私は思いますけれども，さてしからば，いまひるがえって考えてみます場合に，「内閣総理大臣その他の国務大臣は，文民でなければならない。」という趣旨は，やはり国政が武断政治におちいることのないようにという趣旨がその規定の根源に流れていることはもう申すまでもないと思います。したがって，その後自衛隊というものができまして，これまた憲法上の制約はございますが，やはりそれもまた武力組織であるという以上は，やはり憲法の趣旨をより以上徹して，文民というものは武力組織の中に職業上の地位を占めておらない者というふうに解するほうが，これは憲法の趣旨に一そう適合するんじゃないかという考えが当然出てまいります。

　結論的に申しまして，いままでくどくどと申し上げましたが，文民の解釈についてのいままでの考え方というものは，これは憲法が制定されました当時からの諸種の状況で了解されると思いますが，これにはいわれがなかったわけではないと思いますけれども，平和に徹すると総理がよくおっしゃいますそういう精神は日本国憲法の精神そのものでございますが，そのことから考えました場合に，自衛官はやはり制服のまま国務大臣になるというのは，これは憲法の精神から言うと好ましくないんではないか。さらに徹して言え

ば，自衛官は文民にあらずと解すべきだというふうに考えるわけでございます。この点は，実は法制局の見解として，佐藤内閣になってからでございますが，その検討をいたしまして，防衛庁その他とも十分の打ち合わせを遂げまして，そういう解釈に徹すべきであろうというのがただいまの私どもの結論でございます。

(48回　昭40・5・31〈衆・予算委〉21号26頁，内閣法制局長官)

資料2-2

○林（修）政府委員
　憲法の文民という言葉の解釈につきましては，これはもう何回かお答えしておるわけでございますが，要するにいわゆる旧職業軍人であって，しかも軍国的思想に深く染まった者，そういうふうな解釈でやってきております。政府の公定解釈としてはそういう考え方であります。これは憲法の規定のできましたいきさつ等についてはよく御承知のことだと思いますが，そういういきさつから考えて，いろいろ解釈もございますけれども，政府としてはそう解釈する。ところでこの自衛隊法ができますときに同じ御疑問がございまして，自衛隊は昔の軍隊とはもちろん違います。その任務から申しましても差があるわけでございます。また平和的，民主的なもので，旧軍国体制のものとも違う，そういう意味において自衛官はここでいう文民に当たるという解釈をしております。

○林（修）政府委員
　いわゆる旧制度のもとにおける軍人との違い，端的に申せば昔の軍人は終身官でございます。つまり一定の職務ある場合，あるいは予備になり，後備になりあるいは退役になっても，やはりその名称は保存しておりまして，一定の地位を持っております。ところが今の自衛隊はもちろん旧軍隊と違います。また自衛官も普通の何と申しますか官職でございまして，その間にいるだけの官職でございます。やめればもちろん普通の，そういう官職を持たない，公務員でもなくなるわけであります。公務員である間の官職にすぎないのでございます。そういう意味においても根本的に立場が違うと思っております。そういう意味もありますし，自衛隊の性格から申しましてもこれを文民にあらざるものと考えるべきではなかろう，かように考えております。将来憲法の改正でもない限り，私はこの性格が変わってくることはおそらくなかろう，かように考えております。

(38回　昭36・2・24〈衆・予算委〉18号30頁，法制局長官)

(5) 内閣の連帯責任

> □ 第66条第3項
> ③ 内閣は、行政権の行使について、国会に対し連帯して責任を負ふ。

　内閣は行政権の行使につき、国会に対して「連帯して」責任を負う。このため、内閣は一体でなければならない。内閣としてのコンセンサスを形成する場が閣議であり、その手段が閣議決定や閣議了解である。個々の国務大臣が閣議の決定に反する言動を取ることは許されないし、施政の方針等につき、各国務大臣が異なる見解を表明するようなことも認められない。

　こうしたことから、閣議での意思決定は全会一致を慣例としてきた。この点は、憲法に内閣に関する規定がなかった大日本帝国憲法（明治憲法）の下でも同様であったといわれている。

　これに対して、後の中央省庁等改革の基になった行政改革会議（橋本龍太郎会長）の最終報告（平成9年12月3日）において、内閣の機能強化のための一方策として、閣議について「必要とあれば、合意形成のプロセスとして多数決の採用も考慮すべきである」 資料2-3 とされたことなどを契機として、閣議において多数決方式を採ることの可否が国会でも改めて取り上げられたが、政府は以下にみるように、閣議で意思決定をするまでの過程は別として、意思決定の方式そのものとしては、66条第3項に定める内閣の連帯責任との関係から、消極的に解すべきであるとしてきた。

rec.118

○東（祥）委員
……総理、まず、閣議決定というのは、今は全会一致方式ですけれども、これで十分におのおのの危機に対応できると思われるのか。逆に言えば、危機に対し必要とする迅速な対応を妨げることもあり得ると思われるのかどうなのか。この点についていかがでしょうか。

○橋本内閣総理大臣
　行革会議における「内閣の危機管理機能の強化に関する意見集約」の中には、総理大臣が迅速に行政各部を指揮監督できるようにするために、突発的

第Ⅱ章　統治機構

事態の態様に応じて、あらかじめ所要の閣議決定を行うという提言がございます。この中には実は、危機管理監の設置あるいは安全保障室を安全保障・危機管理室に改組するといった内容も含まれていたわけでありますが、この提言を受けまして、重大テロ事件等発生時の政府の初動措置については、閣議決定などの手当ては既に先行させて終わりました。そして、そういう意味では、閣議によって与えられた内閣総理大臣の権限というものは拡大をいたしております。

その上で、日本国憲法において議院内閣制を採用し、内閣は、行政権の行使について、国会に連帯をして責任を負うとされておりますことから、内閣構成員すべてが一体として統一的な行動をとることが要請されており、閣議では全会一致による議決を行うべきものだと思っております。

行政改革会議におきまして、最終報告の中で、多数決制についての提言がされました。これは、閣議の議論を活性化するため、必要であれば合意形成に至る運用上の工夫として多数決の採用も考慮すべしという御指摘をいただいたものでございます。

やはり憲法の範囲内において、……内閣の自律にゆだねられるもの、そして、閣議の意思決定のあり方では、やはり憲法で規定されている内閣の連帯責任の根本の問題、そうした考え方から、基本法におきましてはこれに関する規定は盛り込みませんでした。

(142回　平10・4・28〈衆・行革特委〉8号16頁)

rec.119

○吉川春子君

……行革会議の最終報告には、……「内閣機能の強化・活性化のため必要であれば、閣議の議決方法について多数決の採用も考慮すべきである。」としています。

しかし、内閣法の改正は行わないんだということを事務当局の説明で私は聞きました。閣議の多数決制を導入するということは、憲法の「内閣は、行政権の行使について、国会に対し連帯して責任を負ふ。」、この規定に抵触するのではありませんか。だから改正しないということですか。

○政府委員（坂野泰治君）

　憲法におきましては議院内閣制を採用しておりまして，「内閣は，行政権の行使について，国会に対し連帯して責任を負ふ。」とされておりますことから，内閣の構成員すべてが一体として統一的な行動をとることが要請されておるわけでございます。このため，閣議においては全会一致による議決を行うべきものと考えております。

　閣議の意思決定のプロセスにつきましては憲法の範囲内において内閣の自律にゆだねられるものでございまして，閣議の意思決定のあり方については憲法で規定されている内閣の連帯責任の根幹にかかわる問題でありますため，基本法案においてはこれに関する規定を盛り込まなかったものでございます。

（142回　平10・6・5〈参・行革特委〉12号27頁，内閣審議官）

rec.120

○前原委員

……憲法の第66条，「内閣は，法律の定めるところにより，その首長たる内閣総理大臣及びその他の国務大臣でこれを組織する。」「内閣総理大臣その他の国務大臣は，文民でなければならない。」「内閣は，行政権の行使について，国会に対し連帯して責任を負ふ。」これが第66条の文言でありますけれども，それが結果的に，閣議決定というのは全会一致でなければならないという形になっているわけですね。

　この66条からそうなっているのか，いや，別に66条は全会一致の閣議決定，これは別に慣習で来ただけであって，憲法上の要請ではないんだということなのか，その点は，法制局長官，いかがなんですか，内閣の見解としては。

○宮﨑政府特別補佐人

　お答え申し上げます。

　今御指摘のように，憲法第66条3項は，「内閣は，行政権の行使について，国会に対し連帯して責任を負ふ。」というふうに規定しておりまして，この意味につきましてこれまでどのように言われていたかと申しますれば，このような規定が特に明文で置かれていることから考えますと，内閣の構成員すべてが，一体となって統一的な行動をとることが要請されているんだろうと

いうことが一つ，まず中心的にございます。

　それからまた，内閣におきましては，その首長たる内閣総理大臣が，憲法68条の規定によりまして，その構成員たる国務大臣の任免権を一身専属的に有しておりまして，内閣総理大臣は，みずからの方針に従わない国務大臣を任意に罷免できるということになっております。このことから，内閣は，通常の選出母体が別にあるといった，こういった会議体とは若干趣を異にする面がありまして，意思決定の最終段階まで意見の一致を見ない場合があることを正面から予定している組織ではないのではないかというふうに考えられる面もあるわけでございます。

　このようなことから，閣議における全会一致の議決方法という考え方は，憲法66条3項の趣旨に最も合致するものだというふうに考えられるところでありまして，このことは，御案内のとおり，古く，昭和21年7月の制憲議会での金森担当大臣の答弁以来，歴代の総理，官房長官が一致して述べてきておられますし，また，そのように運用されてきているところでございます。

　　　　　　　　（166回　平19・5・9〈衆・外務委〉10号6頁，内閣法制局長官）

　閣議に当たっては，全閣僚の署名（花押）を得ることにより，全員一致の意思決定であることを確認することとしており，反対を貫く国務大臣が1人でもいる場合には，閣議決定（閣議了解）をすることができない[13]。

　このように内閣が一体であるべきことと関連して，これまで国会において頻繁に取り上げられてきたのが，国務大臣の発言が内閣の見解や方針と異なる場合のいわゆる閣内不統一の問題である。国務大臣の大半は政治家であることから，一人の政治家としての持論が内閣の考えと異なることはあり得るところであり，そうした場合について，政府は次のように説明している。

---

[13]　小泉内閣でのいわゆる郵政解散を決定するための閣議に際しては，島村宜伸農林水産大臣が最後まで解散に反対する意思を翻さなかったことから，その解任が認証されるのを待って，改めて閣議を開き，衆議院の解散を決定した。

rec.121

○国務大臣（武村正義君）

自衛隊違憲発言と憲法第66条第3項についての政府統一見解

一　憲法第66条第3項は「内閣は，行政権の行使について，国会に対し連帯して責任を負う」旨を定めているが，ここに「連帯して」と規定しているのは，内閣は国務大臣の全員で組織する合議体であるから，内閣の施政について一体として責任を負うべきであるという当然の趣旨を明らかにしたものと解される。

二　仮に，国務大臣の立場において明らかに内閣の一体性を損なうような言動をとった場合には，政治家あるいは政党の一員としての立場から「現在の自衛隊の実態については違憲である」というような見解を述べたとしても，国務大臣の立場において内閣の方針に従うということである場合には，憲法第66条第3項との関係でいわゆる閣内不統一の問題を生ずることはない。

なお，国務大臣が一政治家あるいは政党の一員としての立場において見解を述べる場合には，特に明確に一政治家又は政党の一員としての見解を求められた場合はともかく，国務大臣としての発言ではないかとの誤解を生じさせることのないよう慎重に対処すべきものと考える。……

（128回　平5・10・8〈参・予算委〉3号2頁，内閣官房長官）

rec.122

○久世公堯君

……閣僚がみずからの政治的信条を述べたことに対して，しばしば閣内不統一との批判や指摘を受けることがありますが，閣内不統一と呼ぶべき問題が生ずるのは正確には一体どのような場面なのか，お尋ねをしたいと思います。……

○参考人（阪田雅裕君）

……閣内不統一……は，憲法66条3項が先ほど言いましたように内閣の国会に対する連帯責任を規定しているということとの関係で問題になるものであろうかと思います。したがいまして，国務大臣でありましても，一政治家あるいは政党の一員としての立場から個人的見解をお述べになるということ

第Ⅱ章　統治機構

　　があっても，それは国務大臣の立場では内閣の方針に従うということであり
　　ます以上，直ちにいわゆる閣内不統一の問題が生ずるということはない。こ
　　れに対しまして，仮に国務大臣の立場で明らかにその内閣の一体性を損なう
　　ような言動をとるというような場合は，いわゆる閣内不統一の問題を生ずる
　　ものと考えられます。
　　　どういう場合がそうかというのは，もう本当にケース・バイ・ケースとし
　　か言いようがないわけですけれども，政府は従来から，国務大臣が一政治家
　　あるいは政党の一員としての立場で見解を述べる場合には，国務大臣として
　　の発言ではないかというふうに誤解されることがないよう十分に慎重に対処
　　する必要があるということは述べてきているところであります。……
　　　　　　　（151回　平13・6・6〈参・憲法調査〉9号6頁，内閣法制局第一部長）

　武村官房長官による上記の統一見解は，細川連立内閣を構成した社会党の山
花貞夫国務大臣が社会党としては現在の自衛隊の実態は違憲であると考えてい
る旨の答弁をした（128回　平5・10・4〈衆・予算委〉2号19頁）ことに対して，
第66条第3項との関係を問われた際のものである。

　ちなみに内閣は，その構成員のいかんにかかわらず行政組織としては一の存
在であるから，長たる内閣総理大臣が交代したような場合でも，新たな内閣に
おいて異なる閣議決定をしない限り，前の内閣で行った閣議決定の効力は失わ
れないと解され，実務上もそのように取り扱われてきている 資料2-4 。

資料2-3

行政改革会議最終報告（抜粋）
Ⅱ　内閣機能の強化
2　「内閣」の機能強化
(1)　閣議
　閣議の議決方法については，本来，内閣自らが定めるものである。この場合，必要
とあれば，合意形成のプロセスとして多数決の採用も考慮すべきである。

　内閣は，「国務を総理する」機関であり，閣議においては，閣僚間における率直で

実のある議論が期待される。現状では，事務次官等会議で了承された案件を閣議にかけることが常例とされ，閣僚があらかじめ議題とされていないことについて発言すると"不規則発言"として忌避される傾向があるが，これを改め，内閣総理大臣や他の閣僚自身の発意に係る案件や事務的に調整が調っていない案件についても閣議に付議し，閣僚が国務大臣としての立場で自由に討議し，主体的に決定していくなど，閣議における議論を活性化する必要がある。

　日本国憲法は，転変する政治状況の中で内閣が機敏かつ実効的な意思決定ができるよう，閣議の議事手続等については，基本的に内閣自身の意思にゆだねる趣旨と解される。内閣機能の強化・活性化のため必要であれば，閣議の議決方法について合意形成のプロセスとして多数決の採用も考慮すべきである。

　なお，閣僚間での実質的な討議の促進を図るため，閣僚懇談会を活用することが適当である。

資料2－4

○味村政府委員
……前の内閣が何か約束をされたということにつきまして後の内閣が責任を負うかどうかということは，これはその前の内閣が約束されましたことについて後の内閣がどのような立場をとるかということによるわけでございますが，内閣で閣議決定をいたしますれば，原則としてはその閣議決定の効力は後の内閣にも及ぶというのが従前の取り扱いでございます。ただ，法律とか条約とかそういうものに縛られません限りは，これは純粋に法律論だけでございますが，後の内閣でそれを，前の内閣の行った閣議決定を変更することは，あるいは撤回することも可能でございます。
（112回　昭63・3・10〈衆・予算委〉23号18頁，内閣法制局長官）

(6)　首相公選制

□　第67条第1項・第2項
①　内閣総理大臣は，国会議員の中から国会の議決で，これを指名する。この指名は，他のすべての案件に先だつて，これを行ふ。
②　衆議院と参議院とが異なつた指名の議決をした場合に，法律の定めるところにより，両議院の協議会を開いても意見が一致しないとき，又は衆議院が指名の議決をした後，国会休会中の期間を除いて十日以内に，参議院が，指名の議決をしないときは，衆議院の議決を国会の議決とする。

　第67条は内閣総理大臣が国会議員の中から国会によって選ばれる議院内閣

第Ⅱ章　統治機構

制を明記している。これに対して，国民が直接，投票によって首相を選ぶべきだとする首相公選制が折に触れて提唱されてきた。

その有力な提唱者であった中曽根元総理と小泉元総理に共通するのは，首相公選制によって国民の政治への関心がより高くなる一方，政治への民意の反映がより迅速，的確になるのではないかという期待であったと考えられる。それぞれ自らの考えを次のように語っている。

rec.123

○上田（哲）委員

　総理は大統領的首相になりたいという願望を示されたそうでありますが，これは何らかの権限あるいは行政機能あるいはある種のイメージ，どういうことをおっしゃられたのか，真意を承りたいと思います。

○中曽根内閣総理大臣

　私が正式に大統領的首相になりたいと言ったことはないのです。ただ，私が申し上げましたのは，座談のときに，政治の運営のやり方において議院内閣制的やり方といわゆる大統領制的やり方とあるが，今のようなこういう時代には大衆の要望，動向，そういうものに細心の注意を払って，そしてどっちかといえばトップダウンで，大事な点は上の方で決めて，迅速，果敢に物事をやっていかぬと民衆の要望に沿えないし，時代のテンポに追いつけない，そしてフラストレーションがますますたまっていく，そういう意味において行政の一番上にある総理大臣みずからがよく目を配って，そして国民の末端，隅々に至るまで要望を取り上げ，くみ上げ，そして大事な点は自分で決めて，そして皆さんと一緒にそれを実行していく，そういう責任内閣制と申しますか，そういうやり方に移っていかなければだめだし，そういうことをやりたい。私が首相公選論というのを唱えたものはそういう考えが背後にあってやったものですと，そういうふうに申し上げておるわけでございます。

(104回　昭61・2・7〈衆・予算委〉5号2頁)

rec.124

○国務大臣（中曽根康弘君）

　首相公選論は，私はマッカーサー占領下から，いろいろ日本の議会制度をどうするか，あるいは統治形態をどうするかということで考え，かつまた，

昭和30年代に入りましてから憲法調査会ができて，その委員になりまして，そこでまた憲法論の中でも私が展開した議論でございます。

　なぜそういう考えを持ったかといいますと，あの戦後のマッカーサー占領下の日本はかなり混乱もしておりましたし，そういう情勢を考えてみると，やはり全国民の力をかりて直接に政治の力を培養し，そして強力な政権，また民意に沿った政権をつくる以外にないだろう，そういう心配等もありまして，特にワイマール・ドイツの結果を見て，戦後の日本がどうなるだろうか，そういうところからも考えた発想であります。

　端的に言えば，そういう直接選ぶということによって国民にも責任感も出てくる。それで，政治というものは東京の一角やあるいは派閥の影響を受けて政治が動くということでなくして，国民の民意に沿った政治により密着してくるであろう。そういうような派閥政治とかあるいはいわゆる永田町政治という弊害を打破するだろう。しかし，日本の国柄というものもありますから，それはあくまで総理大臣であって大統領ではない。それは天皇が国民投票の結果出た者を任命なさる，そういう形がいいだろう。また，そういう形をやれば恐らく二大政党は出てくるであろう。そして，やはり国民に好かれて当選しそうな人を出してくるわけですから，票が接近してきて，それでどっちが勝つかというので国民も非常にまじめになって政治に関心を持ってあろう。そういうような考え方が基本にありました。

　しかし，その後アメリカ議会等を見ておりますと，一方においてはそういう長所もありますけれども，片方におきましては，議会とそれから行政府というものが余りに乖離いたしまして，議会と行政府がばらばらな形に動く，そういう大きな欠点もまた出てくる。あるいはさらに，いわゆる公選された首相というものがややもすというと国会を無視して独善的な行政に流れはしないか，そういう心配もなきにしもあらずである。一長一短だと思っております。……

　　　　　　（109回　昭62・7・24〈参・予算委〉6号15頁，内閣総理大臣）

rec.125

○神崎武法君

……個別の政策課題に入る前に，憲法に関連し，幾つかの点について確認さ

第Ⅱ章　統治機構

せていただきます。

　まず第一に，総理が意欲を示されておられる首相公選制の導入についてであります。

　総理のリーダーシップを確立するために，その選任に当たって国民の意思をできるだけ反映させるべきとの考えは理解できますが，現憲法の象徴天皇制や議院内閣制との関係をどう位置づけるかなど，難しい問題もあります。

　我が党内でも積極的に論議してまいりたいと思いますし，具体的な内容については今後の議論にまつとしても，総理御自身の首相公選制への基本的な考え方と方向性について明らかにしていただきたい。……

○内閣総理大臣（小泉純一郎君）
……首相公選制への私の基本的な考えについてでございます。

　私は，この首相公選制というのは，政治の分野における規制緩和の一つだと思っております。今，国会議員だけが総理大臣を選ぶ権利を持っている，それを，一般国民に開放するということでありまして，これは当然，憲法改正が必要だと思います。

　その際には，天皇制の問題とか今の議会はどうあるかと，いろいろな問題が出てまいります。この問題については，私個人だけの考えではなく，憲法学者初め多くの識者の意見を聞いていくべき問題であり，また，国民的な議論を盛り上げて，多くの国民が納得できるような首相公選制がいいなという気持ちで，早急に懇談会を立ち上げて具体案を提示していきたいと所信表明に盛り込んだつもりであります。

　今，私が考えるところは，当然，天皇制とこの首相公選制は矛盾しない，両立できる。そして，候補者も，県知事とか市長選挙みたいにだれでも立候補するということではなくて，国会議員から何名かの推薦を要件とするということになれば，いわゆる売名候補とか泡沫候補も阻止できるんじゃないか。

　いずれにしても，議会をなくす話じゃありません。議会とこの首相公選，両立できる，天皇制とも矛盾しない制度を考えてもらいたいという気持ちで，懇談会を立ち上げて，多くの学識者の意見を聞きながら具体案を提示していきたいと思っております。……

（151回　平13・5・9〈衆・本会議〉28号15頁）

2　内　　閣

　小泉総理の下で設置された「首相公選制を考える懇談会」は，1年間の検討を経て取りまとめた報告書（平成14年8月7日）の中で憲法改正を前提とした具体的な制度についても提言を行ったが，政府として具体的な取組みを進めるには至らなかった。
　いずれにせよ首相公選制の採用は憲法改正を俟たざるを得ない課題であるが，次の質疑にみるように，これが実現をした場合には，国会の憲法上の位置づけが変わることも当然といえよう。

rec.126

○吉川春子君
……仮に首相公選制をとれば，この国会の最高機関性というのはどうなるでしょうか。……

○参考人（阪田雅裕君）
　今，憲法41条で国会は国権の最高機関であると。これはどういう意味かということについてはいろんな学説があるというふうに承知をしておりますけれども，最も典型的には，やっぱり国会議員が国民主権というもとで主権者たる国民に直接選ばれてその地位を占めているという，そこにこの国権の最高機関という意味があるんだというのが有力な説であろうかと思います。
　そういう意味では，最高機関として特に法的に何がということはないというのが普通の理解でありますけれども，首相公選，首相が直接国会議員と同じように国民の投票によって選ばれるということになりますと，首相もまた国民とは非常に近い存在になる。そういう意味では，首相の地位というのは相対的には，今41条が国権の最高機関と呼んでいるような意味においては首相の地位というのは高くなるというふうに考えていいのではないかと思います。……

　　　　　　　　（151回　平13・6・6〈参・憲法調査〉9号9頁，内閣法制局第一部長）

第Ⅱ章　統治機構

(7) 解散権の行使

> □　第69条
> 内閣は，衆議院で不信任の決議案を可決し，又は信任の決議案を否決したときは，10日以内に衆議院が解散されない限り，総辞職をしなければならない。
> □　第7条第3号
> 天皇は，内閣の助言と承認により，国民のために，左の国事に関する行為を行ふ。
> 　三　衆議院を解散すること。

　憲法は第7条において天皇の国事行為として衆議院の解散を規定し，第69条において内閣不信任案が可決された場合等に衆議院が解散され得る旨を規定するが，同条以外には内閣による解散権の行使に触れた規定はない。
　このため，憲法の施行当初には，第69条所定の場合以外にも衆議院の解散ができるのかどうかをめぐって議論があり，次の答弁にみるように，政府もその可否について明言をしていなかった。

rec.127

○木村国務大臣
　今御指摘になりました解散の問題でありますが，これは御承知の通り二説あります。いわゆる69条，つまり国会において，内閣に対する不信任決議案が通過した場合，それから信任案が否決された場合，このときは内閣は総辞職する，もしくは衆議院を解散する。そうして第7条3号の規定は，その手続をきめた規定にすぎないのである。従って第69条の場合のみが内閣において解散を決定し得るので，その他の場合には決定し得ないという議論と，もう一つは，7条3号の規定によって，内閣はその意思に基いて解散を決定し得るのだ。この両説があります。御承知の通りこの両説は，相当の根拠を持っておるのでありますが，政府といたしましては，統一的な見解を発表するに至らないのであります。この点については事重大でございますから，慎重に研究いたしたいと考えております。

　　　　　　　　　　　（13回　昭27・1・30〈衆・外務委〉2号8頁，法務総裁）

　憲法施行後最初の解散（昭和23年）は，第69条所定の手続に従い，野党が

提出した内閣不信任案を可決した後に行われたため，昭和27年8月の吉田内閣によるいわゆる抜き打ち解散が第69条によらない初めての解散となった[14]。この解散に先立って，内閣の解散権を是認する両院法規委員会の「衆議院の解散制度に関する勧告」が出されており，また，この解散の後，政府も次のように，内閣が国民の意思を問う必要があると判断した場合に，その政治的責任において解散を行い得るという見解を明示した。この解散の後，野田内閣による2012年の解散まで22回行われた解散は，3回を除いて[15] すべて，第69条に定める場合に該当しない，いわゆる7条解散である。

rec.128
要　旨

　衆議院の解散については，その決定権の所在及び事由の範囲に関し，種々の論議が行われているが，憲法の解釈としては同法第69条の場合以外にも，民主政治の運営上，あらたに国民の総意を問う必要ありと客観的に判断され得る十分な理由がある場合には，解散が行われ得るものと解することが妥当である。しかし，解散は，いやしくも，内閣の専恣的判断によってなされることのないようにせねばならない。たとえば衆議院が，解散に関する決議を成立せしめた場合には，内閣はこれを尊重し，憲法第7条により解散の助言と承認を行うというごとき慣例を樹立することが望ましく，また将来適当の機会があれば，解散制度に関するこれら基本的な事項につき明文を置き，民主的な解散の制度を確立するとともに憲法上の疑義を一掃すべきである。

　両議院は，右に関し十分の考慮を払われたい。

(13回　昭27・6・17〈両院法規委〉11号1頁)

rec.129
○佐藤（達）政府委員

　法制上の問題でございますから，私から一応お答え申し上げます。憲法の解散権につきましては，第69条に一箇条ございますほかは，第7条に国事

---

[14] この解散が違憲であるとして争われたいわゆる苫米地事件訴訟において最高裁は三権分立の下では「かかる国家行為は，裁判所の審査権の外にあ」るとするいわゆる統治行為論を採って，原告の上告を棄却した（最大判昭35・6・8民集14巻7号1206頁）。

[15] 他の2回は，昭和28年の3回目の解散（吉田内閣）と昭和55年の12回目の解散（大平内閣）であり，いずれも内閣不信任案の可決に伴うものである。

行為としてあがっておるだけであります。その場合第69条における，すなわち不信任の決議あるいは信任の決議が否決されたという場合のみに解散権が行使さるべきや，あるいはその他の場合にも行使され得るものであるかということについては，御承知の通りに学説上の問題がございますけれども，前回片山委員からのお話でございましたかありましたように，両院法規委員会におきましては，解散権は広い，第69条の場合のみに限られない，すなわち第7条のみを根拠として行い得るという結論が出ております。政府におきましてもそれを尊重して，まさにその通りの解釈に立っておるわけでございます。従いまして，その解散権が今度行使される場合はどういう場合かということになると，それは不信任の決議があった場合もありましょうし，あるいは衆議院において解散要求の決議というものが行われた場合もございましょうし，その他いろいろな場合があるわけであります。要するに，国民の意思を問う必要があると認められる場合に行われるということに相なろうかと存ずるわけでございます。

(15回 昭27・12・12〈衆・予算委〉13号16頁，法制局長官)

解散については，総選挙後に召集される国会（特別会）において野党から解散権の濫用であるとする批判が呈されることが少なくない。記憶に新しいのは，平成17年の小泉内閣による郵政解散である。このときは，一法案の不成立，しかも参議院での否決を解散の理由とすることを疑問とする意見が示されたのに対して，小泉総理は以下のように，この解散の合理性を説明している。

rec.130

○平野達男君
……なお，解散は，内閣不信任が可決された場合，憲法69条に基づいて行われるのが一般的な解釈であります。憲法7条に基づく解散は濫用，恣意的になりやすいと思われますが，総理の見解を伺います。……

○内閣総理大臣（小泉純一郎君）
……憲法第7条に基づく解散についてお尋ねがございました。
　戦後，衆議院解散，過去19回あったと聞いております。内閣不信任案が可決され，憲法第69条の規定に従い解散が選択されたケースは4回あった

と聞いております。それ以外は，いずれの場合も憲法第7条を根拠としているものであります。衆議院の解散は衆議院議員の身分を失わせる重い行為であることを認識しつつ，選挙により新たに民意を問うことの要否については，内閣がその政治的責任において決断すべきものと考えております。……

(162回　平17・7・13〈参・本会議〉31号10頁)

rec.131

○糸川委員

……まず，今回の衆議院解散・総選挙について総理にお伺いいたします。

　今回の衆議院解散は，郵政民営化法案に関して参議院で否決され，衆議院を解散するということに至ったわけでございますが，憲政史上例を見ない経緯でございまして，疑問の声も少なくございません。総理は，郵政解散と位置づけ，参議院で否決されたから民意を問う，国民投票に準ずる総選挙であるとも訴えられましたが，素朴な疑問といたしまして，参議院は民意を代弁する存在ではないということだったのでしょうか。

　また，憲法において国会は国権の最高機関と規定されておりますが，いかに行政府の長たる総理といえども，国権の最高機関たる立法府の衆議院を一法案の可否をめぐって解散するということは果たして妥当だったのでしょうか。私どもは，これは憲政史上に疑義を残したと考えます。総理はどのようにお考えでしょうか，答弁を求めます。

○小泉内閣総理大臣

　衆議院ではなくて参議院で否決されて衆議院を解散するのはおかしいという御質問だと思うのでありますが，これについては，郵政民営化法案というのは小泉内閣の最重要法案である，これを否決するということは小泉内閣不信任であるということを私は申し上げてまいりました。

　そこで，確かに，参議院で否決された郵政法案を最大の争点にするということについては，疑問を呈しておられる方もおられるということは承知しておりますが，これはしょっちゅうするものじゃないんです。異例中の異例であるということは認めます。だから，こういうことがあるから，次もまた参議院で否決されたら衆議院を解散するのかということをよく聞く方，あるいはそう話される方があると思いますが，こういうことはめったにありません。

しかし，私は，そもそも，民営化に反対だと言って，国会がこの郵政民営化必要ないと言うことに対する強い憤りの念を持っておりました。本当にこんなことで改革できるのかと。総論賛成，民間にできることは民間にと言いながら，なぜこれを民間に任せちゃいけないのかと。

私は，反対している議員の皆さんは，国民も反対しているのではないか，そう思って反対している方がいると思いましたから，それでは国民に聞いてみようと。国民が郵政民営化必要である，賛成だったらば，参議院で反対した方も意見を変えてくれるだろうと思って，異例でありますが，解散に踏み切りました。

もとより，解散権は内閣にあります。そして，解散するかどうかというのは内閣の政治判断でもあります。

そういうことから，私は，今回，郵政民営化法案に対して国民は賛成の意思表示をしてくれたなということを，議席の数ではっきりと示してくれたと。議論している間は，反対論がある，反対論があるとばかり展開されましたけれども，現実の姿を見て，反対した方も私は意見を変えてくれると思います。総選挙する意義が十分あったと思っております。

(163回　平17・9・30〈衆・予算委〉2号43頁)

周知のように選挙に関しては，いわゆる1票の格差，投票価値の平等をめぐる訴訟が頻繁に提起され，衆議院の議員定数配分についても過去に何度かこれを違憲ないし違憲状態とする最高裁判決が示されている[16]。前々回の平成21年8月の総選挙についても，小選挙区制になってから初めて最高裁は定数配分を違憲状態と断じている（最大判平23・3・23民集65巻2号755頁）。

このような判決のあった後に，定数配分を定めた法律（公職選挙法）が改正

---

[16]　最高裁は，中選挙区制度下の衆議院議員選挙につき昭和51年（昭和48年総選挙，以下同じ）と昭和60年（昭和58年）の2度は違憲（ただし選挙は無効としないいわゆる事情判決）とし，昭和58年（昭和55年）と平成5年（平成2年）の2度は違憲状態（是正のための合理的期間内）であると判示している。このうち昭和58年の総選挙は，昭和55年の前回総選挙を違憲状態とする最高裁判決があった直後に，定数の是正がされないまま実施されたものである。

なお，参議院議員選挙についても平成8年（平成4年選挙）に違憲状態であるとした最高裁判決がある。

されないまま，つまり1票の格差が是正されない状態で解散をすることができるのか，換言すれば，定数の再配分が行われない限り内閣は解散権を行使できないのかが問題となる。これについて政府は，政治的な当・不当の問題は別として，法律論としてはそのことによって内閣の解散権が制約されることはないとしてきている。

rec.132

○徳永正利君

これに関連する問題でございますけれども，定数配分規定が改正されなくても解散総選挙を行うことは政治的な面にはいろいろ議論もあるでしょう。あると思いますけれども，憲法上は何ら問題はなく可能であるというふうに思いますか。法制局長官どうでございますか。

○政府委員（茂串俊君）

昨年11月の最高裁の判決が定数配分規定につきまして「できる限り速やかに改正されることが強く望まれる」としております以上，早急に定数配分規定の改正が行われるべきことはあえて言うまでもないところでございます。ただ，昨年11月の最高裁判決におきましても，定数配分規定改正のためのいわゆる合理的期間の終期は必ずしも明らかになっておらないということは先ほど申し上げたとおりでございまして，法改正前でありましても緊急に民意を問う必要が生じた場合には，純粋の法律論だけから言えば衆議院の解散権は憲法上民意を問うための手段として内閣に与えられた重要な権能でございますから，法改正前であることを理由として解散権の行使が否定されるということにはならないというふうに私どもは考えております。

(101回　昭59・8・2〈参・法務委〉10号6頁，内閣法制局長官)

rec.133

○金子満広君

……今やるべきことは，国会決議にもなっており，また公職選挙法で「5年ごとに，直近に行われた国勢調査の結果によって，更正する」とされている現行中選挙区制のもとでの定数の是正であります。これは，議会制民主主義を保障する上で重大な規定であります。これをやらずに国会が解散できるとか制約はないなどと先ほども答弁されましたが，これこそ法を全く無視する

暴論であります。重大な問題でありますので，改めて総理の責任ある答弁を求めるものであります。……
○内閣総理大臣（宮澤喜一君）
……解散のことでございますが，法律論として言えば，衆議院の解散権は，憲法上，国政の重大な局面において民意を問う手段として内閣に与えられた重要な権能であります。衆議院議員の定数の是正が仮に行われていない間においても，解散権の行使が法律的に制約されることはないと考えます。……

(123 回　平 4・1・29〈衆・本会議〉3 号 6 頁)

いうまでもなく議員の定数配分の是正は法律改正によるほかはなく，内閣の立場からは，国会が法律改正を行わないことによって解散権の行使が制限される結果となることは容認できないということであろう。

ちなみに前回（平成 24 年 12 月）の総選挙は，前掲の最高裁判決の後であったが，定数配分の見直しが行われないまま，実施された。

(8)　内閣総理大臣の欠缺

> □　第 70 条
> 内閣総理大臣が欠けたとき，又は衆議院議員総選挙の後に初めて国会の召集があつたときは，内閣は，総辞職をしなければならない。

第 70 条の「内閣総理大臣が欠けたとき」とは，一般に総理が死亡したときや国会議員でなくなったときを意味する。内閣法第 9 条は，こうした内閣総理大臣の欠缺と体調不良等による一時的な執務不能とを区別して，後者を「内閣総理大臣に事故のあるとき」と表現している。

いずれの場合も予め指定された国務大臣が内閣総理大臣の臨時代理となるが（内閣法第 10 条），内閣総理大臣が欠けたときには，第 70 条の規定により内閣は総辞職をしなければならない（反対に，「事故のあるとき」の内閣総理大臣臨時代理は，自らの判断で総辞職をすることはできないと解されている。**rec.135**）。

この規定が問題となったのは，小渕恵三総理が脳疾患で倒れ，緊急入院をしたときである（平成 12 年 4 月）。当時の青木幹雄官房長官が「内閣総理大臣臨

時代理」として臨時閣議を招集し,「内閣総理大臣が欠けたとき」に該当する事態であるとして総辞職を行った。その後発足した森内閣が自民党の有力議員による話合いによって,党内での選挙を経ずに誕生したことへの批判もあって,当該状況が第70条の「欠けたとき」に当たるのかどうか,また,当たるかどうかの判断権者が誰なのかが問われることになった。以下の答弁にみるように,このときはその最終的な判断は,内閣総理大臣臨時代理が主宰する閣議において行われているが,この方法による以外にないと考えられるし,また,小渕総理がその後意識を回復することなく死去するに至った結果にかんがみると,その判断は適切であったといえよう。

rec.134

○国務大臣(青木幹雄君)

……憲法70条についてのお尋ねでございますが,今回の内閣総辞職につきましては,4月4日午後2時半に私自身が順天堂病院に出向き,意識状態は昏睡状態で脳梗塞による脳障害のため,質問を理解したり御自身の意思を表明なさることは当分の間困難であるとの判断をせざるを得ないとの医師団の報告を直接受けてまいりました。

内閣総理大臣が意識不明であり,近い将来に回復の見込みがないような場合には憲法70条に言う「内閣総理大臣が欠けたとき」に当たるものと考えられることから,私は医師団の報告を受けて小渕総理の病状がこれに該当すると判断し,この判断に基づき,4月4日午後7時の臨時閣議において了解を得て,内閣として総辞職の決定を行ったものであります。

憲法第70条の「内閣総理大臣が欠けたとき」に当たるか否かの判断は内閣の総辞職の要否にかかわるものであり,かつその判断について同条には特段の手続は定められていないことから,内閣において自律的に行われれば足り,内閣が国会と協議する必要はないものとされております。……

(147回 平12・5・17〈参・本会議〉25号10頁,内閣官房長官)

なお,小渕内閣においては,このような場合に内閣総理大臣臨時代理に就くべき国務大臣があらかじめ指定されておらず,官房長官が病床の総理から後事を託されたとしてその職務を行ったが,これに対して国会で野党から疑義が呈

されたことなどを踏まえ，爾後の内閣においては，発足後最初の閣議において内閣総理大臣臨時代理に就くべき国務大臣を順位を定めて指名するのが通例となっている。

ちなみに，内閣総理大臣臨時代理は，総理に代わって第72条等に定める職務を行うが，閣僚の任免等，内閣総理大臣に一身専属的な権限は行使できないと解されている。

rec.135

○伊藤基隆君

……内閣法制局長官に聞きますが，内閣総理大臣臨時代理の職務権限についてお伺いします。

　例えば，閣僚を罷免することができるか，予算編成はできるか，内閣の総辞職はできるか，衆議院の解散はできるのか，防衛出動を命ずることはできるのか。

○政府特別補佐人（津野修君）

……内閣総理大臣の臨時代理に国務大臣の任免権はあるかということでございますが，この点につきましては，内閣法9条に基づいて臨時代理が内閣総理大臣の職務を行う場合に，一般論としては臨時代理は内閣総理大臣のすべての職務を行うことになりますが，国会において指名された内閣総理大臣の地位に基づく一身専属的な職務権限については臨時代理が行使することができないものと考えております。

　国務大臣の任免権につきましては，直接内閣の構成に係るものでありますので，国会において指名された内閣総理大臣の地位に基づく一身専属的な職務権限の一つであることから，臨時代理はこれを行使することができないものというふうに考えております。

　それから，内閣総理大臣の臨時代理に国会の解散権はあるかというようなこととか，あるいは内閣総理大臣の臨時代理が総辞職をすることができるかというような御質問がございましたけれども，これらについても内閣総理大臣の一身専属的な権能に属するものと考えられますので，臨時代理が主宰する内閣において行うことはできないというふうに基本的に考えられております。

(147回　平12・4・25〈参・予算委〉14号3頁，内閣法制局長官)

(9) 内閣総理大臣の職務の遂行

> □ 第72条
> 内閣総理大臣は，内閣を代表して議案を国会に提出し，一般国務及び外交関係について国会に報告し，並びに行政各部を指揮監督する。

　第72条に規定する内閣総理大臣の職務は，内閣の代表者として行われるものである。この規定に基づき国会に提出される議案の代表的なものは法律案である（130頁参照）。このため，法案の国会提出については，逐一，内閣としての意思決定，すなわち閣議決定が行われている。

　行政各部に対する内閣総理大臣の指揮監督も同様であり，第72条を受けた内閣法第6条はより具体的に，「内閣総理大臣は，閣議にかけて決定した方針に基づいて，行政各部を指揮監督する。」と規定している。政府は，これらの規定の趣旨を次のように説明している。

rec.136

○茂串説明員
　ただいま御指摘のとおり，憲法72条におきましては，関係部分だけ読みますと「内閣総理大臣は，内閣を代表して　行政各部を指揮監督する。」という規定にとどまっておりますが，内閣法の6条に参りますと，これも御指摘のように「内閣総理大臣は，閣議にかけて決定した方針に基いて，行政各部を指揮監督する。」と定めておりまして，いわば指揮監督権の行使の方法をより具体的に規定しておるわけでございます。その憲法72条が「内閣を代表して」と定めておりますその趣旨でございますが，それは憲法上行政権が内閣そのものに存するとされておりますことの結果にほかならないわけでありまして，これを受けて会議体たる内閣の意思に従った指揮監督権の行使を担保するために，内閣の機関意思決定の方法である閣議にかけて基本的な方針を定めた上で，これに従って内閣総理大臣が指揮監督を行うということを要請しておるものと思うのでございます。したがいまして，ただいま御指摘の点につきましては，この第6条の規定があります以上，内閣総理大臣が

閣議の決定，すなわち内閣の意思と無関係に行政各部を指揮監督するということは許されないことであると思いますし，またこれは御質問になかったかと思いますが，閣議で決定した方針に反した指揮監督をするということも許されないことであるというふうに理解しております。

（77回　昭51・8・26〈衆・内閣委〔閉会中〕〉15号25頁，内閣法制局第一部長）

rec.137

○倉田委員

……いわゆる閣議が開催不能時，首相がみずから決断をする，こういうことはどうなんだということに関して，いわゆる行政権は内閣に属するわけだから，首相は閣議に基づかないで一つの決定をすることは憲法上疑義がある，こういうふうなお話のようでございます。

　しかし，果たして憲法72条というものはそれだけしか読めないのか。……憲法72条は，「内閣総理大臣は，内閣を代表して議案を国会に提出し，一般国務及び外交関係について国会に報告し，並びに行政各部を指揮監督する。」こう読点の位置というのは明確にそれぞれ区切りをつけてあるわけであります。

……このいわば読点の位置を考えるならば，「内閣総理大臣は，」「行政各部を指揮監督する。」と，これは読めるわけであります。

……学説としてそれ以外の読み方あるいは学説の大勢はどうなっているのか，長官はそれはどのように理解しておられるでしょうか。

○大森（政）政府委員

　憲法72条の文理，表現，これは確かに，ただいま御紹介のありました句読点の打ち方でございます。したがいまして，この「内閣を代表して」というフレーズが，「並びに行政各部を指揮監督する。」ということにはかぶらないんだという読み方が絶対ないかといいますと，そういう読み方をする学説も確かにあったかと思います。

　しかしながら，学説の多数説といいますか通説といいますのは，ここの句読点の打ち方だけでこの72条の意味を確定するのではなくて，やはり憲法自体がとっている権力構造，そして行政権の組織及び権限に関する規定を総合的に理解すべきであるという観点から，やはり65条，66条を踏まえて72

条を読むと，この「内閣を代表して」は，「行政各部を指揮監督する。」にかけて読むべきであるという考え方をとっているわけでございます。……

(136回　平 8・6・11〈衆・内閣委〉8 号 12 頁，内閣法制局長官)

　これに対して，閣議決定を待っていたのでは緊急事態等への初動対処が機を失してしまうおそれがあるから，臨機に内閣総理大臣が単独の判断で指揮監督を行い得るような法制を構築するべきであるとする意見がある。これについて政府は次のように，事前に閣議で対処方針を定めておくことにより対応が可能であるとする見解を示すとともに，実際にも様々な緊急時における内閣の対処方針を前広に閣議決定してきている。

rec.138

○大森（政）政府委員

　……内閣法 6 条をごらんいただきますと，「内閣総理大臣は，閣議にかけて決定した方針に基いて，行政各部を指揮監督する。」これは憲法 72 条の趣旨を受けた規定でございます。ただ，この場合に「閣議にかけて決定した方針」と申しますのは，個々具体的な事態に即応した，本当の具体的な方針をその都度決定しなければならないというわけではないというふうに解されておりまして，あらかじめ予想，想定される事態に備えまして，内閣としての基本的な方針をあらかじめ定めておきますと，事態に応じた適切な対応をするために，その都度閣議を開いて方針を決めなければならないというものではないわけでございます。

　したがいまして，ある緊急事態が生じた場合に，万が一閣議そのものが開催絶対不能であるというときにおきましても，あらかじめそのような事前の一般的方針を定めておりますと，内閣総理大臣としては行政各部を指揮監督することに何ら支障がないということになるわけでございます。

(136回　平 8・6・11〈衆・内閣委〉8 号 13 頁，内閣法制局長官)

rec.139

○橋本内閣総理大臣

　行革会議における「内閣の危機管理機能の強化に関する意見集約」の中には，総理大臣が迅速に行政各部を指揮監督できるようにするために，突発的

事態の態様に応じて、あらかじめ所要の閣議決定を行うという提言がございます。……この提言を受けまして、重大テロ事件等発生時の政府の初動措置については、閣議決定などの手当ては既に先行させて終わりました。そして、そういう意味では、閣議によって与えられた内閣総理大臣の権限というものは拡大をいたしております。……

(142回 平10・4・28〈衆・行革特委〉8号16頁)

rec.140
緊急時に迅速な閣議決定を行なえるように工夫した例
○重大テロ事件等発生時の政府の初動措置について
4. 迅速な閣議手続
　当該重大テロへの初動対処に係る重要事項で閣議に付議する必要があるもののうち政府としての判断が緊急に必要であり、かつ国務大臣全員が参集しての速やかな臨時閣議の開催が困難な場合には、内閣総理大臣の主宰により、電話等により各国務大臣の了解を得て閣議決定を行う。この場合、連絡を取ることができなかった国務大臣に対しては、事後速やかに連絡を行う。

(平10・4・10閣議決定、平18・12・26最終改正)

○我が国周辺を航行する不審船への対処について
3. 迅速な閣議手続
　不審船への対応に関し、自衛隊法第82条に規定する海上における警備行動の発令に係る内閣総理大臣の承認等のために閣議を開催する必要がある場合において、特に緊急な判断を必要とし、かつ、国務大臣全員が参集しての速やかな臨時閣議の開催が困難であるときは、内閣総理大臣の主宰により、電話等により各国務大臣の了解を得て閣議決定を行う。この場合、連絡を取ることができなかった国務大臣に対しては、事後速やかに連絡を行う。

(平13・11・2閣議決定、平成18・12・26最終改正)

○大規模テロ等のおそれがある場合の政府の対処について
4. 迅速な閣議手続
　事態が緊迫し治安出動命令の発出が予測される場合における防衛大臣が発

する治安出動待機命令及び武器を携行する自衛隊の部隊が行う情報収集命令に対する内閣総理大臣による承認，一般の警察力をもっては治安を維持することができないと認められる事態が生じた場合における内閣総理大臣による治安出動命令の発出等のために閣議を開催する必要がある場合において，特に緊急な判断を必要とし，かつ，国務大臣全員が参集しての速やかな臨時閣議の開催が困難であるときには，内閣総理大臣の主宰により，電話等により各国務大臣の了解を得て閣議決定を行う。この場合，連絡を取ることができなかった国務大臣に対しては，事後速やかに連絡を行う。

(平13・11・2閣議決定，平成18・12・26最終改正)

○緊急事態に対する政府の初動対処体制について
(1) 政府全体として総合的対処が必要な場合には，関係法令又は閣議決定等に基づき，緊急事態に応じた対策本部を迅速に設置する。
(2) 対策本部設置のための臨時閣議が必要とされる場合において，内閣総理大臣及び国務大臣全員が参集しての速やかな閣議開催が困難な場合には，電話等により内閣総理大臣及び各国務大臣の了解を得て閣議決定を行う。連絡を取ることができなかった場合は事後速やかに連絡を行う。
(3) 対策本部長は，緊急に本部会議を開催する必要がある場合は，参集することができた本部員をもって本部会議を開催する。

(平15・11・21閣議決定)

また，いわゆるロッキード事件丸紅ルート最高裁判決[17]が，「内閣総理大臣は，少なくとも，内閣の明示の意思に反しない限り，行政各部に対し，随時，…指導，助言等の指示を与える権限を有するものと解するのが相当である。」としていることを踏まえると，こうした指示を通じて適時の対応を行うことも不可能ではないと考えられる 資料2-5 。

ちなみに，前記の最高裁判決にいう「指示を与える」権限と第72条に定め

---

[17] 最大判平7・2・22刑集49巻2号1頁。

る指揮監督権との関係について，平成10年に橋本内閣によって行われたいわゆる省庁改革時の内閣法の改正に際し，以下のような質疑応答がなされている。

rec.141
○大森政府委員

　憲法72条の趣旨いかんという理解に係るわけでございますが，憲法は，内閣総理大臣及びその他の国務大臣で構成される内閣という合議体を行政府の最高機関と位置づけておる。そして同時に，「内閣は，行政権の行使について，国会に対し連帯して責任を負ふ。」これは66条の第3項でございますが，そのように定められております。これを受けて，憲法72条が先ほど紹介いたしましたように規定しているところからいたしますと，憲法の法意というのは，合議体たる内閣として，国政に関する判断，意思に基づいて内閣総理大臣の指揮監督が行われるべきことをあらわしている規定であるというふうに理解しているわけでございます。

　したがいまして，内閣法第6条を，内閣総理大臣は，合議体たる内閣としての意思にかかわりなく，単独の意思決定により指揮監督することができるという趣旨の規定に改正するとすれば，それは憲法の趣旨に照らして問題がある，このように従前から繰り返し答えているところでございます。

○枝野委員

　……内閣機能強化というときに，……内閣総理大臣は，少なくとも，……内閣の明示の意思に反しない限り，行政各部に対して指導，助言等の指示を与える権限を有するものであることを法制上明らかにすると何で入れなかったのですか。……

○大森政府委員

　……指示とはいかなる概念かは最高裁判所は明示はしておりませんけれども，要するに，法的強制力を伴わず，任意の実施を求めるという概念でございます。それに対しまして，内閣法第6条の指揮監督という場合の指揮監督権は，それが行使されますと，法律上，指揮監督を受けた者はそれに従うべき法的拘束力があるということでございます。したがって，法律上それは明示しなければならない。それに対しまして，指示につきましては，任意の実施を求める概念でございますから，法律上規定する必要がなくとも指示ができる。

そこに重大な違いがある。……

○小里国務大臣

しからば，なぜ今次の法規にその規定を設けなかったかということでございますが，現状におきましても内閣総理大臣は，内閣の首長として，いわゆる流動的で多様な行政需要に遅滞なく対応するため，適宜適切に行政各部に対する指示を行っているところでありまして，殊さらに，かかる指示についての法律の規定を設ける必要はないものと判断をいたしたのでございます。

(142 回　平 10・4・22〈衆・行革特委〉5 号 12 頁，内閣法制局長官)

なお，内閣総理大臣の指揮監督権の行使が，行政委員会に対してはおのずから制約されることは，先にみたとおりである（149 頁参照）。

資料 2-5

○大森（政）政府委員
……この 72 条で「内閣総理大臣は，内閣を代表して」「行政各部を指揮監督する。」と定めているわけでございますが，ここの「内閣を代表して」と定めていることの意味，この意味は，内閣としての国政に関する意思，判断に基づいて指揮監督が行われるべきであるということを憲法 72 条が規定しているというふうに解されるわけでございます。

これを受けまして，内閣法第 6 条は，御指摘のとおり，「内閣総理大臣は，閣議にかけて決定した方針に基いて，行政各部を指揮監督する。」と規定しているわけでございますが，これは，ただいま説明いたしました 72 条の趣旨を，内閣法においてこれを受けてこのように規定したということでございます。

したがいまして，たとえ緊急時でございましても，内閣総理大臣が内閣の意思にかかわりなく内閣総理大臣の単独の意思決定により行政各部の指揮監督を行うことができることとするような法改正というものは，やはり憲法のただいま申し上げましたような趣旨に照らして問題があるのではないかというのが私どもの現在の考え方でございます。

ただ，先ほど御指摘になりましたロッキード・丸紅事件判決におきましては，今申し上げましたような正式な意味における指揮監督ではなく，行政各部に対する指導助言等の指示を与える権限というものにつきましては，閣議にかけて決定した方針がない場合であっても，内閣の明示の意思に反しない限り行うことができるということを規定しておりますので，その指示権の行使として適宜適切な対応が可能であろうというふうに考えております。……

(136 回　平 8・6・11〈衆・内閣委〉8 号 4 頁，内閣法制局長官)

(10) 条約の国会承認

> □ 第73条第2号・第3号
> 内閣は，他の一般行政事務の外，左の事務を行ふ。
> 　二　外交関係を処理すること。
> 　三　条約を締結すること。但し，事前に，時宜によつては事後に，国会の承認を経ることを必要とする。

　内閣は行政全般を司るが，第73条には，「他の一般行政事務」とは別に，いくつかの主要な行政事務を内閣の職務として特に列挙している。

　これらのうち，過去にしばしば国会で議論の対象となったのが，同条第3号において事前又は事後に国会の承認を要することとされている条約の範囲である。

　同条第2号に明示されているように，外交関係の処理は，どの国においても基本的には政府の職責とされている。条約の締結もまた「外交関係を処理すること」の一環ではあるが，憲法がこれを政府限りの権能とはせず，国会の承認にかからしめている。これは，条約の締結を民主的コントロールの下に置くためであるとされるが[18]，条約が国内法的効力も有し，国会の立法権や予算審議権を制約する場合があることにかんがみると，当然であろう。

　条約は，広義では多国間，又は二国間の国際的な約束のすべてを意味するから，たとえば両国の間で文化交流を一層活発に行うものとする，といった具体的内容の乏しいものや，両国の行政当局間で相互に提供する情報の基準を定めるなどの実務的，技術的な取決めでしかないものも含まれるが，条約の締結に国会の承認を要することとしている上記の趣旨にかんがみると，広義の条約全部が第72条第3号にいう条約に当たるとは考えがたい。

　その理由を政府は次のように述べている。

---

[18] 佐藤功『憲法（下）〔新版〕』（有斐閣，1984年）890頁等。

rec.142

○田中（武）委員

……憲法73条3号で言うところの条約とは，どういうものですか。

○佐藤（正二）政府委員

……大体あそこに申します条約と申しますのは，財政事項，法律事項等も含みました国際約束でございまして，行政権の範囲内では締結し得ないような国際約束だというふうに了解しております。

○田中（武）委員

……この憲法73条3号の条約とは，その名称のいかんにかかわらず，これは条約と言おうと，協定と言おうと，交換公文と言おうと，その名称のいかんにかかわらず，二国間において文書をもって約束したものはすべて入る，これが憲法の通説であります。そしてその前の2号ですね，2号でいうところの外交関係，これはいまあなたがおっしゃったように行政権の範囲であります。これは通常の外交関係を指さしておるわけです。したがって，私は二国間が文書をもって意思の交換をする。これはすべて73条3号の条約である，これは佐藤功さん等でございますが，この通説に従いたいと思います。いかがでございますか。

○高辻政府委員

いま御指摘の佐藤功教授の見解も私は大体承知しておるつもりでございますが，いまおっしゃいました二国間の取りきめというものはすべて憲法73条の条約に入るのではないかというお話でございます。事が法律問題でございますので，ややもう少し精細にこれを言わないとぐあいが悪いと思うのでありますが，要するに二国間の政府間でやるもの，これを御指摘になっているかどうかは存じませんが，その政府の間の権能の範囲内でお互いの政府が約束をするということであれば，これは政府が法令上与えられた権限の範囲内，あるいは予算でいえば予算の範囲内ということでございますから，それは憲法の条約，国会の承認を得べき条約ではないと考えております。外交事務の処理としてやって差しつかえないものだと心得ております。

○田中（武）委員

……具体的に見ますと，いわゆるこの援助協定，いろいろな型がございます

第Ⅱ章　統治機構

が，あるものは国会の承認を得，あるものは政府だけで国会には全然わからないうちにそれが行なわれるというようなこと。そこで二国間協定等について若干調べてみますと，その中に文書の上に幾らかのニュアンスの違いがある。その国で定められた法律の範囲内だとかなんとかというようなことが書いてある。したがって，これをもって73条3号で言うところの条約でないから国会の承認は必要でないと，こういうような逃げ方をするであろうとは考えますが，結局は同じことなんです。そのことによって，交換公文であれ，協定であれ，日本が義務を負う。それが国である，あるいは国でなくして，国の機関である——だから，機関であるからということで逃げると思うのですが，いずれにしても国民の血税である。それを支払うところの義務があるならば，当然国会の承認を得べき条約であり，さらに憲法85条でいう国の債務負担行為であろうと思いますが，いかがです。

○高辻政府委員

　田中先生のおっしゃる趣旨はよくわかります。よくわかりますが，何でもかんでもこの協定を遂げた場合に，すべて条約として国会の承認を要するかどうか。これはいま始まった問題ではございませんが，私どもといたしましては，たとえば法令の範囲内においてある種のことを約束をするという場合には，国会が法律を改正すれば，実は行政権としては何ともしかたがない，そういう限度内の事項についての約束でございます。したがって，国会はその法律をいかように改正しようと自由で，そこには国会を拘束する何らの意義はないわけでございます。したがって，その法令の範囲内，つまり政府としてできる範囲のこと，それについて相手と約束をしていることでございまして，先ほどもお話がありましたが，新たに債務負担行為をするということになりますと，これはいわゆる予算で認められたもの等でなくして，後年度に及ぶようなことになりますと，それは国会の承認との間で関係を持ちますが，そうでなければ，いわゆる予算の範囲内であれば，先ほどの法令の範囲内と全く同様と心得て，承認を受けておらないわけでございます。

(58回　昭43・3・29〈衆・予算委〉19号16頁，
佐藤外務省条約局長，高辻内閣法制局長官)

国会の承認を要する条約の範囲をめぐっては，その後も国会での質疑が繰り返されたが，昭和49年に大平正芳外務大臣が以下のように政府としての考えを明確にした。

rec.143

○木村委員長

次に，第71回国会において，交換公文等の取り扱い問題につき，外務省に対して，これを検討の上，当委員会に対しなるべく早い機会に報告するよう要請しておきましたところ，大平外務大臣から，本件に関し報告したいとの申し出がありますので，これを許します。外務大臣大平正芳君。

○大平国務大臣

議会制民主主義制度のもとにおいて国会の条約審議権を十分に尊重することは政府の当然の責務であり，なかんずく国民の権利義務に対し重大な影響を与えるような条約につきましては，国会の審議を十分に尽くしていただかなければならないことは言うまでもありません。このため，条約の国会提出の問題については，政府としては，このような基本的態度に立ち，日本国憲法の精神と規定に従い，十全の措置を講じていくべきものと心得ております。

昨年の第71回国会における日米原子力協定改正議定書の審議に際し，今後同協定第9条に定める濃縮ウランの対日供給ワクを変更する交換公文を取りかわした場合には，外務委員会理事会に御報告することをお約束し，また，国際ココア協定の審議に際し，同協定のごとき国際商品協定締結につき国会の承認を求めている場合に，やむを得ざる事情により国会の承認に先立ち政府がとった暫定的適用措置に関しては，これをすみやかに外務委員会に御報告する所存であることを申し上げたのも同じ趣旨によるものであります。

このほかに，先国会においては，より一般的な問題として，交換公文等の取り扱いぶりにつき外務省に対して検討方御要望があり，政府としての結論を得次第御報告することといたしました。本件については，政府は，その後も鋭意検討を進めてまいりましたが，本日は，本件に関する政府の見解を御報告申し上げます。

本件に関し外務委員会において提起された問題は，具体的には，憲法第73条3号に基づき，その締結につき国会の承認を経るべき条約の範囲は何

か，及びその他の国際約束のうち，一定のものについては国会に報告すべきではないかとの2点に集約されると考えます。

第一の国会の承認を経るべき条約についてでございますが，憲法第73条3号にいう条約は，単に何々条約という名称を有するものに限られませんが，他方，政府が締結するすべての国際約束をさすものではありません。この点については，わが国の憲法学説も一致して認めるところであり，また，わが国と同じく議会制民主主義制度を採用している諸外国の憲法及び慣行においても，一定範囲の国際約束は行政府限りで締結し得ることとされております。わが国の憲法上，いかなる国際約束が国会承認条約に該当するかについての政府の見解は，次のとおりであります。

国会承認条約の第一のカテゴリーとしては，いわゆる法律事項を含む国際約束があげられます。憲法第41条は，国会は国の唯一の立法機関である旨定めております。したがって，右の憲法の規定に基づく国会の立法権にかかわるような約束を内容として含む国際約束の締結には当然国会の承認が必要であります。ここでいう国会の立法権にかかわるような約束を内容として含む国際約束とは，具体的には，当該国際約束の締結によって，新たな立法措置の必要があるか，あるいは既存の国内法の維持の必要があるという意味において，国会の審議をお願いし承認を得ておく必要があるものをさすものであり，領土あるいは施政権の移転のごとく，立法権を含む国の主権全体に直接影響を及ぼすような国際約束もこのカテゴリーに入ると考えられます。

次に，いわゆる財政事項を含む国際約束も国会承認条約に該当いたします。憲法第85条は，「國費を支出し，又は國が債務を負擔するには，國會の議決に基づくことを必要とする。」旨定めております。したがって右の憲法の規定に基づき，すでに予算または法律で認められている以上に財政支出義務を負う国際約束の締結には国会の承認が得られなくてはなりません。

第三のカテゴリーとして，ただいま申し上げたような法律事項または財政事項を含まなくとも，わが国と相手国との間あるいは国家間一般の基本的な関係を法的に規定するという意味において政治的に重要な国際約束であって，それゆえに，発効のために批准が要件とされているものも国会承認条約として取り扱われるべきものであります。特定の国際約束に拘束される旨の国家

の意思表示の形式としては，批准，受諾，承認，署名等がありますが，これらの諸形式のうち，批准は最も重い形式とされており，一般に，締結国相互間あるいは国家間一般の基本的な関係を法的に規定するという意味において，当事国により政治的重要性を有すると認められた国際約束は，批准を発効要件とすることが国際的な慣行になっております。このように批准条約は，国際的に条約として典型的なものでありますので，わが国の憲法上も，かかる国際約束の締結については国会の承認を経るべきものと考えます。

　次に，その他の国際約束について申し上げます。

　国会承認条約に該当するかどうかの基準は，以上申し上げたとおりでありますが，他方，すでに国会の承認を経た条約や国内法あるいは国会の議決を経た予算の範囲内で実施し得る国際約束につきましては，行政取りきめとして，憲法第72条2号にいう外交関係の処理の一環として行政府限りで締結し得るものであります。なお，多くの行政取りきめは，交換公文という形式をとっておりますが，行政取りきめであるかいなかは，かかる形式いかんによるのではなく，あくまでも，その内容が前述のような国会の承認を要する国際約束に該当するかいなかによることは，申すまでもありません。

　ところで，行政取りきめであっても，国会承認条約を締結するに際して補足的に合意された当該条約の実施，運用あるいは細目に関する取りきめについては，政府は，国会の条約審議権尊重のたてまえから，当該条約の国会審議にあたっては，従来から，国会に参考としてこれを提出してきております。政府としては，今後は，この趣旨をいっそう徹底させ，条約自体について国会の承認が得られた後に結ばれた同種の行政取りきめについても，当該条約を承認した国会として，その条約がどのように実施あるいは運用されているかを把握しておく上で必要と思われる重要なものは，締結後できる限りすみやかに外務委員会に資料を提出することといたしたいと存じます。

（72回　昭49・2・20〈衆・外務委〉5号2頁）

　国際約束のうち，法律事項を含むもの，財政事項を含むもの及びこれら以外であって発効のために批准が要件とされているものの3つが第73条第3号の条約に当たるとするこの基準は一般に「大平三原則」として知られ，現在に至

第Ⅱ章　統治機構

るまで政府は，条約の承認のための国会提出の要否をこの基準に照らして判断してきている。

ちなみに，講学上はしばしば，事後的に国会承認が得られなかった条約の効力いかんが論じられているが，実務上は条約への署名に際して批准を我が国についての条約の発効の要件とするのが通例であり，国会の承認が得られない限り政府が条約の批准をすることはないから，こうした問題が実際に生じることはない。

3　司　法

(1)　司法に関する立法権限

> □　第76条第1項
> ①　すべて司法権は，最高裁判所及び法律の定めるところにより設置する下級裁判所に属する。

第6章の司法についての規定に関して国会で政府の見解を求められることは多くないが，そのほとんどは，以下にみるように政府が提出した司法に係る法案の憲法適合性をめぐる議論の過程におけるものである。そのいわば前提として，そもそも三権の一翼を担うに過ぎない内閣に司法に関する法律案を国会に提出する権限があるのかどうかも問われている。これに対して政府は次のようにこれを肯定する一方，最高裁判所の国会への法案提出権を否定している。

rec.144
最高裁判所の規則制定権に関する質問主意書

　憲法第77条は，最高裁判所は訴訟に関する手続に関する事項，弁護士に関する事項，裁判所の内部規律に関する事項，司法事務処理に関する事項の4事項について規則を定める権限を有するとしている。そこで
一　憲法第77条に「権限を有する」とあるのは，右に掲げた4事項については，立法権の例外として最高裁判所に立法権限を与えたことを意味すると思われるがどうか。

二　従って，右の4事項に関する立法をする場合には，原案を最高裁判所において立案し，最高裁判所において審議し立法するのが原則ではないか。
（法形式は，最高裁判所規則第○号「○○○法」）

三　しかし，法案の内容から国会の審議に付するを相当とするものについては，最高裁判所において法案を立案し，国会に提出して審議可決を求める場合も合法であると解しうると思うがどうか。

四　右の場合において，公布についての内閣の助言と承認を必要とすることは別として，内閣が立法に参画する憲法上の根拠はないと思うがどうか。

答弁書

一及び二について

　憲法第77条第1項は，国会を唯一の立法機関とする憲法上の原則（憲法第41条）の例外を定めたものであるが，憲法第77条第1項に掲げる事項であっても，法律をもって規定することが排除されるわけではなく，一般に，国民の権利義務に直接関係のある事項については，法律をもって規定するのが相当であると解されている。

三について

　最高裁判所は，法律案を国会に提出する権限を有しないと解される。

四について

　内閣は，法律案を国会に提出する権限を有しており，憲法第77条第1項に掲げる事項に関してこれを否定する根拠はない。……

(91回　昭55・3・28答弁9号，対飯田忠雄議員（衆）)

rec.145

○枝野幸男君

……本審議会は，内閣に設置され，内閣に対して，司法改革に関する調査審議の結果に基づいた意見陳述をすることになっています。これは，内閣が司法改革に関する権限を持っている，このことを当然の前提としています。もちろん，この法律の目的である，第2条が司法制度改革と並べて調査審議事項としている，基盤の整備に関する必要な基本的施策，これについての多くの部分は，行政の権限に含まれるものと思います。しかしながら，司法制度そのものについて，内閣にいかなる権限があるのか，私には甚だ疑問であります。

そもそも、司法制度は、憲法及び法律によって規定され、その範囲内で最高裁判所に規則の制定権が認められています。もちろん、内閣には国会に対して法律案を提出する権限があるとされているのでありますが、しかし、その権限が司法制度に関する部分にまで及んでいると考えてよいのか、私は大いなる疑問があるのであります。

御存じのとおり、憲法には、内閣の法律案提出権に関する明文の規定はありません。憲法72条には議案の提出権について規定がありますが、ここで言う議案については、予算や条約という、他に規定のあるものに限定して解釈することも可能であります。

それにもかかわらず、解釈上、法律案提出権が認められているのは、その実質的な理由が求められるからにほかなりません。内閣が、行政機関として憲法及び法律を執行する過程において、何らかの法制度上の不都合を感じた場合に、みずからその不都合を解消すべく国会に対して法律案を提出すること、これを認めなければならないという実質的な根拠があるからにほかなりません。すなわち、憲法73条に規定する内閣の職務に関連した内容であるからこそ、みずから法律案の提出をすることが認められると解釈するべきであります。

一方、みずから司法制度を所管し、担当している最高裁判所には、仮にその制度に不都合を感じたとしても、法律案提出権は認められません。それなのに、みずからは司法制度を担当していない内閣に法律案提出権を認めるというのは、甚だアンバランスであります。

しかも、内閣は、みずからの行政権の行使について、裁判所の司法審査に服する立場にあります。司法によって裁かれる立場にありながら、公権力の一つとして、その制度を変えるように提案する権限を持つというのは、原則としてアンフェアと考えるべきではないでしょうか。いわば、まないたの上のコイが、まないたや包丁を変えろと言う権限を持つようなものであります。

権力分立原則の中で、内閣が司法に対して及ぼし得る権限は、憲法に明確に規定のある部分、つまり、判事などの任命権に限定されると解釈するべきであり、司法制度については、国権の最高機関であり、唯一の立法機関である国会こそが、立法という作業を通じて、行政とは無関係に、責任を持つと

考えるべきであります。本法案のよしあし以前に，司法制度に関する法令案の作成という所掌事務を規定した法務省設置法なども，違憲の疑いがあるのではないでしょうか。

そこで，総理に対し，お尋ねをいたします。

まず，一般的に，内閣が国会に対する法律案提出権を有していることの実質的な根拠は何であるか，具体的にお答えください。また，内閣が，憲法上の規定もない中で，司法制度に関する法令案作成に関する事項を所掌事務に含めているのは，権力分立原則に違反し，憲法65条の逸脱であり，憲法41条の侵害ではないかと考えますが，総理の御見解を伺います。……

○内閣総理大臣（小渕恵三君）

……内閣の法律案提出権の根拠についてお尋ねがありました。

内閣は，行政権行使に当たりまして，広く各種の問題に直面し，かつ国民からさまざまな情報や要望に接しておりますので，こうした情報や要望を基礎に，広く施策を立案すべき立場にあるというべきでありまして，議院内閣制をとる我が国といたしましては，憲法第72条に基づき，内閣が法律案を立案し国会に提出できることについては，憲法制定時の国会審議におきましても明らかにされ，その後の国会審議を通じ，この解釈は定着いたしておると考えております。

法務省設置法が司法制度に関する法令等の作成を所掌事務として定めていることにつきましてのお尋ねでありましたが，既にお答えいたしましたように，内閣には法案の提出権があり，司法制度に関する法令案についても同様であります。法務省が御指摘のような事項を所掌することといたしておりますのは，権力分立や憲法の規定に違反するものではないと考えております。……

（145回　平11・3・23〈衆・本会議〉18号4頁）

最高裁判所（長官代理者）も次のように，裁判所は，政治的な責任を負うべき存在ではないこと及び違憲立法審査権を有していることなどを挙げて，立法に関与するのが適切ではないとし，政府に法案の提出権があるとするこの見解を支持している。

rec.146

○秋山長造君

……この法律案の提案説明は法務大臣がやられた。それで内容は，法務省とは関係ない裁判所の定員法について審議をするわけですけれどもね。これはまあそういういまのたてまえになっているから提案権がないと，したがって法務大臣がやられるということになっておるのですけれども，これはどうもぴんときませんね。それで，予算の提案なんかについても，裁判所は二重予算の提出権を持っておられるようでございますね。これは，いまの法制上から言えば，やむを得ないからそうなっているのだろうと思うのですが，これは何が根拠になってこういう形になっているのですか。

○最高裁判所長官代理者（寺田治郎君）

……現行法ではまさしくそうなっておるわけでございますが，単に現行法でそうなっているというにとどまらず，やはり三権分立の基本にも触れる問題を多々含んでいるきわめて重要な問題であるというふうに私ども常々考えているわけでございます。で，結局まあ憲法がすべての基本であろうと思います。その憲法をいかに運用して，日本の，大きく言えば政治と申しますか，すべてのことをやっていくかと，そのときにどういうふうに権限を分配するかということであろうと思います。そして，これは憲法にも規定がございますし，あるいは憲法に規定があるなしにかかわらず，およそ今日の近代国家におきましては，国会が最高の機関である。そうして，すべての方策は国会で議決される予算なり法律でもって動いていく，これがまあ根本であろうと思います。その場合に，その国会でおきめになることをだれが言い出すかということについては，いろいろな考え方が立とうと思います。現行法でも国会みずからが発案されると，すなわち，国会の，具体的に言えば政党でございましょうし，国会の議員さん方が数名で発案されるという形式がある意味では一番すぐれた方式であるというふうに考えられるように私ども常々思っているわけであります。しかし，同時にまた内閣もやはり，政府，すなわち日本の国政を担当する行政の最高機関として，責任をもって法案をお出しになる。これまた確かに一つのやり方であり，そしてその内閣でお出しになった法案が国会で可決されますれば，それはりっぱに最高機関の権威を持った

決定として動いていく。これも非常に重要なやり方であろうと思います。ただ，その際に，それでは最高裁判所に提案権を認めてはどうかと，この点については，憲法なり国会法上そうなっているという以上に，やはり三権分立の精神から申しましても，そもそも裁判所というものはそういう形での政治責任を負うものではございません。したがって，裁判所は，定員法のようなものでございますとそれほど問題はないかもしれませんけれども，いずれこの参議院でも御審議いただきます，たとえば裁判所の管轄をどうきめるとか，あるいは裁判所の配置をどうするというようなことでも，やはり一つの政治問題でございますから，それについて政治責任を負うのはやはり内閣であり，最終的には国会でおきめになるという，こういう形であろうと思います。のみならず，現在の憲法では，最高裁判所はいわゆる違憲審査権というものを持っておるわけでございます。そうなりますと，違憲審査権を使いますためには，やはりこれは法律の制定の過程ではあまり裁判所というものが意思表示をするということは好ましいことではない。提案がおかしいばかりでなしに，実は私ども，法務委員会には，従来の慣例で出席いたしまして，そして法案の御審議の際にある程度の意見を述べさせていただいておるわけでございますけれども，しかしこれもかなりの場合には事務当局限りの意見であるというお断わりをしなければならないような場合が出てまいるわけでございます。ここで，この法律に御賛成申し上げるとか，あるいはこういう法案はできるとけっこうだと申し上げておいて，いざ最高裁判所はそういう法律は違憲だと言うことは十分あり得るわけでございます。いま問題になっております職員定員法のようなものにつきましては，これが違憲であるというようなことで問題になる余地はなかろうかと思いますけれども，一般的には，そういうわれわれは提案権が認められておらないし，認められないのが妥当じゃないかと思います。そういう関連でできておりまして，それでは裁判所の職員の数をきめるのは裁判所の仕事ではないのかということになると思います。私どもは裁判所の職員をきめることは非常に重要な裁判所の関心事であると思っておりますが，最終的には内閣が一つの政治的な責任を持って，これだけの裁判官で裁判を動かしていくべきものだと，たとえば訴訟遅延があるからどうかということは最終的には内閣の政治責任で判断し，そして最終

的な決定権は国会でお持ちになっておるということで，私どもはあくまでこ
こで御説明申し上げますのは，現在裁判官が何人ぐらいおり，欠員がどうな
っており，訴訟がどうなっておると，こういう実情であるということを申し
上げて，その資料のもとで国会の御決定をいただく，いわばその参考資料を
御報告申し上げておるというようなつもりでいつも出てまいっているような
次第でございます。

(58回　昭43・3・28〈参・法務委〉7号1頁)

(2)　裁判員裁判制度の合憲性

> □　第32条
> 何人も，裁判所において裁判を受ける権利を奪はれない。
> □　第78条
> 裁判官は，裁判により，心身の故障のために職務を執ることができないと決定された場合を除いては，公の弾劾によらなければ罷免されない。裁判官の懲戒処分は，行政機関がこれを行ふことはできない。

　こうした考えの下に，司法制度に関する法律についても，これまでその原案はほぼ例外なく政府によって国会に提出されてきた。これらの中でも，小泉内閣の下での司法制度改革関連の一連の法案は，対象範囲も広く，質量両面でかつてなく規模の大きいものであった[19]。特にこの司法制度改革のいわば目玉として導入された裁判員裁判制度は，画期的ともいえる裁判の仕組みの変更であり，国会でもその合憲性について議論が行われている。

　憲法は，刑事被告人を含め万人に「裁判所において裁判を受ける権利」を保障した上で（第32条），この裁判所を構成する裁判官の身分を保障すること（第78条等）によって裁判の公正を担保しようとしている。したがって政府は，司法に国民が参加することの意義を評価しつつも，これを制度化する場合には，

---

[19]　一連の司法制度改革法案は，内閣に設置された司法制度改革審議会（佐藤幸治会長）の意見書（平成13年6月12日）に基づき立案された。裁判員裁判制度については，意見書の102頁以下に提言されている。

以下のような視点からの検討が必要であるとしていた。

rec.147

○久世公堯君
……司法制度改革の検討の中では国民の司法参加を進めることが重要な柱になっているようですが，そのために裁判官のほかに一般国民である裁判員を裁判に関与させる，いわゆる参審制の導入が提唱されているとのことであります。これは，いわば素人が参加した法廷で裁かれるということであり，憲法では「何人も，裁判所において裁判を受ける権利を奪はれない。」と規定をされておりますが，憲法上問題はないでしょうか。お尋ねをいたします。

また，このことと関連をいたしまして，司法については公正な裁判を実現するための独立性の保障など，国民主権との関係では国会や内閣と異なる要求があると考えますが，いかがお考えでございましょうか。……

○参考人（横畠裕介君）
……まず，国民主権と司法というお尋ねでございましたけれども，御指摘のとおり司法と申しますのは，国会や政府のようないわゆる政治部門が基本的には多数決原理によって主権者である国民の意思を国政に反映させようとするものとはやや趣を異にいたしまして，やはり個別の事件における法適用を通じて，少数者の権利保護などを含みます法の支配あるいは法による正義を実現するということにその本質的な役割があると言われております。

そのため，憲法におきましては，裁判官の独立を厚く保障するほか，いわゆる司法権の独立を確保するということに特段の配慮をするとともに，さらに違憲立法審査権も与えているという状況にございます。

もとより，裁判官は憲法及び法律に拘束されるものでありますけれども，さらに国民主権の観点から司法権のいわゆる正統性を担保するための制度といたしまして，内閣による裁判官の任命，最高裁判所裁判官の国民審査，さらには国会による弾劾裁判の制度といったようなものを設けているものと理解しております。

さらに，いわゆる国民の司法参加の点でございますけれども，現在，種々の場面で議論が行われているものと承知しております。司法と国民の関係をより密接なものにするという観点で，非常に意義があるものと理解しており

ます。

　なお，憲法は，御指摘のように国民に裁判を受ける権利を保障するとともに，裁判所については基本的に，先ほども申し上げたような趣旨から独立性が保障され，中立，公正性が担保された法律の専門家である裁判官というものを基本的に想定しているというふうにも見えることから，学説上は若干見解が分かれております。したがいまして，そのような国民参加の制度を具体的に設計する段階におきましては，やはりその参加の態様でありますとか与える権限等について詰めた検討が必要ではなかろうかと考えております。

（151回　平13・6・6〈参・憲法調査〉9号6頁，内閣法制局第一部憲法資料調査室長）

　現行の裁判員裁判制度は上記の考え方を前提として，慎重な検討が重ねられた結果立案されたものであり，その合憲性については，次のように説明されている。

rec.148

○松村龍二君
……裁判員の加わった裁判所による裁判は憲法に違反するのではないかという意見がありますが，……この点に関しましてはどのようなふうに理解したらよろしいか，お伺いします。

○政府参考人（山崎潮君）
　憲法の関係でございますけれども，憲法は基本的な規定を三つ置いておりますけれども，まず76条以下では裁判官の職権の独立あるいはその身分保障，これについて定めております。それからもう一つは，32条で裁判所において裁判を受ける権利というものを規定していること。それから，37条で公平な裁判所の迅速な公開裁判を受ける権利と。大きく分けてこの三つを規定しているわけでございます。

　これの要請が何であるかということでございますけれども，やはり憲法は，独立して職権を行使する公平な裁判所による法による裁判，これが行われること，これを要請しているものと解釈することができるわけでございます。この法案における裁判員制度につきましては，この憲法の趣旨に従った，要請に従ったものであるというふうに考えております。

その論拠でございますけれども，まず法による公平な裁判を行うことができる裁判員を確保する，こういう要請が，必要がありますけれども，そのために，その資格に関する要件，あるいは職権行使の独立に関する規定等，様々な手当てをまず置いているということが一つでございます。二番目に，法による公正な裁判が保障されているというためには，適正手続の下で証拠に基づく事実認定が行われまして，その認定された事実に法が適正に解釈，適用される，この必要があるわけでございます。

この法案におきましては，法令の解釈については裁判官のみが判断の権限を有し，裁判員はその判断に従うということにされているわけでございますが，これに加えまして，裁判官と裁判員が対等な権限を有する事項についての判断は，その双方の意見を含む合議体の過半数の意見によるということにされているわけでございまして，こういうことによって適正な結論に到達すること，これができるということが予定されているわけでございまして，そういう意味から，この法案における制度は憲法の要請にこたえられる裁判を確保することが可能な制度ということになっておりまして，憲法上も問題ないというふうに考えているわけでございます。

（159回　平16・5・11〈参・法務委〉15号3頁，司法制度改革推進本部事務局長）

rec.149

○岩井國臣君
……日本国憲法第76条第3項に「すべて裁判官は，その良心に従ひ独立してその職権を行ひ，この憲法及び法律にのみ拘束される。」という規定があります。裁判官の職権の独立の規定でありまして，そもそも裁判官の独立の原則とは何かということがこの際問題になるのだと思います。

裁判員制度におきまして，裁判員の思いと職業裁判官の思いとが一致するということが必然でない以上，裁判員が職業裁判官を評議において拘束し得ることが前提となっているかと思います。

この点につきまして，憲法第76条第3項の原則に反するおそれがあるのではございませんか。

○政府参考人（山崎潮君）
確かに憲法76条3項に裁判官の職権の独立について規定がございます。

この規定でございますけれども，この趣旨は，裁判官が個々の具体的な訴訟事件の裁判を行うに当たって，外部の国家機関あるいは政党など，社会，それから社会的，政治的なそういうような勢力からいかなる命令や指示も受けてはならず，またいかなる圧力やその影響も受けてはならないと，こういう原則を示しているというのが一般的な解釈でございます。このように，この原則は，裁判のその合議体の外部の者からの独立，これを保障しているというものでございます。
　現行法上も，例えば，それぞれ独立して職権を行使する裁判官が合議を構成するわけでございますけれども，その合議が全員一致ならばそれはそれでいいんでしょうけれども，そうじゃない場合には最終的に多数決で決めるというルールになっているわけでございますので，そうなりますと，個々の裁判官の意見が通らないということもあり得るわけでございますけれども，これは憲法に違反するものではないというふうに考えられておりまして，これは外部からの圧力じゃございませんで自分たちの議論の中の多数決の問題だということで，そういうことを考えると，これは憲法には違反をしないというふうに考えられると思います。

（159回　平16・5・11〈参・法務委〉15号14頁，司法制度改革推進本部事務局長）

　ちなみに，裁判員裁判の合憲性が争われた事件の判決で，最高裁は，裁判員制度について「公平な『裁判所』における法と証拠に基づく適正な裁判が行われること……は制度的に十分保障されている上，裁判官は刑事裁判の基本的な担い手とされているものと認められ，憲法が定める刑事裁判の諸原則を確保する上での支障はない」として，その憲法適合性を是認している[20]。

(3)　裁判官の報酬の減額

□　第79条第6項
⑥　最高裁判所の裁判官は，すべて定期に相当額の報酬を受ける。この報酬は，在任中，これを減額することができない。

---

[20]　最大判平23・11・16刑集65巻8号1285頁。

□ 第80条第2項
② 下級裁判所の裁判官は、すべて定期に相当額の報酬を受ける。この報酬は、在任中、これを減額することができない。

平成14年に国家公務員の俸給の月額が引き下げられることになった。人事院勧告に基づく措置であるが、現行の憲法下では初めてのことである。政府は、裁判官の月額報酬についても同様に引き下げることを決めて、所要の法案を国会に提出した。このときに問題となったのが、裁判官の報酬を、その在任中、減額することができないとする第79条第6項及び第80条第2項の規定との関係である。

政府は、裁判官の給与を法律によって一律に、かつ、他の一般の国家公務員の給与の減額と同程度引き下げることは、第80条第2項後段等の規定の趣旨に反するものではなく、同項に違反しないとし、また、最高裁判所もその合憲性を裁判官会議において確認した旨を明らかにしている。

rec.150

○森山国務大臣
　憲法第79条第6項及び第80条第2項は、「在任中、これを減額することができない。」と規定しております。……

　ただ、……これらの憲法の規定は、裁判官の職権行使の独立性を経済的側面から担保するため、相当額の報酬を保障することによって裁判官が安んじて職務に専念することができるようにするためであるとともに、裁判官の報酬の減額については、個々の裁判官または司法全体に何らかの圧力をかける意図でされるおそれがないとは言えないことから、このようなおそれのある報酬の減額を禁止した趣旨の規定であるというふうに解されます。

　今回の国家公務員の給与の引き下げは、民間企業の給与水準等に関する客観的な調査結果に基づく人事院勧告を受けて行われるものでございます。このような国家公務員全体の給与水準の民間との均衡等の観点から、人事院勧告に基づく行政府の国家公務員の給与引き下げに伴いまして、法律によって一律に全裁判官の報酬について、これと同程度の引き下げを行うということは、裁判官の職権行使の独立性や三権の均衡を害して司法府の活動に影響を及ぼすということではないと思います。したがいまして、今回の措置は憲法

第Ⅱ章　統治機構

の趣旨に反するものではなくて，また同条に違反するものではないというふうに考えるわけでございます。

　そして，このように憲法の規定が解されることに加えまして，委員御指摘のとおり，今般の人事院勧告を受け，同勧告どおりの給与の改定を行う旨閣議が決定をしたこと，また，従来裁判官の給与については，国家公務員全体の給与体系の中で，その職務の特殊性を考慮しながらバランスのとれたものとするという考え方に基づいて改定を行ってきたことなどを踏まえまして，政府としては，裁判官についても，一般の政府職員の給与改定に伴いまして，報酬月額を，その額においておおむね対応する一般の政府職員の俸給の減額に準じて改正する必要があると考えまして，今般の措置を講ずることにいたしたものでございます。

○山崎最高裁判所長官代理者

　この問題につきまして最高裁判所の裁判官会議で議論がございまして，憲法上，裁判官の報酬について特に保障規定が設けられております趣旨及びその重みを十分に踏まえて検討いたしました。人事院勧告の完全実施に伴い国家公務員の給与全体が引き下げられるような場合，その場合に裁判官の報酬を同様に引き下げても司法の独立を侵すものではないということで，会議におきましては憲法に違反しない旨確認されております。

　その議論の参考に資するという趣旨で，下級裁判所の裁判官から，可能な限りでございますけれども意見を聴取いたしました。若干時期的な問題もございまして，これは全員からというわけにはいかなかったわけでございますけれども，相当数の判事あるいは判事補から意見を聞いて，これを参考にして，ただいま申し上げました結論に達したということでございます。

　　　　　　　　（155回　平14・11・13〈衆・法務委〉7号5頁，森山法務大臣）

　国家公務員の給与は，人事院勧告に基づいてその後は毎年のように引下げが行われていて，裁判官の給与もこれに準じて引き下げられるのが常例となっている。

(4) 裁判の非公開制度

> □ 第82条
> ① 裁判の対審及び判決は，公開法廷でこれを行ふ。
> ② 裁判所が，裁判官の全員一致で，公の秩序又は善良の風俗を害する虞があると決した場合には，対審は，公開しないでこれを行ふことができる。但し，政治犯罪，出版に関する犯罪又はこの憲法第三章で保障する国民の権利が問題となつてゐる事件の対審は，常にこれを公開しなければならない。

　平成15年の人事訴訟法の改正に際し，人事訴訟における当事者尋問等については，一定の要件を満たす場合に，裁判官全員一致の決定によって非公開とすることができる旨の規定が設けられた[21]。

　人事訴訟法のこの規定は，当事者の身分等に関わる重大な秘密について真実の供述が得られないために適正な裁判を行えない状況を，改めて裁判官の判断を俟つまでもなく定性的に，第82条第2項に規定する「公の秩序又は善良の風俗を害する虞がある」場合に該当し得るとしたものであり，法律上の制度として裁判の非公開を定めた初めての立法例であった。この規定と第82条との関係について，政府は次のように，裁判の公開は適正な裁判を実現するための制度的保障であり，公開の結果としてかえって適正な裁判の実現が妨げられるような場合には，そのことが同条第2項にいう「公の秩序……を害する虞がある」といえるから，この制度の憲法適合性に問題はないとしている。

---

21)　人事訴訟法第22条第1項
　　人事訴訟における当事者本人若しくは法定代理人（以下この項及び次項において「当事者等」という。）又は証人が当該人事訴訟の目的である身分関係の形成又は存否の確認の基礎となる事項であって自己の私生活上の重大な秘密に係るものについて尋問を受ける場合においては，裁判所は，裁判官の全員一致により，その当事者等又は証人が公開の法廷で当該事項について陳述をすることにより社会生活を営むのに著しい支障を生ずることが明らかであることから当該事項について十分な陳述をすることができず，かつ，当該陳述を欠くことにより他の証拠のみによっては当該身分関係の形成又は存否の確認のための適正な裁判をすることができないと認めるときは，決定で，当該事項の尋問を公開しないで行うことができる。

rec.151

○山内（功）委員

　人事訴訟については裁判の公開を停止するという規定も盛り込まれるわけですけれども，これについても，憲法上は裁判の公開が原則となっているので，適合性をどう考えたらいいのか……。

○房村政府参考人

　……憲法では裁判の公開を定めておりますが，今回の法案では，その 22 条で，当事者尋問等の公開停止ということを決めております。

　これは，要件といたしましては，当該人事訴訟の目的である身分関係の形成または存否の確認の基礎となる事項であって自己の私生活上の重大な秘密に係るものについて尋問を受ける場合において，その当事者または証人が公開の法廷で当該事項について陳述をすることにより社会生活を営むのに著しい支障を生ずることが明らかであることから当該事項について十分な陳述をすることができず，かつ，当該陳述を欠くことにより他の証拠のみによっては当該身分関係の形成または存否の確認のための適正な裁判を行うことができない，こう認めるときは，裁判官全員一致の決定で，尋問の公開をしないで行うことができる，こういうことを定めたわけでございます。……

　憲法で裁判の公開を保障しているということは，もともとそれ自体が目的ではなくて，裁判を一般に公開することによって裁判が公正に行われることを制度として保障したものというぐあいに理解されております。したがいまして，……裁判の公開を困難とする真にやむを得ない事情があり，かつ裁判を公開することによって，かえって適正な裁判，すなわち人事訴訟において適正な身分関係の形成または存否の確認が行われなくなる，こう認められるような極限的な場合において，なお憲法が適正な裁判の実現を犠牲にしてまで裁判の公開を求めているとは解されないわけでございます。

　そこで，今回，このような厳重な要件を定めまして，その公開の停止ということを認めることとしたわけでございますが，これは，憲法で言っているような，この条件を満たす場合にはまさに公の秩序を害するおそれがあるという場合に当たると理解しております。

（156 回　平 15・5・9〈衆・法務委〉11 号 4 頁，法務省民事局長）

同様の裁判の非公開制度は，その後，営業秘密をめぐる民事訴訟にも導入された が[22]，政府は，これについても人事訴訟における場合と同じく，適正な裁判の実現という観点から憲法第82条に適合する制度であると説明している。

rec.152
○角田義一君
……営業秘密の保護のために裁判の公開を停止する規定がありますな。……裁判というのは公開で行うというのがこれ大原則ですな。……しかるに，…特許であれ何であれ……私的紛争のために大原則である公開まで停止されるというのは一体どういう根拠なんですか，どういう合理性があってそのことをやるんですかな。……説明してくれませんか。

○政府参考人（山崎潮君）
　この点につきましては，……営業秘密との関係で裁判の公開を困難とする真にやむを得ない事由があるかどうかということ，それから裁判を公開することによってかえって適正な裁判が行われなくなるという言わばそういう極限状態のようなもの，こういうようなことが生ずる場合に，そこまでいってもその公開を貫かなければならないかどうかと，こういう点を考えたわけでございます。

　ここで，今，私的利益ということで今おっしゃられましたけれども，ここで今考えているのは，例えば不正競争による営業上の利益の侵害，あるいは，それから特許権の侵害等について現に誤った裁判が行われるおそれが生じ，ひいては営業秘密の保護を前提として形成，維持されるべき重要な法的，社会的秩序である公正な競争秩序，これをも失うおそれがあるというような場合には憲法の例外を設けてもいいだろうと，こういう議論をしたわけでございます。

　したがいまして，ここで要件を決めておりますけれども，営業秘密に基づく当事者の事業活動に著しい支障を生ずることが明らかであるということ，それから，当該陳述を欠くことにより他の証拠のみによっては適正な裁判を

---

[22] 不正競争防止法第13条。

することができないこと，こういう要件を2つ設けておりまして，やはり裁判の運営，正しい裁判の在り方に影響があってはならないと，こういう観点から設けたものでございまして，これ世界的にも各国で同様なものを大なり小なり持っておりますし，これに伴います例えば秘密保持命令，こういうものも世界各国で知的財産関係では持っているという状況でございまして，私ども，世界的に見てもそれほど特異なことをやっているということではないということで御理解を賜りたいと思います。

（159回　平16・6・3〈参・法務委〉22号11頁，司法制度改革推進本部事務局長）

(2)から(4)までにみたように，司法に係る憲法の規定についての政府の解釈は，条文の文理に拘るのではなく，公平・公正な裁判を保障するという憲法の趣旨・目的を基軸として展開されているといえ，具体的な制度や施策の合憲性の検証も，このような趣旨・目的に適合するかどうかを中心に行われてきたと考えられる。

4　財　政

(1)　国会の予算修正権能

□　第83条
国の財政を処理する権限は，国会の議決に基いて，これを行使しなければならない。
□　第86条
内閣は，毎会計年度の予算を作成し，国会に提出して，その審議を受け議決を経なければならない。

憲法は，第83条においていわゆる財政民主主義を宣明している。第84条以下はこの思想の具体化ともいえるが，国会における予算[23]の審議は，内閣と国会が正面から対峙する代表的な場面であろう。憲法は，第73条第5号や第

---

[23]　内閣が国会に提出する予算は，法律案とは異なり，国会の議決を得るまでの間であっても予算案とはよばれない（第86条参照）。

86条から明らかなように，予算を作成する権限を内閣に専属させる一方で，第86条において，国会による審議と議決を予算成立の条件としている。

　そこで問題になるのが，内閣の予算作成権と国会の議決権，より具体的には審議結果を踏まえての予算の修正権限との関係である。与党が衆議院の過半数を占めるのが常であり，かつ，予算についての議決は衆議院の優越が定められている（第60条第2項）ことから，実際に国会が予算書の款や項の新設を伴う予算の増額修正を行った例はないが[24]，国会での予算の修正，とりわけ増額修正の可否については，少なくとも政権交代前の自民党政権下では，政府の見解と野党の主張との間に大きな隔たりがあった[25]。以下の応答にそれぞれの論拠が詳細に示されている。

rec.153

○真田政府委員

　国会の予算修正についての政府の見解を改めて申し上げます。

　　　　国会の予算修正について

　　国会の予算修正については，それがどの範囲で行いうるかは，内閣の予算提案権と国会の審議権の調整の問題であり，憲法の規定からみて，国会の予算修正は内閣の予算提案権を損わない範囲内において可能と考えられる。

以上でございます。

○矢野委員

　いまお示しいただきました政府の国会の予算修正権についての御見解でありますけれども，まず基本的なことから伺いますが，2月8日にお示しになりました政府見解，これとどこがどう違うのかという問題が具体的な課題になってくると思います。読めばわかるというようなものでありますけれども，2月8日の政府見解 資料2-6 では，三つの項目から見解が成り立っておりました。きょうお示しの見解は，この二番目の見解，おおむねこの見解をお示しになった。つまり一番目と三番目の見解は本日の見解には記載されておら

---

24) 予算総則の条項の追加といった軽微な修正は，過去4回行われている。
25) 国会法は，増額修正を含め，各議院における予算の修正に関する規定を置いている（第57条の2，第57条の3）。

ないわけでありまして，政府の真意と申しますか，この辺のところからお伺いをしたいと思います。

○真田政府委員

お答えいたします。

ただいまお示しいたしました国会の予算修正についての政府の考え方は，従来から申し上げておりますし，また，去る2月8日の当委員会において申し上げました考え方と基本的には変わっておらないわけでございますが，ここで特に申し上げたいのは，必ずしも歳出予算の項の新設にはとらわれないという姿勢をあらわしておるつもりでございます。

○矢野委員

2月8日の政府見解第三番目の項目では，簡単に言えば三つの内容から成り立っておると思うのです。一つは，いわゆる款，項——項の新設の問題につきましては，項が予算の議決科目の単位であり，これによって表現されるものであることを考えると，一般的に言って内閣の予算提案権との関係からむずかしかろうと考える，これが一つです。

二つ目には，また仮に項の新設でなくても，既存の項の内容が全く変わってしまう修正であれば，同様の趣旨から問題がある，これが二番目の問題。

三番目には，個々のケースに即して判断すべき問題だという表現があるわけですね。

きょう，政府見解としてあえてこのくだりについてお触れになっておらないということは，これは従来から政府が述べてこられた見解であったわけですけれども，これをもう撤回された，このように理解してよろしいのか，あるいはまた別のお考えがあるのか，これを総理から伺いたいと思います。

○福田内閣総理大臣

本日の見解をもって正式の見解である，こういうふうに御理解願います。

○矢野委員

そうしますと，かねてからの歴代内閣が示してこられた統一見解，あるいは本予算委員会でお示しになった政府の見解，具体的には，項の新設，項の付加，こういった問題は政府の予算提案権の侵害になる，損なうものであるという意味の従来のお考えは，いま政府のとるところではない，そういう考

え方は持たない，こういうことで理解してよろしゅうございますか。……
○福田内閣総理大臣
　それはケース・バイ・ケースで決定すべき問題である，そういう理解であります。
○矢野委員
　整理して申し上げますと，従来は，項の新設，付加というものはケース・バイ・ケースという概念を超えて，およそこれは予算提出権の侵害になる，だから，もう入り口でシャットアウト，こういう判断であった。しかし，いまの総理のお答えによりますと，必ずしもすべて項の新設，付加というものは認めない，政府の判断としてそれは予算の提出権侵害になるというものではない，つまり侵害にならない項もあれば，侵害になる項もある，こういう御判断でございますか。
○福田内閣総理大臣
　そのとおりの見解でございます。
○矢野委員
　そうしますと，やはりその侵害になるという項と，侵害にならないと判断できる項というのは一体どういうことなのか。……具体的にお答えを願いたいと思います。
○福田内閣総理大臣
　これはなかなか具体的にお答えはできないのです。つまり，政府の予算提案権を損なわないという修正は，これは国会においてすることができる，こういう見解でありまして，その限界点がどこかということは，これは個個のケースで判断をする，こういう趣旨でございます。
○矢野委員
　問題点は二つあると思います。一つは，私がいま整理して申し上げたとおり，項の新設，付加についてはすべてだめという判断はとらない，場合によっては新しい項のつけ加えも提案権を侵害するものではない，こういう判断をお示しなさった。これが一つの特徴であろう。これは従来のお考えから見れば前進であると私は評価するにやぶさかではございません。
　しかし，もう一つの問題は，やはり依然として国会の修正権に対して限界

があるという基本的な態度は貫いていらっしゃるわけなんですね。私たちは，憲法構造から見て，立法府の予算修正権というものは最終かつ完全な権限を持っておるのだという判断に立って議論を進めてまいりました。もちろん，この最終かつ完全と申しましても，修正した結果歳出と歳入が金額が合わないというようなでたらめな修正，あるいはまた，いままでの予算規模を十倍にしなさいというような，常識的に見て納得できないというような修正，つまり客観性のない修正というものは，これは議会の良識の問題としてとるべきではない，そういう意味においては，おのずから良識の問題として，節度の問題として私たちは限界というものを心得なくてはならぬ，こういう判断を持っております。しかし，立法府と行政府の間柄の問題として，政府から立法府の修正権には限界があるんだなどと言われる筋合いは全くない，こういう判断を私たちは持っておるわけなんです。こういう二つの問題があるわけです。

　この問題について具体的に伺っていきたいと思うのですが，まず修正権に限界がある，それは政府の予算提出権を損なわない範囲で可能なんだ，その損なわない範囲というものは，一体だれが判断するのでしょうか。総理が判断なさるのですか，それとも国会が判断するのでしょうか。あるいはまた，そういう損なわない範囲について判断をする主体になるものは何かということとあわせて，先ほど伺っておるように，範囲を超えるこの範囲とは一体何だ，この二つをひとつ具体的に聞きたいのです。

○福田内閣総理大臣

　どうもその限界点を判断する機関というものは私はないと思うのです。これはやはり国会と政府が連帯と協調というか，そういう中において判断をするというほかはないのじゃないか，そういうふうに考えます。

○矢野委員

　国会と政府が判断するんでしょうか。国会が判断するんじゃないでしょうかね。これは国会のみがその判断をなし得るのではないかと私は思いますけれども，どういう法理論に基づいて政府がその判断ができるという理論をお持ちなんでしょうか。

4　財　政

○福田内閣総理大臣

　政府に提案権があるわけですから，政府も判断の主体となる，こういう見解でございます。

○矢野委員

　提案権を持ち出されるとこちらも理屈を言わなければならぬわけでありますけれども，憲法の規定によりますと，第83条では「國の財政を處理する権限は，國會の議決に基いて，これを行使しなければならない。」これは御存じのとおりであります。これは財政における国会中心主義の原則というものをきわめて端的に表明しているわけですね。しかもこの規定は，新憲法下の財政会計制度のあり方の基本理念を明らかにした規定である。そして財政に関する憲法の諸規定，この後に83条以降ずっとあるわけですけれども，そういう諸規定の中でもすぐれてその根幹をなす規定である，このように私たちは理解をしておるわけです。したがって，いま総理がおっしゃった内閣の予算提出権，これは私，虚心坦懐にこの文面を分析しますと，86条では「内閣は，毎會計年度の豫算を作成し，國會に提出して，その審議を受け議決を経なければならない。」という規定でありまして，これは一面では内閣の予算提出権あるいは編成権というものを規定しておると私は解釈できると思います。そのことまで否定しようとは思いません。しかし，あくまでもこの文面の趣旨は，そういう内閣の提出権というよりも，むしろ内閣の国会に対する義務というものを第一義的に明らかにしておる。予算を提出しなくてはならぬ，編成しなくてはならぬ義務という色彩が濃い。しかもこの86条というものは，先ほど申し上げた83条の財政における国会中心主義という基本的な規定，これに基づいてこの86条というものが成り立っておるのであって，86条と83条が別個に，競合する形で成り立っておるとは私たちは理解しておらないし，またそれが憲法の正しい解釈だろうと思うのですよ。そういう立場からいきますと，そう抽象的な言い方で内閣の予算提出権，これを国会に押しつけるような調子でおっしゃることは誤りではないか。むしろ正しい解釈は，国会に完全かつ最終的な修正権がこれはもう憲法に基づいてあるのだから，その判断に政府は従っていく。もちろんその前提として編成なり提出する権限は政府にある。そして政府としてのみがたい修正，とて

もとても賛成しがたい修正というものがもし国会によって行われた場合には，それは内閣が総辞職をなさるか，あるいはまた解散という形で国民の審判をお受けなさるか，こういうことが憲法構造の正しい解釈であると私は思うのですけれども，その辺ひとつ総理，そうあいまいな抽象的な言い方では将来やはり議論を残すことになるかと思いますので，明確に伺っておきたいと思います。

○真田政府委員

　憲法にただいま矢野先生がお示しになった規定があることはもう明瞭でございます。83条に「國の財政を處理する權限は，國會の議決に基いて，これを行使しなければならない。」これはいわゆる財政に対する国会のコントロールを書いたものであることは当然でございます。ところが，先ほどもお示しになりましたように，やはり内閣に予算の作成権限がある。それは73条でございましたか，それにも書いてございますし，これはやはり議院内閣制のもとにおいては国会で指名を受けた内閣総理大臣が内閣を組織しまして，そこで政策を立てる，その政策は予算という形で示されるわけですから，そういう意味でやはり内閣の，つまり政府の予算作成権，提案権，これはやはり憲法はかなり重視しておると見ていいのだろうと思うのです。もちろん国会はそれを議決するという権限をお持ちですが，先ほど総理からお話にありましたように，この提案権と議決権とを解決する第三者機関というものはないわけなんですね。これは憲法裁判所というものが制度上でもあれば話は別なんですけれども，現在の裁判所は，そういうものは恐らく裁判にはなじまないのだろうと思うのです。ですから，提案権と議決権との調整は，それは両者よく話し合って，そこで調整点を見つけ出して，しかるべき方法で処置していくということを憲法は期待しているのだというふうにわれわれは思うわけでございます。

○矢野委員

　それは長官，おかしいのでして，あくまでも長官の御答弁は，この修正の範囲について，政府見解によればということになるわけですけれども，この範囲までは政府の予算提出権を損なわない，これは損なうのだ，この判断は政府と国会が話し合って決めるのだということですね。いま問題は，法律論

の憲法の解釈の問題として議論が進んでいるわけでして，話し合いが進むということなら裁判なんか要らないわけであって，全部示談で解決するのです。話し合いができないときには，法律論で問題を処理をしている限りはこれは適法なのか違法なのかという問題が出てくるのです。その場合のこれは適法なんだ，これは違法なんだ，前提で考えた場合，話がつかない，それは一体だれが判断するのですかということを私は聞いているのです。話し合いですか，やはり。長官，どうですか，議会が決めるのじゃないですか。
○真田政府委員
　それはやはり国会側と内閣，政府との間の良識のある協調によって決めるということを憲法は期待しておると思います。
○矢野委員
　国会がそういった問題について最終的な判断を示すということが，憲法の基本的な精神じゃないかと私は思うのですけれども，いかがでございますか，長官。国会の決定あるいは意思以上に，この予算修正の範囲について，あるいはそれが適法であるか違法であるかという判断について，判断する別の機関があるのですか。教えてください。
○真田政府委員
　それは先ほどから繰り返して申しますように，最終的にいかなる修正もできるというようには憲法は読めないというわけでございます。つまり，国会側だけで，お言葉をかりれば，国会の権能として国会のみの判断でいかような修正，つまり提案権を損なうような修正までできるとは憲法は読めないということです。
○矢野委員
……これはたとえば，抽象論，一般論として伺います。社会福祉を社会正義回復という立場からふやさなくちゃならない，しかし，いわゆるいままでの社会福祉の項とは別の項を設けるべきであるという主張，あるいはまた住宅ローンというものについて利子補給をしなくちゃならない，こういう判断を持って，そういうことについて新たに項を設けて予算措置をする，修正をする，たとえて言えばこういうたぐいの修正，これはもうケース・バイ・ケースじゃない，具体的なケースを私は示しておるわけでございまして，あるい

はまた会社臨時特別税というものを新たに設けて修正をするというやり方，こういうものについてはイエスの方の項目なんでしょうか，ノーという項目なんでしょうか，一般論としてまず伺っておきたいのです．
○福田内閣総理大臣
　これはケース・バイ・ケースですよ，要するに．これは１兆円の福祉予算を編成すべし，そのための新たなる項を立つべし，こうなるとなかなか問題があるんだろうと思います．しかし，ささいな手直しだというようなことでありますれば，私は提案権を妨げるというような色彩がないのじゃないかと思いまするけれども，事は具体的にこういうふうに予算全体を変えるんだというようなことがないとどうもお答えがむずかしいですな，これは．
○矢野委員
……あなた方がお考えになるささやかでない修正がもし国会で行われた場合は，このときは総理は拒否なさるつもりですか．拒否できるとするならば，それはどういう根拠があるんでしょうか．
○福田内閣総理大臣
　これは政治問題として重大な措置をとらなければならぬ，そういうふうに考えます．
○矢野委員
　ということですから，結局あなたはいまの言葉の上からも，国会における修正権というものは，それはお言葉の上ではケース・バイ・ケースだ，やはり予算の政府の提案権を損なわない範囲だ，限界があるのだと言われながらも，やはり国会においてささやかでないと判断される修正が行われた場合は重大な政治判断，つまり，拒否はできない重大な政治判断というのは恐らく総辞職とか解散ということをやはり意味されておるのだろう．拒否なんかできる論拠が長官ありますか．国会が決めた修正に，こんな修正，気に食わぬから政府は乗れません，こんなことを言える根拠はありますか．これがないとするならば，国会の修正権は最終かつ完全じゃありませんか．
○真田政府委員
　先ほど来申しますように，憲法は明瞭に政府に提案権があると書いてあるわけですね．それから，一方国会は議決権がある，修正権もある，そしてそ

れは憲法の解釈上，提案権を損なわない限度であろうというふうに，まあ，そこまではおわかりくださったようでございますが，それは第三者機関としての解決，審査機関はないわけですから，双方で協議をして，そうしてお互いの立場を尊重して調整点を見つけ出すということを憲法は期待しているということを言ったわけなんです。だから，憲法はそういうことを期待しているのである，もしその提案権を損なうと思われるようなことをおやりになれば，内閣としては，ただいま総理が仰せられましたように，重大な決意をしなければならぬことになるだろうと……。
○福田内閣総理大臣
　この問題は，結局，憲法上限界を決める，こういう機関がないのです。結局，国会，政府に対しまして良識を期待しておる，こういうことだろうと思うのです。お互いに良識でいくほかはない，そういうふうに考えます。
○河村委員
……憲法73条は，ただ内閣の職務という項目の中で，いろいろな権限と並んで第5項に「豫算を作成して國會に提出すること。」内閣の職務としてこれが書いてあるだけですね。それにもかかわらず，まるっきり同一性を失わせるような，そういうような修正というならともかく，国会の修正に対してきわめて制限的に，さっき総理は，ささいな手直しならよろしいがというような言葉まで使われておるが，そこまで制限的に考えるという論拠は一体どういうことなんですか。その条項の立法趣旨をどう考えているのですか。
○真田政府委員
　きょうお示ししました見解の中で，憲法の規定から見てという文句が入っておりますが，それは砕いて申しますと，国会に予算についての議決権が与えられている。一方73条で政府に提案権が与えられておる。これは職責だとか職務だとかおっしゃいましたけれども，これはまさしく内閣の権限でございまして，それは他の条項などと読み比べていただきますと，これは内閣の権限であることはもう明瞭でございます。
○河村委員
　内閣の権限であることは全然否定をしていませんが，非常に制限的に解釈をしなければならないという読み方はここからはどこからも出てこない，そ

第Ⅱ章　統治機構

れはそうですね。提案権があるからまるっきり予算案そのものをぶち壊してしまって，同一性が喪失してしまう，全く新しい提案と同じような予算であるというようなことはできないということまではこれは常識的に理解できるが，非常に制限的に考えるという，そういうものはここからは何も出てこないでしょう。

○真田政府委員

別に制限的にというふうに見解を示したわけじゃございませんのであって，提案権はあることは御了解いただきましたが，その提案権を損なわない範囲であるということなんで，特に制限的に物事を考えるという根本思想ではございません。

○河村委員

じゃ，非常に制限的な解釈はとらないということは確認してよろしいですね。

そこで，法律論で言えば，国会の予算修正権に対する法律の条文での唯一の制限というものは国会法57条しかないのですね。国会法57条の2では，予算修正動議の発議権，ここで衆議院ならば50名，参議院ならば20名以上なければ発議ができないという規定と，それから57条の3の予算増額修正と内閣の意見陳述という項，ここで予算総額の増額修正については，「内閣に対して，意見を述べる機会を与えなければならない。」，そうですね。だからこの二つだけが国会の予算修正に対する唯一の制限規定なんだ。それ以外には何もない。修正は一般的に認めて，増額修正についてだけこういう規定がある。それは反対解釈をすれば，国会の修正というのは原則的に自由である，そういうことになりますね。

○真田政府委員

ただいま御引用になりました国会法57条の2，57条の3，これは修正をされるについての手続規定であろうと思います。それで，先ほど来ここで問題になっておりますのは，国会がお持ちになっておる予算についての修正権の内容といいますか，幅といいますか，その問題でございますので，少し面が違うことではないかと思います。

○河村委員

　そういう解釈は成り立たないのであって，ここではわざわざ増額修正するときには「内閣に対して，意見を述べる機会を与えなければならない。」，ここで内閣の提案権というものを尊重して，だから内閣の意見を聞かなければならないというそういう制限をつけているわけだ。だから，単なる手続規定ではありませんよね。これ以外に一切，憲法の73条以外には国会の予算修正権を制約する規定はない。そうであれば，当然普通に法律常識で読めば，反対解釈としてそれ以外のときには制約はないと解釈するのは当然でしょう。ここでわざわざ内閣というのが出てきているわけですよ。提案者である内閣の意見を聞かなければ増額修正はできないということがわざわざ出てきているでしょう。だから，当然反対解釈が成り立つと考えるのはあたりまえじゃありませんか。

○真田政府委員

　議論を繰り返すようなかっこうになりますけれども，先ほど来申しておりますように，憲法の解釈としてわれわれは国会の予算についての修正権には提案権を損なわない範囲という限定があるだろう，その範囲内で修正をなさるときの手続をこの国会法が57条の2，57条の3で定めているというふうに解釈されるわけでございます。

○河村委員

……そこで伺いますが，政府の憲法解釈というものはどういう権威を持つものですか。総理大臣，どうお考えです。政府の憲法解釈というのは一体どういうオーソリティーを持つものなんです。

○福田内閣総理大臣

　憲法の解釈はなかなかむずかしいところがありますが，その中で政府の見解は，これは非常に大きな重みを持つ，こういうふうに考えております。

○河村委員

　解釈権がないとは言いませんが，これは別段第一次的に法律や予算を執行する立場だから一応法律解釈をしてやらなければ仕事にならないでしょうから，それはそれで構いませんが，しかし，これは決して有権的解釈ではなくて，それで国会を拘束するものではない。そこまではよろしいですね。

第Ⅱ章　統治機構

○福田内閣総理大臣
　憲法の解釈はこれをどういうふうにするかということを決める機関がないのです。これは私は日本国憲法はそのつかさ，つかさがこの憲法を良識をもって判断するということを期待している，こういうふうに思います。
○河村委員
　ないことはないのですね，事後的には。もし国会が予算を修正した，それが憲法に違反であると政府がお考えになれば，それは裁判所に違憲訴訟を起こせばいいわけですね。それで憲法81条，憲法に適合するかしないかは最終的には最高裁判所，だから有権的解釈を本当にできるのは最高裁だけであって，そのほかは，解釈権というのもおかしいが，その解釈の有権性については政府も国会も同じだ，そういうことでしょうね。
○真田政府委員
　ただいま憲法第81条を御引用になりましたけれども，なるほどそこには最高裁判所は最終的な憲法適否の審査権があると書いてございますけれども，ただいまここで問題になっているような予算に対する国会の修正権の問題，これが訴訟事件として最高裁判所に上がる，上告されるというようなケースはちょっと考えられないのじゃないかと思います。
○河村委員
　いや，私もそれは認めております。これはそのまま裁判所が自主的に出てきて裁くわけにいくわけがないのですから，すぐには使えません。ただ，私が言いたかったのは，政府は政府の解釈が非常に有権的な解釈であるかのごとくおっしゃっておるけれども，実は本当に有権的に解釈できるのは最高裁判所だけであって，政府のは，まあ有力と言ってもよろしいかもしれないが，一つの解釈である，そこまではよろしいのですね。
○福田内閣総理大臣
　そこまではよろしゅうございます。
○河村委員
　そこで，さっき法制局長官も国会の予算修正権について決して特別に制限的に解釈をしているわけではないというところまで言いましたね。ところがこの前の第一次見解だとずいぶん細かいことを言っておりますね。いかにも

制限的に書いてある。そうすると，今回いろいろな雑物を取り除いて非常に抽象的ではあるが簡潔になったということは，そういう制限的なものではなくて憲法の規定そのものから出てくる解釈というものは，国会の修正がまるっきり新しいものを出すようなもの，さっき公明党の矢野さんは予算を十倍にするとか十分の一にするとかという例を引きましたが，とにかく換骨奪胎してしまって，提案した予算とは思われないようなものにしてしまう，そういうものはいけないのだ，政府の提案権に対する侵害というものはそういうものだ，そういうふうに解釈してよろしいのでしょう。

○福田内閣総理大臣

　予算の根幹を動かすような影響のある修正というものは制限されている，私はこういうふうに思うのです。つまり，憲法は法律案につきましては国会に提案権を認める，しかし予算案につきましては国会には提案権を認めておらないわけです。何だと，こう言いますと，これは予算というのは非常に総合的なものである，そういうことを配慮してのことであろう，こういうふうに思うのです。ですから，その総合的な非常に複雑な予算案，その根幹を揺るがすような修正，これは提案権を政府にのみ専属せしめたという憲法の趣旨と違ってくるのじゃないか，こういう見解です。

○寺前委員

　……総理は，ケース・バイ・ケースだということをおっしゃいました。だから，どういうケースの場合がこれは提案権を侵すことにならないんだという，何か経験の上からも，あるいはいまの上においても見解をお持ちだろうと思うのです。……私は，そのケースを具体的にお教えをいただきたいと思うのです。

○福田内閣総理大臣

　私がケース・バイ・ケースと申し上げましたのは，予算の提出，この趣旨を損なうような，先ほどは根幹を揺るがすようなというふうに申し上げましたが，予算というものは非常に総合的なものであります。その総合性を損ない，その根幹を揺るがす，そういうような修正は憲法上禁じられておる，こういうことなんです。

　そのいかなる場合が予算の重要な修正というふうになるか，これはそれこ

そケース・バイ・ケース，ケースを見て総合的に判断をする，こういうことでございます。

○寺前委員
……具体的に国民の課題として産業投資の問題とかあるいは被爆者の問題とか，こういう施策にかかわる問題は明らかに項にかかわる問題として出てきているものを，ここで審査をして修正をしてもらっては困るのだとあくまでも言い切られるのかどうか，この点について再度お聞きしたいと思う。

○福田内閣総理大臣
　ただ単に項という問題にこだわる考えはありませんけれども，予算の根幹というか，その趣旨を没却するような，そういう修正につきましてはこれは応じかねる，こういうことを申し上げておるわけでございます。いろいろ設例がありましたけれども，予算というものは総合的なものでございまして，総合的な全貌を見なければ何とも意見は申し上げられません。

○寺前委員
……先ほどから論議になった点ですけれども，この憲法の83条なり86条，ここで，たとえば86条には，「内閣は，毎會計年度の豫算を作成し，國會に提出して，その審議を受け議決を經なければならない。」こうなっています。そこで内閣は予算を作成するんだ，国会に出すんだ，こうなっておる。国会に案件としてお出しになった以上は，その審議をするのは国会の側だと思う。この審議にあなたたちは制限があると言われるのか，全面的に出された案件としての予算について自由に御審議くださいとおっしゃるのか，審議の問題についてまずお聞きしたいと思う。

○真田政府委員
　お挙げになりました条文にありますとおり，政府は毎年予算を作成して国会に提出して議決を受けます。議決されるのは国会でございますから，御審議も十分自由になさって結構なんですけれども，一方政府の提案権というものも憲法に書いてあるわけですから，その修正をされるについては提案権を損なわない範囲で許されるのだろう，こういう意味でございます。

○寺前委員
……案件を提起して審議をするのは国会でしょうと言うのです。その国会の

審議に制限がありますかと聞いたのだ。……あるのですか制限が，審議に。
〇真田政府委員
　審議は十分なさって結構なんですが，審議の結果，審議をするのは議決するための手段として審議なさるのですから，審議は十分お尽くしになって，その結論として議決されるときの修正権の範囲がきょうここで問題になっている案件だろうと思います。

　　　（80回　昭52・2・23〈衆・予算委〉12号28頁，35頁，真田内閣法制局長官）

　政府の見解は，学説上は必ずしも多数説とは言いきれないが[26]，予算の大幅な修正のためには法律案の修正とは違って膨大な実務作業が必要になると考えられるほか，特に増額修正をする場合には，税法の改正等を通じてその財源を確保することも必要であり，国会において大規模な予算の修正を行うことは，実際には必ずしも容易ではない。このこともこれまで基本的には予算修正が行われることがなかった一つの要因であろう[27]。

資料2-6

〇真田政府委員
　国会の予算修正に関しまする政府の見解を申し述べます。
　一，予算については，憲法上内閣にのみ提案権が与えられており，一方，国会はこれを審議し，議決する権限を有する。
　二，国会の予算修正については，増額修正を含めて可能と考えるが，それがどの範囲で行い得るかは，内閣の予算提案権と国会の審議権との調整の問題であって，前記のような憲法の規定から見て，国会の予算修正は，内閣の予算提案権を侵害しない範囲内において可能と考えられる。
　三，御指摘の「項」の新設の問題については，「項」が予算の議決科目の単位であり，政府の施策がこれによって表現されるものであることを考えると，一般的に言って，内閣の予算提案権との関係からむずかしかろうと考える。
　また，仮に，「項」の新設でなくても，既存の「項」の内容が全く変わってしまう

---

[26]　国会の予算修正権に限界がないとする見解として，宮澤俊義＝芦部信喜『全訂　日本国憲法』（日本評論社，1978年）725頁，佐藤・前掲注18）1136頁以下などがある。
[27]　予算については野党からはしばしば組換えを求める動議が提出される。これは，国会における予算修正が実務上困難なことを踏まえ，内閣に対して，審議中の予算を撤回した上で当該動議の趣旨を踏まえて再提出することを求めるものであるが，憲法施行直後の第2回国会の1例を除いて可決されたことはない。

ような修正であれば，同様の趣旨から問題がある。
　しかし，具体的にどのような修正が予算提案権を侵害することになるかは，個々のケースに即して判断すべき問題であると考える。
　　　　　　　　　　　　（80回　昭52・2・8〈衆・予算委〉3号12頁，内閣法制局長官）

(2) 予算と法律の不一致と予算の空白

　政府は毎年度，常会に提出する法案については，その執行が予算と不可分のものを予算関連法案としてその他の法案と区分して明示するとともに[28]，その国会への提出期限も通常はその他の法案よりも1カ月ほど早く設定している。これは国会が予算を審議するに際して関係の法案の内容を知る必要があるためと考えられるが，同時に，予算と予算関連法案のいずれをも年度内に成立させ，双方を整合的に執行するためには，予算関連法案についての国会の審議時間を年度内に十分確保する必要があるという政府の意図によるものでもあろう。

　しかしながら，国会においては予算と予算関連の各法案とはそれぞれ別個の議案として審議されることに加え，その成立要件が異なるため，必ずしも毎年度，予算と予算関連法案のすべてが政府の期待通りに年度内に成立するわけではない。与党勢力が参議院で過半数を下回った結果，2011年度，2012年度においては，予算は年度内に成立したものの，いわゆる特例公債の発行根拠法案の成立が大幅に遅れ，国庫の資金繰りが危惧される状況になったことは記憶に新しい。

　このように予算と予算関連法案のどちらかが年度内に成立をしないために，相互に齟齬が生じる状態は，一般に予算と法律の不一致とよばれる。予算と法律の不一致には予算のみが成立して関係の法案が成立しない場合と，法案は成立して年度当初から施行されているのに予算が議決されないために必要な歳出ができないという場合とがあり得る。前者の場合，2011年度，2012年度のように成立しない法案が歳入に関連するものであると，歳入に支障を来すおそれ

---

28)　国会（常会）に提出を予定している法律案等の件名・要旨を取りまとめた「内閣提出予定法律案・条約要旨調」等において，予算関連の法律案は※印を付けて表示されることから，俗にコメ法案とよばれている。

があるが[29]、歳出に関連する法案であれば、支出が遅れたり、予算に余剰が生じたりするに過ぎないから、法的にも、また実務上も大きな問題は起きない。これに対して年度内に予算が成立しない場合は、新たに成立した法律の施行に必要な支出だけではなく、例えば失業給付金の支給や公務員の給与の支払など、既存の義務的経費の支出も行えなくなってしまう。

憲法には予算が年度内に成立しない場合を想定した規定はないが[30]、財政法ではこうした事態に備えて暫定予算の制度を設けている（同法第30条）。この暫定予算は速やかな成立を図る必要があることから、通常、これに政策的な経費が計上されることはない。

もっとも憲法は予算について、衆議院の先議とその議決の参議院の議決に対する優越及び衆議院での可決から30日後のいわゆる自然成立を規定している（第60条）ことから、予算が衆議院を通過した時点で、その最も遅い成立日を見通せることになる。このため、過去、3月初旬に予算が衆議院を通過したときに、政府がその年度内成立を期待して、暫定予算の作成を行わなかったにもかかわらず、参議院において年度内の議決が得られなかった結果、新年度当初に予算が存在しないという、いわゆる予算の空白を招いたことがしばしばあった。およそ憲法の想定しないこの予算の空白について、政府は次のように述べている。

rec.154

○田代富士男君

大蔵大臣と法制局長官にお尋ねいたしますが、同僚の竹田委員からも質問がされておりましたが、予算の空白というのは法律上認められておりますかどうか。それは法治国家で許されますか。また、憲法73条1号の「法律を誠実に執行し、」という規定を遵守したことになりますか。この点、明確にお答えください。

---

29) 予算の歳入は、歳出のように確定的な金額ではなくて収入の見積もりであるから、国庫が払底してしまうような事態を別にすれば、景気動向等による多少の変動は予算成立後においても生じ得る。歳入不足に対しては、一般には年度内に補正予算を組むことによって対処している。

30) 明治憲法は、「帝国議会ニ於テ予算ヲ議定セス又ハ予算成立ニ至ラサルトキハ政府ハ前年度ノ予算ヲ施行スヘシ」と定めていた。

第Ⅱ章　統治機構

○政府委員（松下康雄君）

　御指摘の第一点のいわゆる予算の空白期間でございますけれども，4月1日以前に成立しておるべき予算につきまして，まだその成立を見ていないという状態でございますが，この状態は法律の規定に基づくものではもちろんございません。いわば現在の財政会計制度上はこれを予定していないという状態でございます。

　この場合に，法律上このような状態が違法であるかどうかという点につきましては，むずかしい御質問でございますが，法律の特定の条文に違反をいたしておるといいますよりは，そのような現実に制度の予想していない状態が起こり，かつ，そのために国の行うべき支出が行うことができないという不都合な状態を生じておりますことから，決して適切な状態であるというふうには申せませんけれども，そういういま現在の状態であると思います。

　憲法との関係は，これは私からお答えするのはむずかしい問題でございますが，これも明文に違反しているという状態には至っていないものだと考えております。

○政府委員（角田禮次郎君）

　主計局長の答弁で大体尽きておると思いますが，御指摘のように現在57年度予算は成立していないわけでございますから，予算の成立を前提として国費を支出するというようなことは絶対に許されない，もしそれをすれば違法であるということはもう明らかであると思います。

　ただ，それはそれとして，一方において現実に国政を運営するという立場から見て，少なくとも形式的な違法ということのそしりを避けつつ必要最小限度の財務処理を行っているということが偽らない現実の姿だと思います。

　しかし，それはいま主計局長の答弁にもありましたように，現在の制度の上で予想されている，あるいは真正面から容認されていることでないことは間違いございませんから，それは好ましいことであるということは絶対に言えないと思います。

　　　　　　　　　　　（96回　昭57・4・3〈参・予算委〉19号13頁，
　　　　　　　　　　　　松下大蔵省主計局長，角田内閣法制局長官）

もっとも過去の予算の空白はいずれも1週間以内の短期間であり，実務上は立替払や支払の延期等の処置によって対処されてきた。 資料2-7 。

資料2-7

「予算の空白」に関する質問主意書
三 「予算の空白」が生じると，適正な予算の執行が困難で，行財政運用に支障が生じ，もって国民生活にも影響を及ぼすと考えるが，昭和53年度以来，具体的にどのような不都合を生じたか，年度毎に分けて説明願いたい。
四 昭和53年度から昭和57年度までの予算空白期間において，支出・支払いが生じた科目について政府としてどう対応されたか説明を求めたい。
五 本予算成立後，政府は四に示されたそれぞれの科目について会計制度上支出・支払いについてどのような事後処理をされたか，その日付とともに説明願いたい。……
答弁書
三から五までについて
昭和53年度から昭和57年度までのいわゆる予算の空白期間中において支払等を必要とする経費については，それぞれ立替払，支払の延期等によって対処しているが，科目別の対応措置及び予算成立後の事後処理については，次のとおりである。
〔以下略〕

(96回　昭57・6・15答弁15号，対田代富士男議員（参）

(3) 租税法律主義

□ 第84条
あらたに租税を課し，又は現行の租税を変更するには，法律又は法律の定める条件によることを必要とする。

第84条のいわゆる租税法律主義の趣旨について，政府は次のように解してきた。

rec.155

○小川（新）委員
……去る4月27日に，国民健康保険税の税率，税額をはっきり定めていない秋田市国民健康保険税条例は違法であるという判決が一審でございました。……内閣法制局ではこの問題について法的根拠から見て違法性があるのかないのか，これはどうなんでしょうか。

○茂串政府委員

……何分にもこの訴訟は……現在高裁において審理中のものでございますだけに，この地裁の判決について生々しい具体的な御意見を申し上げることは，恐縮でございますが差し控えさせていただきたいと思うのでございます。

……一般論として申し上げますと，いわゆる租税法律主義の原則というのは御承知のとおりでございまして，単に租税の種類とか根拠を法律によって定めるということを要求するだけではなくて，納税義務者，課税物件，課税標準，税率等の課税要件をも法律で定めるべきことを要求するものと解しております。

地方税について申しますと，……地方税法3条1項において「地方団体は，その地方税の税目，課税客体，課税標準，税率その他賦課徴収について定をするには，当該地方団体の条例によらなければならない。」という定めをしておりまして，これはまさに租税法律主義の原則の趣旨を体したものであるというふうに解されるわけでございます。

しかしながら，この趣旨は，たとえば税率について申し上げますと，課税権者の恣意的な裁量が介入し得るようなものでない限りにおいては，必ずしも定率あるいは定額によって条例で定めなければならないというものではないわけでございまして，税目によりましては一定の算定方式によって条例で定めるということも許されないわけではないということが言えようかと思います。……

(87回　昭54・6・1〈衆・地方行政委〉16号22頁，内閣法制局第一部長)

rec.156

○三浦分科員

……憲法の84条は租税法律主義，これを定めておると思います。

「あらたに租税を課し，又は現行の租税を変更するには，法律又は法律の定める条件によることを必要とする。」というふうに規定しております。この条文で言っている租税の範囲というのは，直接の意味での租税だけではなくて，国保料のように公権力によって強制的に徴収される保険料も含まれるというのが憲法の一般的な解釈，通説だというふうに思いますが，いかがでございましょう。

○大森（政）政府委員

　憲法84条は，ただいま委員が紹介なさりましたような規定を設けておりますが，国民健康保険料は形式的な意味における租税ではないということでございます。

　しかしながら，保険事業に要する費用に充てるため，保険料にかえて国民健康保険税を徴収することができるというシステムになっている。そしてまた，その制度への加入も強制的でございます。そして，その賦課徴収も，納付をしないときには滞納処分が行われる。このようなことを総合いたしますと，やはり租税と同様に，憲法84条の趣旨に従って処理すべき性質のものであるというふうに考えているわけでございます。

　　　　（123回　平4・3・12〈衆・予算四分科〉2号51頁，内閣法制局第一部長）

　この質疑からうかがえるように，憲法のこの規定が形式的には租税ではない国民健康保険料にも及ぶかどうか，さらには，個々の条例での保険税や保険料の定め方が第84条の求める課税要件明確主義に適合しているかどうかについては，これまで度々法廷で争われ，国会でも論議されてきたが，平成18年の旭川市国民健康保険条例訴訟最高裁判決[31]において，上のような政府の考え方の妥当性が確認されている。

　国税についても具体的な課税要件等が政省令で定められている例は少なくないが，これらはいずれも法律の委任を受けたものであり，かつ，技術的な細目に関する規定がほとんどである。

　なお，納税者に不利益をもたらす法規範を遡って適用するいわゆる不利益遡及は第84条との関係でも基本的には許されないと解されているが，過去に所得税の課税の対象となる所得の計算過程での損益通算の規定が所得税の課税期間の途中で変更され，期初（1月1日）に遡って適用されたことがある。政府はこれの憲法適合性について，次のように説明している。

---

31)　最大判平18・3・1民集60巻2号587頁。

第Ⅱ章　統治機構

rec.157

○松原委員

……所得税や法人税の期間税について，これが年度の初めにさかのぼって適用されることがあるが，それが許されるかどうかは，そのような改正がなされることが，年度開始前に一般的にしかも十分に予測できたかと。そして，これは84条の租税法律主義とも絡んでくるわけでありますが，これは十分に予測できたというふうにお考えですか。……

○梶田政府参考人

……憲法84条におきまして，「あらたに租税を課し，又は現行の租税を変更するには，法律又は法律の定める条件によることを必要とする。」こういう規定がございます。刑罰法規につきましては，憲法39条におきまして遡及適用あるいは事後法が絶対的に禁止されておりますのと異なりまして，憲法84条の場合には，いかなる場合においても納税者に不利益となる要素を含む法律は許されないというものではないというふうに考えられております。

　例えば，今の損益通算でございますが，損益通算のように個々の譲渡等があったときに法律の適用が行われるものではなくて，その年の終了によりまして納税義務が確定する，年間の所得金額を計算する際の計算の過程において適用が行われるというものにつきましては，既に成立した所得税の納税義務につきまして不利益な変更をするものではないということもございまして，過去におきましても，例えば一定の資産につきまして，その譲渡損失につきまして損益通算を廃止するという場合に本法案と同様の取り扱いが認められてきておりまして，こうした取り扱いが許されないというものではないというふうに考えてきているところでございます。

　　　　　（159回　平16・2・27〈衆・財務金融委〉6号13頁，内閣法制局第三部長）

　これについても数件の訴訟が提起されたが，最高裁は平成23年，その合憲性を認める判決を相次いで下している[32]。

　もっとも判決はいずれも，事後法による財産権の制約の可否を判じた国有財

---

[32]　最判平23・9・22民集65巻6号2756頁，最判平23・9・30判時2132号39頁。

産買受申込拒否処分取消請求事件の大法廷判決（昭53・7・12民集32巻5号946頁参照）を基礎にして諸般の事情を総合的に勘案して下されており，上記の政府答弁のように簡潔な理由によっているわけではない。

(4) 公の支配

> □ 第89条
> 公金その他の公の財産は，宗教上の組織若しくは団体の使用，便益若しくは維持のため，又は公の支配に属しない慈善，教育若しくは博愛の事業に対し，これを支出し，又はその利用に供してはならない。

　憲法の制定直後から，学界においてもその規定の趣旨をめぐっての論議が続いてきたのが第89条である。

　同条の前段に関しては，政教分離を財政面から明確にする趣旨であることが明らかであり[33]，実務的にも宗教団体に対して公金を支出して支援することが求められる場面はないと考えられる[34]。これに対して同条後段に規定する福祉や教育の事業に関しては，米国のように寄附金文化が一般的ではない我が国において，およそ一切の公的な財政援助なしに一定の水準を確保することが困難であるという現実がある。もとよりこれらの事業を国や地方公共団体の支配下に置けば，公金による支援についての憲法上の問題はなくなるものの，福祉や教育の事業を幅広く一般的に公の強い支配に服させたのでは，これらの事業全体の自主性・独立性が害され，健全な発展を期待できなくなるおそれが大きい。こうしたことから民営の事業に関しては，可能な限り事業者が主体的に運営をすることが望ましいことも否定できない。

　第89条の下での福祉，教育事業への公的な財政支援は，これらの事業運営を国又は地方公共団体の「支配に属」させながら，事業者の自主性・主体性を

---

[33] 津地鎮祭事件判決（最大判昭52・7・13民集31巻4号533頁），愛媛玉串料訴訟判決（最大判平9・4・2民集51巻4号1673頁）等。

[34] 宗教法人に対してその保有する重要文化財を保護するための補助金を支出したり，宗教法人系列の私立学校に対して助成金を支出したりすることはあるが，これらは重要文化財の維持・管理や教育振興のために持ち主や経営者のいかんを問わず行われる支出であって，宗教に着目してのものではないから，第89条との関係が問題になることはない。

尊重するといういわば二律背反の解を求める難題であることから，同条の解釈をめぐっては，学説も分かれている。政府は，国等が民法の規定（平成18年法第50号による改正前）に基づき設立される公益法人に対する程度の監督権限，すなわち法人設立の認可権や一般的な監督権限を有するのみでは「公の支配に属」するとはいいがたいとして，慈善・博愛の事業については社会福祉事業法などを，教育事業については私立学校法等を特別に制定し，これらの法律に基づいて国等が法人の人事や財務に対しても一定の権限を持つことが，第89条の下での公的な助成が許容されるための要件であるとしてきた。

rec.158

○福田政府委員

　ただいまの御質問の憲法89条の公けの支配という問題でございますが，これにつきましては，単に文部省だけでなしに，法制局等におきましても政府としての公けの支配についての解釈は一定しておるわけでございます。それによりますと，公けの支配という言葉でございますが，これは事実上ある事業に対しまして，国または地方公共団体が決定的な支配力を持つ場合には，その事業は公けの支配に属する，こういうように解釈しております。従ってこの決定的な支配ということを言いかえますと，その事業なり団体に対しまして，その構成あるいは人事内容，財政等について分けの機関が具体的に発言し，または指導勧奨することのできる特別な関係にある事業を公けの支配に属する事業，かように解釈いたしております。

（26回　昭32・4・11〈衆・文教委〉18号5頁，文部事務官社会教育局長）

rec.159

○秦野章君

　……法制局長官，私学に補助することは憲法89条に違反しませんか。

○政府委員（真田秀夫君）

　お答えを申し上げます。

　憲法89条には，「公金その他の公の財産は，」途中省略いたしますが，「公の支配に属しない」「教育」「の事業に対し，これを支出し，又はその利用に供してはならない。」と，こういう規定があるわけでございまして，この規定につきましてはかねがね問題があることは確かでございますが，この憲法

が審議されました、いわゆる制憲議会においても，当時たしか佐々木惣一先生だったと思いますが，こういう規定は日本の教育制度の沿革なりあるいは日本の国情に合わないのではないかというような御議論があったようなことを記憶しております。また，例の憲法調査会でも非常に慎重な熱心な御議論があったように聞いております。

　ところで，現行憲法がいま申しましたようにはっきり書いているわけでございますから，公の支配に属しない教育の事業に対しては公金は出してはいけないと，これは明らかなんです。ただ，問題は，公の支配に属するというのが，一体どの程度の監督なり支配があれば憲法の要求を満たしたことになるのかという点にあるのだろうと思うのですが，そこで現行のいろいろな法制を見ますと，学校教育法には，学校監督庁が一定の場合には学校の閉鎖命令を出すことができるという規定もございます。また，私立学校法には，また一定の場合には所轄庁がその学校法人の解散命令を発することができるという規定もございます。これらの規定とあわせまして，私立学校法をつくりましたときに59条という規定を設けまして，そして，私立学校に対して国が助成をした場合には人事，会計等について監督ができるという規定を設けまして，まあこれらの規定を総合的に判断すれば，憲法89条の公の支配に該当すると見ていいだろうという評価をいたしまして，そして，その後年々私学助成の予算も組みまして，国会の議決も経ているわけでございますし，また，昭和50年には，ただいま申しました私立学校法の59条と大体同じ趣旨の単行法として私立学校振興助成法という法律が議員立法で成立いたしております。

　そういう経過にございますので，私はもういまや現行の法体制のもとにおいては私学に対して国が助成をすることは憲法上も是認されるのだという解釈がこれはもう肯定的に是認され，かつ確立したというふうに考える次第でございます。

　　　　　　　(87回　昭54・3・13〈参・予算委〉6号11頁，内閣法制局長官)

　以下の質疑は，議員提出の日本赤十字社法案の審議に際してのものであり，上のような政府の考え方は，国会においてもおおむね共有されていたことがう

第Ⅱ章　統治機構

かがえる。

rec.160

○衆議院議員（青柳一郎君）

……憲法の89條は，公の支配に属しない慈善，教育若しくは博愛の事業に対し，助成することを禁止しておるのでありますが，本法案の制定の趣旨と法案の内容から考えまして，役員については解任勧告の規定を設けまして，又会計及び業務につきましてはその報告及び検査につきましてこれを規定いたしましたほか，監督処分や定款変更の認可についても規定すること等，日本赤十字社の人事，会計業務等につきまして厳重な監督がなされますることから，公の支配に属するものであると言い得るのであると存じております。すでに私立学校法，生活保護法及び社会福祉事業法につきまして，その例を見るほどであります。……

○衆議院法制局参事（鮫島眞男君）

……この憲法の公の支配という観念をどう見るかということにつきましてはまあ非常に憲法の規定自体がその疑問，まあ疑問と言いますか，非常にあいまいな表現をとっておりますので，解釈上もいろいろな説がなされているのでございますが，憲法制定当時の趣旨から申しますと，この当時の私立学校なり或いは社会事業は，認可なり或いは政府の監督を受けるということになっておったのでございますが，そういう程度の監督ならば，その補助金をやってもよろしいというような解釈の下に，憲法は制定されたと存じております。当時の政府側の説明によりますと，そういう趣旨でできておると存じております。ただその後司令部あたりの関係で多少その辺の解釈が窮屈になったこともあったように思うのでございますが，只今青柳議員の御指摘になりました私立学校法なり，或いは社会福祉事業法の制定のあたりから，又その辺の解釈が多少この憲法制定当時のように解釈がまあ緩和されて行ったように考えられますのでありまして，今回の立案に当りましても，そういうような傾向を参酌いたしまして，只今のような規定を設けまして，憲法との関係の調整を図ったのでございます。

（13回　昭27・7・25〈参・厚生委〉33号5頁，衆議院法制局第二部長）

近年，「公の支配」についてのこうした政府の解釈が問題になったのは，いわゆる特区制度[35]によって株式会社やNPOが設置，運営する学校に対する助成の可否が論じられた際である。政府は次のように，国や地方公共団体による特別の監督下にないこれらの学校に対する公的な財政支援は行い得ないという考え方を堅持している。

rec.161
教育および福祉分野における民間企業への公的支援の考え方に関する質問主意書

……教育・福祉分野においては，憲法第89条「公金その他の公の財産は，宗教上の組織若しくは団体の使用，便益若しくは維持のため，又は公の支配に属しない慈善，教育若しくは博愛の事業に対し，これを支出し，又はその利用に供してはならない。」の解釈により株式会社等民間企業に対する公的助成は認められていない。このため，公的サービスと民間のサービスの競争条件が公正になっていない。

例えば教育分野では，文部科学省所管の「学校教育法」の規制に服する法人であっても，学校法人ではなく，株式会社が経営する学校は「公の支配」に属さないとして，私学助成を受けられないというようになっている。

そこで，以下質問する。

一　憲法第89条について，政府の解釈を明らかにされたい。

二　教育機関の経営主体の違いのみによって競争条件に差異が生じているのは問題ではないかと考えるが，政府の見解を明らかにされたい。

三　教育分野における学校法人と民間法人の事業環境の公正を図るため，「憲法第89条」の解釈について，憲法第26条「教育を受ける権利と受けさせる権利」との関連も含め，さらなる検討を行うべきであると考えるが，政府の見解を明らかにされたい。……

答弁書

一について

憲法第89条は，公の支配に属しない教育の事業に対する公金の支出を禁

---

35)　構造改革特別区域法に基づき，地方公共団体が設定した構造改革特別区域において既存の規制についての特例措置の適用を受けて特定事業を実施する制度。「教育特区」では，学校の設置運営の主体を国・地方公共団体以外は学校法人に限っている規制について特例が適用される。

第Ⅱ章　統治機構

止している。ここにいう「公の支配」に属するとは、私立学校その他の私立の事業については、その会計、人事等につき、国又は地方公共団体の特別の監督関係の下に置かれていることを意味するものと解される。
二及び三について
　文部科学省としては、学校設置会社（構造改革特別区域法〔平成14年法律第189号〕第12条第2項に規定する学校設置会社をいう。以下同じ。）については、株式や社債の発行により市場からの資金調達が比較的容易であること、私立学校法（昭和24年法律第270号）の規定による法人の設立運営上の制約がないこと等から、学校設置会社に対する私学助成が行われていないことのみをもって、学校設置会社が学校法人に比べて不利な競争条件や不公正な事業環境の下に置かれているとは一概に言えないものと考えており、憲法第26条との関係も含め、御指摘はいずれも当たらないものと考える。……

　　　　　　　　　（169回　平20・2・29答弁49号、対藤末健三議員（参））

5　天　皇

(1)　象徴天皇

> □　第1条
> 天皇は、日本国の象徴であり日本国民統合の象徴であつて、この地位は、主権の存する日本国民の総意に基く。
> □　第4条第1項
> ①　天皇は、この憲法の定める国事に関する行為のみを行ひ、国政に関する権能を有しない。

　大日本帝国憲法（明治憲法）と現行の憲法との最大の相違は、天皇の位置づけにあるといってもよい。周知のように明治憲法においては、天皇は主権者であり、その地位は神の意志たる神勅に基づくものとされていた。そして天皇が「元首」であり、「統治権ヲ総攬」することも明記されていた（第4条）。
　これに対して憲法では、国民主権を基本原理とした結果、天皇の地位は「主

権の存する日本国民の総意に基く」ものとされ、「日本国の象徴であり、日本国民統合の象徴」であって（第1条）、形式的、儀礼的な国事行為を行う以外には、「国政に関する権能を有しない」（第4条第1項）こととされた。

天皇を国の象徴とする憲法の規定は、世界に例をみないものであり[36]、その意味をめぐって次のような議論が行われている。

rec.162

○野田哲君

憲法第1条ですが、「天皇は、日本国の象徴であり日本国民統合の象徴」であるとなっているわけですが、「日本国民統合の象徴」とは一体どういう意味なんでしょうか。……

○政府委員（真田秀夫君）

……象徴といいますのは、これはいままで政府が公にお答えしておりますところによりますと、そういう天皇のお姿、有形といいますか、具体的な天皇というお姿を通してその奥に日本国とああいう無形の抽象的な存在あるいは国民統合という無形の抽象的な事柄を天皇というお姿を通して国民は思い浮かべるといいますか、そこで日本国としての統一性を天皇を通して感じとると、そういう意味であろうというふうにいままでもお答え申しております。

(87回　昭54・5・8〈参・内閣委〉7号11頁、内閣法制局長官)

rec.163

○政府委員（吉國一郎君）

……天皇が象徴である。この象徴ということにつきましては、シンボルということを使っても非常によくわかるわけでございます。象徴と申しますのは、いまさら申し上げるまでもなく、一つのものごとを理解するために、Aという事柄をあらわすためにBという事象をもってする。ハトが平和の象徴であると言えば、平和という、Aという事項をあらわすためには、ハトを見ることによっておのずから万人の心の中に平和という観念が浮かび上がってくるという……そのような説明をいたしますと非常によくわかって……。

(71回　昭48・6・28〈参・内閣委〉16号10頁、内閣法制局長官)

---

36)　後年（1978年）、スペイン国憲法に「国王は、国家元首であり、国の統合および永続の象徴」であるとする規定（第56条第1項）が設けられている。

第Ⅱ章　統治機構

　政府によれば，このような天皇の象徴としての地位は，憲法において突然に現れたものではなく，天皇が古来有していた地位が明文化されたものにほかならない。以下の答弁にあるように，明治憲法の下では，たまたま統治権の総攬者たる地位が前面に出ていたために，国の象徴としての地位は，いわば背後に隠されていたとも考えることができる。

> **rec.164**
> ○西村関一君
> ……天皇は日本国の象徴であるという点につきまして，これをどのように御理解になり，また把握をされ，その上に立って宮内庁長官としての任務を果たしておられますか……。
> ○政府委員（瓜生順良君）
> 　これは憲法第１条の解釈の問題でございますが，憲法第１条に，天皇は日本国の象徴であり国民統合の象徴である，そのことは主権を有する国民の総意に基づくというような規定がございますが，そのことだと思いまするが，象徴という形は，これは，終戦前の明治憲法では，天皇は元首にして統治権を総攬する，というようにありました。しかし，そういう表現ではなくなっております。しかし，日本の長い歴史を見ますると，いわゆる権力をお持ちでなくて，その国の最高の地位におられて，国民の中心におられたというような時代のほうが長いわけであります。藤原摂関政治のとき，あるいは幕府政治とか，そういう時代が非常に長いわけでありますから，したがって，この象徴というこの表現は戦後初めて出てきた新しいことではなくて，長い歴史の上で，いわゆる統治権を総攬されるというような権力の中心にはおなりでなかった，そういう時代のことが，そのことがここに表現されているものと思います。……
>
> 　　　　　　　　　　　（68回　昭47・4・26〈参・予算委一分科〉4号11頁，宮内庁次長）

(2)　天皇は元首か

　日本国憲法は明治憲法のように天皇が元首である旨の明文の規定を置いてい

ないことから，折に触れて天皇は元首であるか否かが質されてきた。これについて政府は，明治憲法下においてそうであったように，内治，外交のすべてを通じて一国を代表し，行政権を掌握している存在を「元首」と観念するのであれば，現在の天皇は元首ではないことになるが，現行憲法下でも天皇は国の象徴であり，かつ，外国の大使，公使の接受等，一部ではあっても外交関係において国を代表する職責を有していることから，そうした点に着目した場合には，元首であるということもできるとしている。

rec.165

○政府委員（大出峻郎君）

　ただいまの御質問は，天皇は元首であるかどうかということに関連しての御質問かと思いますが，現行憲法上におきましては元首とは何かを定めた規定はないわけであります。元首の概念につきましては，学問上法学上はいろいろな考え方があるようでございます。したがいまして，天皇が元首であるかどうかということは，要するに元首の定義いかんに帰する問題であるというふうに考えておるわけであります。

　かつてのように元首とは内治，外交のすべてを通じて国を代表し行政権を掌握をしている，そういう存在であるという定義によりますならば，現行憲法のもとにおきましては天皇は元首ではないということになろうと思います。

　しかし，今日では，実質的な国家統治の大権を持たれなくても国家におけるいわゆるヘッドの地位にある者を元首と見るなどのそういう見解もあるわけでありまして，このような定義によりますならば，天皇は国の象徴であり，さらにごく一部ではございますが外交関係において国を代表する面を持っておられるわけでありますから，現行憲法のもとにおきましてもそういうような考え方をもとにして元首であるというふうに言っても差し支えないというふうに考えておるわけであります。……

(113回　昭63・10・11〈参・内閣委〉4号14頁，内閣法制局第一部長)

　要は「元首」の定義のいかんによることになるが，立憲君主制を採る諸外国の国王が実質的には行政権能を有さなくても例外なく「元首」と観念されていることや大統領の中にもドイツやイタリアのように儀礼的，形式的権能しか有

第Ⅱ章　統治機構

さない者が存在することにかんがみれば，天皇を元首と考えることが不自然とはいえまい。

(3) 天皇の基本的人権

> □　第2条
> 皇位は，世襲のものであつて，国会の議決した皇室典範の定めるところにより，これを継承する。

　憲法は，法の下の平等をうたい，「人種，信条，性別，社会的身分又は門地」による差別を禁じる（第14条）一方で，皇位については「世襲のもの」と定めている（第2条）。双方ともに憲法規範であるから，皇位の世襲制が憲法第14条の例外であることは明白である 資料2-8 。

　さらに憲法第2条の規定に基づき皇位継承のあり方を具体的に定めた皇室典範は，皇位継承者を男系男子に限っている。この点をとらえて，皇室典範が性別による差別を禁じた憲法第14条に違反するのではないかとする意見もみられた。もとより天皇制は我が国の伝統に根ざすものであり，憲法そのものが世襲制を肯定している以上，同様に伝統を踏襲して，その地位を男系男子に限ることも憲法の許容するところであるというのが政府の立場である。

rec.166

○国務大臣（加藤紘一君）

　ただいま宮内庁から御答弁申し上げましたように，憲法第2条は，「皇位は，世襲のものであって」「皇室典範の定めるところにより，これを継承する。」と書いてございますけれども，この規定は皇統に属する男系の男子が皇位を継承するという伝統を背景として制定されたものでございますので，同条は，皇位継承者を男系の男子に限るという制度を許容しているものと私たちも考えております。したがって，皇族女子の皇位継承を認めない現在の皇室典範第1条の規定は，法のもとの平等を保障した憲法第14条に違反するものではないというふうに考えております。

（123回　平4・4・7〈参・内閣委〉4号15頁，内閣官房長官）

もっともこのことは，女系の天皇ないし女帝の存在が憲法上認められないことを意味するものではなく[37]，実際にも小泉内閣において皇室典範の改正法案を提出するべく準備が進められたことがある。

　天皇の地位は極めて特殊であるから，天皇及び皇族については，その基本的人権がある程度制約を受けることはやむを得ない。選挙権がないこと，職業選択の自由を有さないことなどがその典型であるが，政府は次のように，言論その他の表現の自由や結社の自由等に関しても象徴たる地位にかんがみて一定の制約を受けることは，憲法も認めるところであると解している。

rec.167

○三石久江君
……天皇や皇族が広い意味での日本国民に含まれることは，昭和57年5月13日衆議院決算委員会における宮内庁答弁で明らかなように，天皇及び皇族が憲法及び一般法令に基づく権利義務に従うことは言うまでもありませんと。ところが，……公職選挙法の，戸籍法の適用を受けない者の選挙権及び被選挙権は当分の間停止するという条項でもって，公職選挙法上の選挙権，被選挙権を認めておりません。政治に関し中立の立場を保持するとしても，皇位継承資格者以外の選挙権をも停止したままでよいのですか。これは国民としての基本的人権を無視したものと考えます。……

○政府委員（宮尾盤君）
　選挙権の問題でございますが，今御質問の中にありましたように，やはり天皇陛下というのは象徴的な立場にあられるわけでございまして，政治的な立場もこれも中立でなければならないと，こういうことが要請をされておるわけでございます。そういう意味から選挙権は持たない，また被選挙権も当然のことでありますが，そういう権利はお持ちにならない，こういうことになっております。
　皇族さん方も，それは考え方は同じでございまして，やはり皇室というのは天皇陛下を中心とする御一家でございますから，やはり皇族さんが被選挙

---

[37]　明治憲法（第2条）は，「皇位ハ皇室典範ノ定ムル所ニ依リ皇男子孫之ヲ継承ス」と定めていた。

権,あるいは選挙権というものをお持ちになるということは非常にいろいろな問題が出てくる,こういうことになっておるわけでございます。

こういうような考え方というのは,例えば皇族さんにつきましても,当然皇族としての特権というものが片方にあるわけでございまして,例えば皇族については,男子の場合には皇位継承資格があるとか,あるいは男女を含めて,摂政あるいは国事行為の代行に御就任する資格があるとか,あるいは殿下という敬称を称せられる。品位の保持の資として,国から一定の皇族費が支給される。こういうような,片方でそういうお立場にある特別の権利というものを与えられておるわけでございまして,他方,皇族に対する制約としまして,今お話がありました,結婚について皇室会議で承認を得なければいけないとか,養子は禁止をされているとか,あるいは選挙権等がない。こういうような特権に対する制約というものがあるわけでございます。

そういう意味で,これはそういう観点からそういうことになっておることを御承知願いたいと思います。

（123 回　平 4・4・7〈参・内閣委〉4 号 17 頁,宮内庁次長）

rec.168

○八百板委員

天皇には表現の自由がありますか。

○真田政府委員

天皇の地位としては,いわゆる象徴たる資格における国事行為をなさるということのほかに,私人としての御行為もあります。したがって,原則としては,表現の自由なり一般的に基本的な人権をお持ちでございますが,いまの憲法第 1 条が書いておるような象徴としての地位をお持ちでございますし,政治には関与されないということもまた別の条文ではっきり書いてございますので,そういう方面からする制約はございます。その制約の範囲内においては,天皇は人権の制限をお受けになっても,これは憲法が認めているところでございます。

○八百板委員

……それで,出版の自由はありますか。

5　天　皇

○真田政府委員

　天皇が私人として，個人としてといいますか，行動されるその御行動の中に出版ということは当然入っておりますし，現に天皇のいろんな生物学の御研究の結果の出版物もあるやに伺っております。ただし，表現の自由はお持ちでございますが，先ほど申しましたように，政治には関与されない。つまり象徴たる性格になじまないような，そういう内容の表現の自由はお持ちにならない，制約をお受けになる，こういうことになろうかと思います。

（87回　昭54・4・19〈衆・内閣委〉8号16頁，内閣法制局長官）

資料2-8

○高橋紀世子君

……憲法第14条に，門地による差別を認めないとして，貴族，華族制度の廃止を宣言しながら，皇室だけを例外とする根拠はどんなことでしょうか。

○政府参考人（阪田雅裕君）

　憲法14条と天皇に関する規定の整合性についてのお尋ねというふうに承りましたけれども，御案内のように，憲法は，その第1条におきまして天皇の地位を日本国の象徴であり日本国民統合の象徴であると定め，またその第2条におきましては，こうした天皇の地位が世襲されることを定めているところであります。

　したがいまして，今御指摘の法のもとの平等を定めました憲法第14条も，あくまでも同じ憲法のもとで，今申し上げましたような天皇の制度が設けられているということを前提として，要するに両方が調和のある形で理解をされるべきものであるというふうに考えております。

　いずれも憲法上の規範でありまして，どちらが優先する，優越するというような関係にはないということを御理解いただきたいと思います。

（153回　平13・11・19〈参・共生社会調〉2号17頁，内閣法制局第一部長）

資料2-9

○梶田政府参考人

……現行の憲法におきましては，今委員お話ございましたように，皇位は世襲であるということのみを定めてございます。この世襲であるということ以外の皇位継承に関する事項につきましては，すべて法律である皇室典範の定めるところによるというふうにされております。したがいまして，憲法を改正しなくとも，皇室典範を改正することによりまして，女子が皇位を継承することを可能とする制度に改めることができるというふうに考えております。このことにつきましては，今御質問にございました昭和21年の金森国務大臣の答弁などにおきまして，従来からお答えを申し上げてき

第Ⅱ章　統治機構

> ているところでございます。
> 　それから，もう一つの御質問でございますけれども，今申し上げましたように，皇室典範，これは法律でございます。国会におきまして皇室典範を改正することによりまして，この制度を改めることができるというふうに考えております。
> 　　　　　（164回　平18・3・1〈衆・予算委一分科〉2号28頁，内閣法制局第一部長）

(4)　天皇の国事行為と公的行為

> □　第3条
> 天皇の国事に関するすべての行為には，内閣の助言と承認を必要とし，内閣が，その責任を負ふ。
> □　第7条
> 天皇は，内閣の助言と承認により，国民のために，左の国事に関する行為を行ふ。
> 　一　憲法改正，法律，政令及び条約を公布すること。
> 　二　国会を召集すること。
> 　三　衆議院を解散すること。
> 　四　国会議員の総選挙の施行を公示すること。
> 　五　国務大臣及び法律の定めるその他の官吏の任免並びに全権委任状及び大使及び公使の信任状を認証すること。
> 　六　大赦，特赦，減刑，刑の執行の免除及び復権を認証すること。
> 　七　栄典を授与すること。
> 　八　批准書及び法律の定めるその他の外交文書を認証すること。
> 　九　外国の大使及び公使を接受すること。
> 　十　儀式を行ふこと。

　憲法は，国事行為を列挙して天皇の権能と定め，「内閣の助言と承認」というその行使の要件についても明確に規定しているが，ここに列挙された以外の天皇の行為がすべて純然たる私人としての行為とは到底いえない。国会の開会式に臨んでおことばを賜ったり，国賓の来日に際して晩餐会を催したりすることがその典型であるが，ほかにも植樹祭等への出席，外国公式訪問，叙勲者等の謁見など，純粋な私人としての行為と考えるのが不適当なものが少なくない。
　学説上一般に，天皇のこれらの行為は，国事行為や私的な行為と区別して「公的行為」とよばれているが，政府もこれを天皇の象徴たる地位に基づいて公的な立場で行われるものとして位置づけてきた。
　政府は，天皇の公的行為は国事行為ではないから，「内閣の助言と承認」を

要さず，あくまでも天皇の御意思に基づいて行われるべきものであるとする一方で，内閣には，天皇が「国政に関する権能を有しない」と規定する憲法の趣旨に沿って公的行為が行われるように配慮する責任がある旨を繰り返し述べてきている。

rec.169
○吉國政府委員
……天皇の行為には，憲法の定める国事行為のほかに，天皇の個人としての私的な行為 38) と，それから日本国の象徴たる地位に基づくいわゆる公的行為，これも学者によっては公的行為とか準国事行為とか呼んでおりますが，そういう行為があることは，これは否定できないところであると思います。

国事行為につきましては，内閣の助言と承認によって行なわれるということは憲法に明定をされております。それでは公的行為についてはどういうふうに行なわれるか。これは皇室に関する国家事務を処理いたしております宮内庁，それを統轄する総理府，さらにその総理府を統轄する責任のある内閣が，責任をもってこの公的行為について，いかなる行為を行なわれるか，その公的行為を行なわれるに際しまして，憲法第4条第1項にございます「國政に関する権能を有しない」という規定の趣旨にかんがみまして，いやしくも国政に影響を及ぼすようなことがあってはならないという配慮を十分にいたしておるわけでございまして，第一次的には宮内庁，第二次的にはそれを包括する総理府，さらに内閣が責任を負うものでございます。

(71回　昭48・6・7〈衆・内閣委〉27号8頁，内閣法制局長官)

これに対して学説としては，天皇の公的行為を認めず，国事行為以外はすべて私的行為と解すべきであるとする二行為説も主張され，野党からも，公的行為の内容が法定されていない以上，政府の都合等によってその範囲が際限なく広がるのではないかという懸念が示されたりもした。天皇の公的行為の限界等について，政府は次のように説明している。

---

38) 近年，政府は「私的行為」に代えて「国事行為又は公的行為のいずれにも当たらない行為」という表現を用いるのを通例としている。

第Ⅱ章　統治機構

rec.170

○角田（礼）政府委員

……公的行為というものは，天皇の自然人としての行為のうち公的色彩を帯びている行為というのが，私どもの一つの定義であります。つけ加えて申し上げれば，先ほど来申し上げたように，天皇が象徴としての地位をお持ちである以上，そこに公的な色彩の行為があるだろう，こういうことを申し上げているわけであります。これは類型としてこういう種類の行為が公的行為だということは，列示することは可能であります。ただし，その範囲をこれこれのものであるというふうにはっきり決めるということは，きわめて困難であろうと思います。しかし先ほど御質問にありましたように，その理論的な限界というものは一応言えると思います。

そこで，その限界として私どもが考えておりますことは，三つあると思います。一つは，国政に関する権能というものがその御行為の中に含まれてはいけない，こういうことがあると思います。もっとわかりやすく言えば，政治的な意味を持つものとか政治的な影響を持つもの，こういうものがそこに含まれてはならないということが第一に言えると思います。それから第二には，あくまでその天皇の御行為について内閣が責任をとるという行為でなければならないと思います。それから三番目は，象徴天皇としての性格から言って，それに反するようなものであってはならないということ，この三つが私どもとして公的行為というものを考える場合の限界であろうと思います。

さらに，つけ加えて申し上げますが，類型的にある種の行為であると仮にいたしましても，それが公的行為なるがゆえに，ただそのことだけで憲法上許されるというようなことを，私どもは申し上げているわけではございません。たとえば国会の開会式へ行かれてお言葉を述べられるというのは，通常公的行為の典型的なものとして挙げられておりますけれども，しかしそれは，一般的に言えば公的行為でございますけれども，仮にいまのような三条件に反するような事態，そういうことは万一ないと思いますけれども，万一反するというような事態があれば，それはおやめになっていただかなければいけないわけでございます。ですから，類型的にある種の行為に入るということだけでもって憲法上許されるというわけではないし，同時にまた，そういう

行為の類型をいろいろ列挙することは可能ではありますけれども，いま申し上げたように，それだけで事が終わるわけではないということ．

　さらに，もう一つつけ加えさしていただきますと，公的行為と私的行為ということを私どもは区別しておりますけれども，実は私的行為であれば，天皇は全く何をされてもいいというわけでは決してないと思います．いま申し上げたような，公的行為についての三つの限界といいますか基準というものは，私的行為についても，程度の差こそあれ，同じように該当するものだと思います．天皇が個人として政治的ないろいろな御行動に出られる，そういうことは万一ないと思いますけれども，もしそういうことがあれば，やはりそれはおやめになっていただくわけですから，そういう意味においては，実は公的行為という概念を設けることによって，直ちに政治的なものというふうに結びつくわけではなく，私的行為についても同じような配慮が必要であるということも申し上げておきたいと思います．

　　　　　　　(75回　昭50・3・18〈衆・内閣委〉7号21頁，内閣法制局第一部長)

　こうした観点から，実務上は，天皇の公的行為に関しても，外国公式訪問等，重要なものについては，宮内庁限りで処理をすることなく，そのつど閣議決定を行うこととして，遺漏なきを期している[39]．

(5)　衆議院の解散権

　第7条各号に列挙されている国事行為はすべて「内閣の助言と承認」[40]に基

---

39)　○宇佐美説明員
　　……象徴としての公的行為というものは，いろいろございまして，先ほども申し上げましたように，何か基準ではっきりと列記するというようなことは，実際問題として非常にむずかしいと思います．ですから，大体において，普通の行政でもそうでございますが，ある程度のものは，そこの担当のところにおいて処理をするということがございまして，例年のものであるとか，類似のものであるとか，軽微なことであるとかいうような問題については，宮内庁は宮内庁限りでいたしております．
　　ただ，異例であるとか，きわめて重大であるとかいう問題は，一々内閣のほうと相談して，ことに決定を要するものは，閣議決定を求めるという形にいたしているわけで，画然とした規定や内規があるわけではございません．
　　　　　　　(72回　昭49・2・22〈衆・内閣委〉7号25頁，宮内庁長官)

第Ⅱ章　統治機構

づいて行われるが，このことは必ずしも内閣がこれらの国事行為の実質的な決定権限を有することを意味しない。たとえば法律は衆参両院で可決されたときに成立するから（第59条第1項），内閣の助言と承認は「公布」という形式的行為についてのみ行われる。こうしたことから衆議院議員の身分を任期途中で奪うという重い意味を持つ衆議院の解散（第7条第3号）について，憲法には第69条以外にその実質的な決定権能に関する規定がないことから，初期の頃には，同条の規定によらない解散の可否をめぐって国会でも論議があり，裁判でも争われた[41]。政府は以下のように，一貫して第7条の「内閣の助言と承認」には，その内容の実質的決定権能を含む場合があり，第3号はその一つであると解していて，第69条所定の場合でなくとも第7条第3号に基づく解散，いわゆる7条解散が可能であるとしてきたことはすでに述べたとおりである（176頁参照）。

rec.171

○真田政府委員

……7条には天皇の国事行為として十幾つかの号が立ててございますが，しさいに見ますと，その条項自体が非常に形式的な行為である。「儀式を行ふこと。」というのが最後にございますが，これなんかもその典型的なものなんです。ところが「國會を召集すること。」とか「衆議院を解散すること。」ということは，そのこと自体を見ると，これは非常に政治的な内容のものなんです。しかしながら，天皇は国政に関する権能は有しないということから，国政に影響のある実体面については，それは内閣の助言と承認をもってまず定まって，そして，それの詔書の公布という形式行為だけがあそこに残ってくる，こういうふうに考えざるを得ないというのが私たちの解釈でございます。

（87回　昭54・5・23〈衆・法務委〉14号21頁，内閣法制局長官）

---

[40]　字義に従えば，「承認」は天皇の発意に対して行うことになるが，国事行為について天皇が発意することは考えられず，実際にも内閣は「助言」と「承認」を区別して意思決定をすることはない。

[41]　前掲注14）苫米地事件訴訟。

ちなみにこの答弁にある国会の召集（第7条第2号）については，憲法は，臨時会の招集権が内閣にあることを定める一方で（第53条），常会については実質的な召集権者を明記していない（第52条）。

6 地方自治

(1) 地方自治の本旨

> □ 第92条
> 地方公共団体の組織及び運営に関する事項は，地方自治の本旨に基いて，法律でこれを定める。

　憲法は，明治憲法には規定のなかった地方自治に関する一章を設けている。第92条から第95条までのこれらの規定のうち，これまで繰り返し議論の対象となったのが第92条の「地方自治の本旨」とは何かである。同条の規定に照らすと，地方公共団体の組織，運営に関する法律は，地方自治の本旨に反する場合，違憲，無効というほかないから，これをどのように解するかは重要な意味を持つ。

　以下の答弁にみるように，政府は学界の通説と同じく，この「地方自治の本旨」を住民自治と団体自治の二つの原則を包摂する概念であると解してきている。

rec.172
○政府委員（荒井勇君）
　この憲法92条に書いてあります……地方自治の本旨というのは，地方的行政のために国から独立した地方公共団体の存在を認める，そうしてその団体が自主的にその公共事務と申しますか，その地方的な行政を行なうべきことというものを原理として打ち立てておるのだというふうに考えます。そうして，その団体が自主的にその地方的な行政を行なうにあたっては，住民自治ということがその中の非常に中心的な命題としてあるのだというふうに一般的に考えられておるわけでございます。その住民自治というのは，一定の

地域，その地方公共団体の基礎となっている地域におけるそういう公共的な事務というものがその地域の住民の意思に基づいてなされるべきであるということで，これを通常，前者を団体自治と言い，後者を住民自治というふうに理解しやすく考えるということで，この二つの意味における近代的な地方自治の原則をここで打ち立てたものであるというふうに理解をいたしております。

(61回　昭44・7・8〈参・地方行政委〉23号3頁，内閣法制局第三部長)

rec.173

○内閣総理大臣（細川護熙君）

……それから，「地方自治の本旨」とは何かというお尋ねでございましたが，憲法92条に規定する「地方自治の本旨」とは，かた苦しく申し上げるならば，地方公共団体の運営を住民自身の責任においてみずからの手で行うという住民自治と，それから地方公共団体の自主性，自律性が十分発揮できるよう地方自治の制度を定め運営するという団体自治をともに実現することであると申し上げてよいのかと思います。それを私なりに申し上げるならば，それぞれの地域がその風土や歴史を踏まえ，そこに住む人々がその地に誇りと愛着を持って日々の暮らしを営んでいけるような，地域本位，住民本位の個性ある地域づくりを進めていくことであろうかと思っております。そのようなことが実現できるような国と地方の関係を確立していくことに尽きるというのが私の基本的な認識でございます。……

(127回　平5・8・25〈衆・本会議〉5号7頁)

rec.174

○政府委員（大森政輔君）

地方自治の本旨というのは何かということでございますが，地方公共団体の運営は原則として住民自身の責任においてみずからの手で行うという住民自治の原則と，もう一つは，国から独立した地方公共団体の存在を認め，これに地方の行政を自主的に処理させるという団体自治の原則をともに実現するという，そういうのが地方自治の原則でございます。

(145回　平11・7・7〈参・行財政特委〉10号20頁，内閣法制局長官)

また次のように，地方自治の概念は，憲法によって初めて生まれたものではなく，歴史的な沿革に由来するものであるとも述べている。

rec.175
○政府委員（荒井勇君）
　地方自治というものが日本国憲法ができて初めて与えられたのだというふうには，必ずしもそのように理解はいたしておりませんで，それは多年の沿革的な事実というものを基礎にいたしております。その点，たとえば日本国憲法に書いておりますような基本的人権というようなものにつきましても，憲法11条でありますとか12条で書いておりますけれども，それは日本国憲法を待つことなしに，それ以前からやはりそのような人権というものを尊重しなければいけないのだという世界的な主張の上に立っておりますし，わが国民の総意としてもそういうものを認めるべきだというものが背景にあって，その上に基本的人権というものが認められている。それと同じように，地方自治というものも，明治以来，あるいはそれは徳川時代というような時代のもとにおいても，変わった形態ではありますけれども，そういう自主的な沿革というものがあり，これがだんだんと馴致され精緻なものになって，そしてこの日本国憲法の制定というものを迎えたということであると思います。
　　　　（61回　昭44・7・8〈参・地方行政委〉23号4頁，内閣法制局第三部長）

ちなみに憲法は，こうした地方自治の担い手を地方公共団体とよんでいるが，政府は，この地方公共団体は地方自治法に規定する普通地方公共団体，すなわち都道府県と市町村のみを意味し，一部事務組合や財産区等の特別地方公共団体はこれに当たらないと解してきた。

rec.176
○土井委員
……憲法からいたしまして，地方公共団体とは違い特別地方公共団体というのが，憲法上の地方公共団体のものの考え方から特に区別していろいろと取り扱いをされる根拠というのはどの辺にあるか……。
○宮澤政府委員
……憲法でいっております地方公共団体，その議決機関なり執行機関なり，

第Ⅱ章　統治機構

住民が選挙を行なうということを前提にしております地方公共団体と申しますのは，いわば普遍的，一般的な存在である，普遍的，一般的な権能を有する存在というものが憲法でいっている地方公共団体である，こういうふうに私どもは考えているわけでございます。そこで，地方自治法の中でも普通地方公共団体，特別地方公共団体という区分をいたしているわけでございます。特別地方公共団体は，何らかの意味で地域的にあるいは権能的に普遍的，一般的でない，特殊的，個別的，制限的なものというようなものが特別地方公共団体であって，これは憲法でいっております地方公共団体というものとは必ずしも合致しない……。

(65回　昭46・5・12〈衆・地方行政委〉26号6頁，自治省行政局長)

この点に関して過去に議論があったのは，東京都の特別区についてである。区議会における区長選任をめぐる収賄事件の被告人が，東京都の特別区の長の公選制を廃止したことは地方公共団体の長の住民による直接選挙を定めた第93条第2項に違反すると主張してその職務権限を争ったのに対して，最高裁も，特別区は東京都の内部的自治体であって憲法にいう地方公共団体には該当しないとする判断を示したが[42]，政府は，昭和50年に公職選挙法が改正されて特別区の長の公選制が復活した後もこうした特別区の位置づけは変わらないとしている。

rec.177

○折小野委員
……区長公選というものが実施される，こういうことになった場合の東京都の特別区というものは，憲法にいわゆる地方公共団体であるかどうか，自治省としてはどういうふうにお考えになっていますか。

○林（忠）政府委員
今回の改正によりまして，特別区は区長の公選制も採用する，事務も原則として一般の市並みに近づけるというような意味からいえば，特別区の自治体としての独立性を強める方向であることはまさに間違いございませんが，

---

[42]　最大判昭38・3・27刑集17巻2号121頁。

しかし政府といたしましては，今回の改正によって特別区の性格が変わるという，従前憲法上の自治体でなかったものが憲法上の自治体になるとは考えておりません。

　その理由は，一応独立性を強め，区長の選任方法も区民の直接選挙にまかせることにはいたしましたものの，なお特別区23区を通じての一体的な事務を，他の団体では市が行なうべき事務を都に保留するものが幾つか残っておりますし，さらに課税権の問題，それから財政上の独立性につきましても，従来より強めますものの，なお東京都の調整機能というのを残しておる。それから都と区の間の事務についても，都に調整条例をつくるという権能はそのまま残しております。そういう意味では，大都市としての一体性という意味でなお都に保留されている事務なり権能なりが相当残っておりまして，したがって，特別区の法的な性格としては従来の延長上にあるというふうな考え方に立っております。

○折小野委員

　憲法の第93条には，公選された議員による議会を持つということと，それからその団体の長が直接住民によって選挙をされる，こういう二つの要件を掲げて地方公共団体というものを規定をいたしておるわけでございます。その内容の実態につきましては，ただいま御答弁がございましたようにいろいろな程度はあろうかと思いますが，憲法が明らかに示した要件からいきますと，今度の区長公選制によって二つの要件を特別区は備えたということになってまいります。といたしますと，憲法が掲げる地方公共団体であると，こういうふうにはっきり申していいんじゃないでしょうか。……

○林（忠）政府委員

　憲法は，憲法でいう地方公共団体に当たるものはこれらの要件を備えなければならないと書いてございますので，その裏返しでこれらの要件を備えたものを憲法上の地方公共団体と呼ぶのだという考え方はとっておらないわけでございます。

　そこで東京都の特別区の性格を見ますと，大都市行政のいわゆる個々の区域の自治権，独立性と，それから全体の統一性との調和の上に常に立つ。逆にいえば，個々の区域が仙台とか広島とか，ほかの市に比べましてある程度，

第Ⅱ章　統治機構

統一性の前に譲歩して，その権能の一部を都に譲っているという形になりますので，これが極端になります場合は自治体としての性格を失って行政区になってしまうかと存じますし，それから法人として法人格を持ち，それぞれの独立の機関を持つ自治体としての性格を備えながらも，全体としての調和性の前に譲歩して一部権能が少ない，ないしは課税権も少ないという場合，都の内部機構という性格と独立の自治体という性格が，その度合いによっていろいろ判断されるわけでございます。

　今回，先生のおっしゃるように，直接公選の議会，長を持つという性格は備えますが，それによって憲法93条にいう地方公共団体に直ちに特別区がなるというふうには考えておらないわけでございまして，一つの特別法人として，憲法上の地方公共団体に保障されました二つの機能は備えますが，そのほか全体の権能とか財政権その他から見て，なお大都市機構の一環であるという性格も残しておる。その意味で，今回の改正が特別区の性格を変えるものではないという考え方に立っておる次第でございます。

　　　　　　（72回　昭49・5・16〈衆・地方行政委〉35号12頁，自治省行政局長）

　平成12年の地方自治法の改正により特別区は基礎的な地方公共団体とされ，市に準ずる役割を果たすことも明確にされたが（地方自治法第281条の2），市町村が有する固定資産税の課税権能を有しないなどの点にかんがみると，憲法との関係では，現在もなお第92条以下にいう（普通）地方公共団体とは異なる特別地方公共団体であると解するほかあるまい。

(2)　首長の多選禁止

□　第93条
①　地方公共団体には，法律の定めるところにより，その議事機関として議会を設置する。
②　地方公共団体の長，その議会の議員及び法律の定めるその他の吏員は，その地方公共団体の住民が，直接これを選挙する。

　二つの地方自治の原則のうち，第93条は住民自治の原則を，第94条は団

自治の原則をそれぞれより具体的に定めた規定であり，第95条はこの両方の原則を踏まえたものと考えられている。

第93条の規定との関係で議論されてきたことの一つは，地方公共団体の長の多選を法律で制限することの可否である。国会では過去に3回，いずれも議員提案によって都道府県知事等の多選を禁止する法律案が提出されているが，すべて廃案となっている。また，国会の質疑においてしばしば多選禁止に関する総理や関係大臣の見解が質されてきたが，その憲法上の可否について，これまで政府としての意見が明確にされたことはない。

rec.178

○田渕哲也君

……地方の自治体の首長，特に知事が，一人が長期にこれに在任しておるということは地方行政上利点もありますけれども，弊害も多くなるんじゃないかと思います。かつて昭和42年に自民党の篠田代議士から知事の四選禁止法案が出されましたけれども，廃案になっております。現在これは再検討する必要があるのではないかと思いますが，総理大臣の見解をお伺いしたいと思います。

○国務大臣（佐藤榮作君）

地方自治体の長にかかわらず，長く同一の人がその衝にありますと，その人が考えなくても何かと弊害は生じやすいのでございます。あるいは一つの閥ができるとか，その結果思わない事柄が次々に起きるとか，いろいろございます。やはり時には適当な，目先が変わることが望ましいのではないだろうかと，そういうような意味から多選禁止というような問題が出てくるんだと思います。しかし，これはよく考えなければならないのは，いまは選挙制度でございますから，選挙民が適当だとして考える限りにおいて，これを法制的にとやかく言うことがよろしいのかどうか，なかなかいろいろ議論の存するところであります。篠田君がかつて提案をして，また今日でもやはり篠田君は主張を曲げておりません，続けておりますが，わが党内におきましても，選挙を経て，その結果が生ずるのだから，どうも選挙民の意向というものを尊重すべきじゃないか，かような議論がただいまのところ多数を占めている，かように考えております。……

(63回　昭45・4・1〈参・予算委〉12号21頁，内閣総理大臣)

rec.179

○国務大臣（野田毅君）
……それから，首長の多選問題でございます。

　これについて，多選禁止をすることに消極的な意見としては，多選の弊害の実態や多選と弊害との因果関係を客観的に説明できるのかという議論があり，また多選を禁止することが憲法で保障されております立候補の自由あるいは職業選択の自由などとの関係で合理的な説明が可能かどうかなどの指摘があります。

　一方で，多選による弊害という立場からの議論としては，政治の独裁化や人事など行政の偏向化を招く，それから日常の行政執行が選挙運動的効果を積み重ねて選挙民の自由公正な意思が反映しがたくなるということなどが指摘されておりまして，外国の立法例なども参考にして多選を禁止すべきであるという意見があるわけであります。

　現在，自治省におきましては，学識経験者による研究会を設けて，首長の多選にかかわる問題について今両面からの議論を若干御紹介申し上げましたが，さまざまな論点を整理して調査研究を進めておるところでございます。
……

(145回　平11・6・29〈参・行財政特委〉6号21頁，自治大臣)

rec.180

○菅国務大臣
　首長の多選問題が国民の大変大きな関心を呼び始める中で，私どもは，昨年11月に，総務省内に首長の多選問題に関する研究会というのを，憲法学者，そして行政学の学者などのいわゆる先生方につくっていただいて，今まで問題とされておりました憲法上の多選に対しての問題，どのような内容であればいいのかどうかも含めて，憲法論に焦点を当てて何回となく検討を重ねていただきました。最終的な取りまとめについては，たしか来週に行われることになっておりますけれども，その検討の過程の段階で座長がブリーフィングしておりますので，そういう中で，必ずしも憲法に反するとは言えない，そういう方向で多分議論が進められてきているというふうになっていま

す。……
　ただ，これは政治的に与える影響というものが非常に大きいものでありますから，私どもは，各党会派の皆さんの議論に供するための判断基準というのですか，この研究会においてそういうものをしっかりと出させていただきたい。それによって皆さんの中で議論をしていくことが望ましいのではないかなというふうに私は思っています。
（166 回　平 19・5・24〈衆・総務委〉23 号 5 頁，総務大臣）

　これらの答弁にもあるように，この問題については，これまでに 2 回，総務大臣の委嘱を受けた研究会が報告書を提出している。いずれも主に憲法との関係で，そもそも多選制限が許されるのかどうか，また，どのような態様の制限であれば許容されるのか，について考察を加えているが，はじめの「首長の多選の見直し問題に関する調査研究会報告書」（平成 11 年 7 月 27 日，大沢秀介座長）が多選制限の是非について必ずしも明確に結論付けていないのに対して，後の「首長の多選問題に関する調査研究会報告書」（平成 19 年 5 月 30 日，高橋和之座長）においては，関連の憲法各条[43]との関係ではいずれも多選制限が許容されるとしている。
　現時点では首長の多選制限について具体的な立法化の動きがあるわけではないが，近年，各地で多選を自粛する条例が制定されており，また，今後さらに地方分権が進められるであろうことなどにかんがみると，引き続き地方自治をめぐる一つの論点であり続けるものと予想される。

(3)　外国人の地方参政権

　第 93 条に関係するもう一つの大きな論点は，首長及び地方議会議員の選挙権を有する「住民」が日本国籍を持つ者に限られるかどうかである。
　政府は以下のように，第 93 条第 2 項の「住民」は日本国籍を有する居住者を意味し，同項は在留外国人の地方参政権を保障した規定ではないとするとと

---

[43]　同報告書は，第 14 条，15 条，22 条，92 条及び 93 条との関係につきそれぞれ検討を行っている。

もに，在留外国人に対して地方参政権を付与することの憲法適合性について，国民の公務員選定罷免権を定めた第15条等に照らして疑問があるとする見解を示したこともある。

rec.181

○冬柴委員

……憲法は「地方公共団体の長，その議会の議員及び法律の定めるその他の吏員は，その地方公共団体の住民が，直接これを選挙する。」ここには「国民」と書いてないんですね。「住民」と書いてある。

それで，じゃ「住民」とは何だということになりますと，地方自治法10条があります。地方自治法10条では「市町村の区域内に住所を有する者は，当該市町村及びこれを包括する都道府県の住民とする。」と，こういうふうに書いてあります。

自治省，どなたでも結構ですが，この「住民」というのは在日外国人も当然含んでいると，当然そういうふうに思うわけでございますが，「住民」の中には日本人とそれから日本人でない住民とがあると思うんですが，そういうことでよろしいですか。どなたか自治省から。──今は選挙権のことではなしに「住民」だけです。

○谷合政府委員

……憲法の93条における「住民」ということにつきましては，前提として日本国民ということでありまして，その日本国民がその地域に居住をしているという意味で「住民」という形で使われているというふうに私どもは理解しております。

○冬柴委員

……地方参政権については，大阪地方裁判所，平成5年6月29日という判決がありまして，これでは，定住外国人といえども，参政権を現行法のもとでは与えることはできないという，そういう判断を示しているのですが，傍論でこういうことを，重要なことを言っているのです。「これを付与するか否かは立法政策の問題にすぎないというべきである。」……国会が考えることである。具体的には，地方自治法の11条とか公職選挙法9条というものを改正をいたしまして，日本国民たる住民に限っているこの選挙権というも

のを,「日本国民たる」という部分を削れば,住民に与えるということにすれば,これは解決するわけでございます。……

○大出政府委員

ただいま委員が引用されました大阪地方裁判所の判決,平成5年6月29日の判決であろうかと思いますが,これは「立法政策」という言葉も出てまいりますけれども,この判決が必ずしも立法政策の問題だというふうに断定しているのではなくて,「仮に右の者に参政権を付与することが憲法に違反しないとの立場を採り得るとしても,」と仮定のことを言っているのでありまして,ここでこれは専ら立法政策の問題であると結論づけたというふうには私は理解をいたしておらないところであります。

(132回　平7・2・2〈衆・予算委〉7号35頁,
谷合自治省行政局選挙部長,大出内閣法制局長官)

rec.182

○大口分科員

……定住外国人の地方参政権の問題につきましては,本年の2月2日,予算委員会におきまして,冬柴代議士からも質問がございました。この定住外国人の地方参政権の問題につきましては,学説でもいろいろと新しい動きがあります。伝統的なものとしましては,憲法15条の国民主権ということとの絡みもありまして,憲法93条の「住民」というものは日本国民ということの「住民」であろう,こういう考え方がございます。この考え方に立ちますと,定住外国人の地方参政権を認めることが憲法上許されない,こういう考え方になりまして,これは禁止説というふうに言われているものでございます。

それに対しまして,許容説というものがございます。これは,定住外国人が地方参政権を付与されることについて憲法上は禁止をされない,そういう点からいきますと,憲法93条の「住民」というのは必ずしも日本国民である必要はないということでございましょう。ですから,立法政策において,定住外国人の地方参政権を認める,こういう法律をつくることについては許容する,こういう考え方が非常に有力になってまいりました。

本年は,戦後50年,また日韓国交正常化30周年ということで,戦後の問題を考える上におきましても極めて大きな節目でございます。こういうとき

に，この定住外国人の地方参政権について，政府としましてももう一度白紙に戻って考えるべきときが来ているのじゃないかな，こう思うわけでございます。

また，もう一つ学説がございまして，外国人の参政権につきまして憲法上保障を要請されている，ですから外国人の選挙からの排除というのは憲法違反だ，このような説もございます。

以上，この三点の説につきまして自治省においてどのように考えられているか，お伺いしたいと思います。

○野中国務大臣

ただいま委員からも御指摘ございましたように，憲法は国民主権の原理を定めておりますし，また，このことから，公の意思の決定や公権力の行使の任に当たります議員，首長等の公務員を選定，罷免することは我が国国民固有の権利であるということを，委員が御指摘になりました憲法15条が定めておると認識をいたしておりますので，私どもはさような解釈に立っておるわけでございます。

それだけに，公務員を選任する行為であります選挙につきまして，国政選挙，地方選挙を問わず，外国人の方々に選挙権を付与することは極めて難しい問題があると認識をしております。

(132回　平7・2・20〈衆・予算委三分科〉1号2頁，自治大臣)

その後，上記の質疑の中で質問者が引用している大阪地裁判決の上告審において最高裁は，政府と同じく第93条第2項の「住民」とは「地方公共団体の区域内に住所を有する日本国民を意味」し，この規定は在留外国人に地方公共団体の長らの選挙権を保障したものではないとして上告を棄却する一方で，判決の傍論において永住者等，一定の在留外国人に地方参政権を付与することは憲法上禁止されているわけではない旨を付言した(最判平7・2・28民集49巻2号639頁)。

この最高裁判決によって外国人の地方参政権の憲法との関係についての問題は一応の決着をみたとも考えられるが，その後も国会等では，立法政策としての当否などをめぐって議論が続いている。

(4) 条例による国の法令の上書き

> □ 第94条
> 地方公共団体は，その財産を管理し，事務を処理し，及び行政を執行する権能を有し，法律の範囲内で条例を制定することができる。

　地方公共団体がそれぞれの特性を生かして地域の活性化を図ることができるように，平成14年に，内閣総理大臣の認定を受けて関係の法律の規制の特例が認められる構造改革特別区域法が制定された（241頁参照）。

　民主党政権下では，新たな成長戦略の一環として「総合特別区域」（総合特区）の制度が設けられることになったが（総合特別区域法），その際，総合特区においては構造改革特別区域のように個々の法律の規制に関する特例を逐一法律（構造改革特別区域法）で定めるのではなく，国の法令が定めた規制内容を自由に条例で改変することができるような制度とすることができるかどうかが議論となった。これは，条例による規制の内容が第94条の定める「法律の範囲内」[44]であるかどうかの問題として古くから議論されてきたいわゆる上乗せ・横出し規制の限界[45]とは次元を異にし，そもそも条例によって国の法令のい

---

44) 地方自治法第14条第1項では条例の制定は「法令に違反しない限りにおいて」可能であるとし，政省令に違反することも禁じている。政府の答弁（**rec.183**）にもあるように，政省令は法律を実施するため，又は法律の委任に基づいて制定されるのであり，法律と不可分一体のものでるからと考えられる。

45) いわゆる上乗せ・横出し規制の可否については，判例も蓄積されている。近年は特に環境保護関係の法律に関して，「国の法令が必ずしもその規定によって全国的に一律に同一内容の規制を施す趣旨ではな」い（徳島市公安条例事件の最高裁判決〔最大判昭50・9・10刑集29巻8号489頁〕）かどうか論議を招くことがないように，立法に際しては規定の意図を明確にするように努めている。以下は昭和45年の公害対策基本法の一部改正法案の審議に際しての政府の発言である。
○島本虎三君
……国民の生存権を保障し，また環境権を保障する責務は，国とともに地方公共団体にあるという見地に立って，公害を防止し，環境を保全するための施策は，特に法律の定めのない限り自治体の固有の事務なのであって，したがって，法律に定めのない規制を条例において行ない得ること当然であって，法律に定める規制であっても，当該地域の諸条件に応じて条例で法律より厳格なものにすることも可能であると思うのであります……。
○政府委員（高辻正巳君）
……法律と条例との関係に関してでございますが，これも御存じのように，条例は憲法上法律の範囲内で制定をすることができるものでありまして，法律の範囲外にわたって制定することができるものではないわけでございます。そういうことで，ある事項について条

わゆる書換えが認められるか，という国の統治構造の根幹に関わる問題であるといえる。

　法律の内容を条例で変更することは，当該法律が明示的にそのことを認めるものでない限り第94条に違反することは明白であるが，政省令が定めている規制を条例で書き換えることについては，第94条が条例の権能を「法律の範囲内」と規定していることもあって，その可否が問われることになった。これについては，以下にあるように，一般的に条例が政省令の内容を自由に変更するようなことは許されないが，各々の法律において個別にそのことを認めた場合には可能であるというのが政府の立場であった。

rec.183

○松井孝治君

……例えば北海道なんかが提案されているものでございまして，条例による政省令の上書き法というようなものを作ったらどうかという提案があります。……町づくりであるとか，具体的に法律の，いろんな規制がありますが，その条文ごとに，ここの部分は政省令にすべてゆだねなくてもいいんじゃないか，ここの部分の運用基準は，この政省令という部分は，条例があったら，その地域の住民が議会において議論をして，基準を作って，そしてその基準で運用したいというものについては，個別に法律によってそれを指定して，むしろ地域の運用基準を優先するというような，そういう法律があってもいいんじゃないかということを私は提案しているつもりなんです。

……私は，その憲法94条の規定は，それは最終的な憲法判断はその法律の条文を見てみないと分からないということですが，私が申し上げたような精神自身は決して憲法94条に反するものではないと私は確信を持っているんですが，法制局としてのお立場，見解を一言いただけますか。

例で規定を設けようという場合には，その事項について一体法律がどういう態度をとっているかということにかかるわけでございまして，それがときどき疑義を生ずることがあることも事実でございます。しかし，そういうことではたいへん困りますので，今度の御審議をお願いしますところの法律案では，法律の規制事項以外の事項につきまして条例で規制することができることを明らかにし，そのような疑義を生じないように配慮を加えることになっております。……

（64回　昭45・12・3〈衆・本会議〉5号10頁，内閣法制局長官）

6　地方自治

○政府参考人（山本庸幸君）
　憲法94条によりますと，地方公共団体は法律の範囲内で条例を制定することができるとされております。政省令は，御承知のとおり法律の委任あるいは実施するために制定されるものでございますから，その意味では法律と一体を成すものとして条例に優先する効力を有するというわけであります。
　そういう考え方の下で，地方自治法14条1項においても同様の，普通地方公共団体は法令に違反しない限りにおいて条例を制定することができると規定されております。したがいまして，ある条例が政省令に違反するものであれば，その条例は無効になるということがはっきりと言えるわけでございます。
　お尋ねの，まず条例による政省令の内容の，例えば一般的な上書きというものがちょっとどういうものか分かりませんけれども，いずれにせよ，それがその条例の規定によって政省令の内容を直接に改廃しようとするというものでありますならば，今申し上げた94条との関係で問題を生ずるものと思います。
　ただし，それがいわゆる個々の法律の特性に基づきまして，例えば地域の特性等に応じて地方公共団体が特段の規定を設ける，そういうことを許容することを各法律で認めたりということになりますと，そういう法律が例えば複数あるということになりますれば，そういうものをいわゆる一まとめにいたしまして，御承知のとおり，いわゆる束ね法という形でそういうものを一挙に改正するということも，一応法律技術的には可能でございます。
　　　　　　（159回　平16・5・20〈参・内閣委〉14号16頁，内閣法制局第二部長）

　第177回国会（平成23年1月召集）で成立した総合特別区域法には，こうした議論を踏まえ，政省令により規制が定められた「地方公共団体事務政令等規制事業」については，政省令で定めれば，当該政省令に従って条例が定める規制の特例措置を適用する旨の規定が置かれることになった（第25条）。
　この規定と第94条との関係について，政府は次のように説明している。

rec.184

○宮沢洋一君

……当初，法律についても条例で上書きができるというか，変えられるといったようなことが随分検討されていたようでございますけれども，この法律には盛り込まれていませんが，これはどういう経緯があったんでしょうか。

○国務大臣（片山善博君）

……我が国の国法の体系の中で，国権の最高機関で国の唯一の立法機関と憲法に書かれているその国会が定めた法律を，地方議会が定める条例によって自由に改変できるという仕組みを導入することはなかなかこの憲法体制の中では難しいだろうと，私も冷静に考えて思います。……

したがって，我が国の国法の体系の中でいいますと，やはり法律で規制したものは法律で解除するというのが，これが原則だろうと思いますので，多少手間暇は掛かりますけれども，必要な規制緩和というのは，法律で定められているものは法律で柔軟に解除していくという，そういう手法を取る方がいいだろうと思いますし，私も思いましたけれども，大方の関係者の皆さんがそういう意識，認識に至ったということだと思います。

○宮沢洋一君

……私は，この法律で，法律に基づいて政令で規定された規制を条例によって変更することができると，こうなるわけでありますけれども，これは何でこの憲法下で許されるんですか。私にはとてもそれすら許されないことではないか，現行憲法ではと思いますが，法制局から来られていると思いますけれども，お答えいただきたいと思います。

○政府参考人（近藤正春君）

今の憲法上の問題でございますけれども，大臣からも先ほど御答弁ございましたが，憲法41条との関係で，国会が唯一の立法機関であるということから，その委任に基づいたものをどういう範囲内で書いていけるかということで，その委任についてはやはり実質的に国会の立法権を没却するというような形で抽象的，包括的な委任は許されないと従来から解しておりまして，そういう判断基準で今回のものについても私ども審査をしたわけでございます。

今回の，政令あるいは省令で定められている規制，一回法律から政令，省令に委任された事項について条例で少し特例が書けるという形にしてございますけれども，基本的には法律によって一旦政令等に委任をされたということで，ある意味では執行する行政府の判断である程度具体的に定めていくべき事項であるということで，事務的であったり技術的であったり非常に細部にわたるものであったり，いろんなものがあると思いますけれども，委任が一回されたものでありまして，国会自身が常に決定していかなくてもよくて，行政府にある程度委ねたところでの範囲内のものでのマターに，事項に絞られているということが最大でございまして，そういったものにまず対象物を限定をしているということと，総合特別区域法では，そういったものについて具体的に条例に委ねるような範囲は，一応政令で定められているものは政令で，省令で定められているものは省令ということで，ある程度最初の授権を受けた政府の側において一応具体的な範囲を確定し，法律との整合性等を踏まえながらきちっと条例にお渡しをしていくという形で，そういう限定の中である程度は条例での特例措置の範囲を認めているという形にしてございまして，こういう形の制約の中であれば，基本的には私ども，憲法上の問題はないのではないかというふうに判断をいたしました。
（177回　平23・6・21〈参・内閣委〉10号7頁，片山総務大臣，近藤内閣法制局第二部長）

(5)　地方自治特別法

> □　第95条
> 一の地方公共団体のみに適用される特別法は，法律の定めるところにより，その地方公共団体の住民の投票においてその過半数の同意を得なければ，国会は，これを制定することができない。

　第95条は，国会が国の唯一の立法機関であることを定めた第41条の例外であり，具体的な手続は地方自治法第261条以下に定められている。
　この規定に基づいて過去に16件の法案（うち1件は，既存の地方自治特別法の改正法案）が住民投票に付され，すべて成立している。これらはいずれも憲法施行後間もない昭和24年7月から2年余の間に制定されたものであり[46]，近

年実際に住民投票が行われた例はないが，いくつかの法案について住民投票の要否が議論になったことがある。その最終的な判断は，最後に法案を議決する議院の議長が行うこととされているが（地方自治法第261条参照），政府は，法案の提出者としての立場から，法案が第95条の地方自治特別法に該当するかどうかの判断の基準を次のように説明している。

rec.185

○政府委員（大出峻郎君）

　この法案とそれから憲法第95条との関係についての御質問でございましたが，憲法第95条は，地方自治を尊重する立場から，すなわち地方公共団体の自治権ないし自主性を保障する立場から，特定の地方公共団体に係る法律の制定につきましては，特にその地方公共団体の住民の投票を必要とすることとしたものであります。

　この95条に言う「一の地方公共団体のみに適用される特別法」ということの意味でございますが，これは「一の地方公共団体」とありますが，それは特定の地方公共団体という趣旨に理解をいたしております。そして，「一の地方公共団体のみに適用される特別法」といいますのは，その特定の地方公共団体の組織，運営，機能について他の地方公共団体とは異なる特例を定める法律をいうものと解されております。

　ただいまお話がございましたように，個々具体の法律が憲法第95条に該当するかどうかを最終的に決定する権限は，その法案を審議された後議の議院の議長にあるとされておりますが，法案を提出いたしております政府の立場からその考え方を申し上げますと，現在御審議をいただいております阪神・淡路大震災に伴う地方公共団体の議会の議員及び長の選挙期日等の臨時特例に関する法律案は，阪神・淡路大震災により著しい被害を受けた区域にある地方公共団体においては選挙事務に支障を来すおそれがあると考えられることから，その被害の程度により対象となる可能性のある地方公共団体の範囲を法律で定め，この範囲の地方公共団体から自治大臣が具体的に選挙を

---

46)　第95条に基づき最後に住民投票が行われたのは昭和27年8月であるが，これは前々年に住民投票を経て成立した法律の一部改正法案であり，新法としては昭和26年7月に投票が行われた軽井沢国際親善文化観光都市建設法が最後である。

適正に行うことができる地方公共団体であるのかどうかということを御判断をされまして，そして指定をするということとしているものであります。その自治大臣の指定によって初めて地方公共団体が特定的に定まる，こういう形のものであります。

　したがいまして，この法案は，法案それ自体によりまして地方公共団体が特定をされるというものではございませんで，したがいまして憲法第95条に規定する「一の地方公共団体のみに適用される特別法」に該当するものではない。したがって95条の規定によるところのいわゆる住民投票というものを必要とするものではないというふうに理解をいたしておるところであります。

　ただいまお話しの中に，選挙の期日を延期したり，議員あるいは長の任期を延長するということが定められているけれども，これらは地方公共団体の組織，運営にかかわるものではないか，こういう御指摘もございました。その点について申し上げますれば，選挙の期日を法律によって延期したり，あるいは議員，長の任期を延長するというようなことは，地方公共団体の組織，運営にかかわるものではないかという点を言われれば，それは地方公共団体の組織，運営にかかわるものではないかというふうに私どもも考えているところであります。ただしかしながら，先ほど申し上げましたような意味合いで，特定の地方公共団体，具体的なある地方公共団体というものをこの法律が法律自体で定めまして行われているものではなく，自治大臣が指定をすることによって初めて地方公共団体が特定をされるという仕組みになっている法案でございますので，繰り返し申し上げますが，憲法第95条に言うところのいわゆる地方特別法と言われるものではない。したがって，住民投票というものが必要だということにはならないというふうに私ども理解をいたしているところであります。……

(132回　平7・3・8〈参・選挙制度特委〉3号2頁，内閣法制局長官)

　要するに第95条の地方自治特別法は，法律上特定された一又は複数の地方公共団体の組織，運営，権能について他の地方公共団体とは異なる取扱いを定める法律を指す，というのが政府の理解である。

第Ⅱ章　統治機構

　上記の質疑の対象となっている法案は，内容的には地方公共団体の組織，運営に関係しているものの，適用される地方公共団体が法律上特定されていないから地方自治特別法に該当しないというものである。平成18年に成立したいわゆる道州制特区法[47]は，現時点での実際の適用が北海道に限られるにもかかわらず，地方自治特別法に該当しないと判断されたが，これも同様の考え方によるものである。

rec.186

○宮﨑政府特別補佐人

　……ある法律が憲法第95条の「一の地方公共団体のみに適用される特別法」に該当するか否かにつきましては，……これを議決しました国会の御判断によるべきものであると考えております。

　そのことを前提としまして申し上げますと，本法律におきましては，広域行政の推進の観点から，その対象となる特定広域団体といたしまして，御指摘のとおり，北海道に限定せず，今後，地方自治法に基づく廃置分合等によって広域の地方公共団体があらわれる可能性も考慮し，広域行政の推進にふさわしい一定の要件を備えた都道府県であれば，一般的に適用があるものとして構成しているところでございます。

　したがって，本法律案は，特定の地方公共団体の組織，運営，または権能について特別の定めをするというものではございませんで，憲法95条の規定による住民の投票を要する地方特別法には当たらないというふうに私どもとしては考えてございます。

○石崎委員

　ありがとうございました。

　さらにちょっと確認をさせていただきたいと思うのですが，法律上，他の都府県が対象となり得ても，当面，政令で対象となるのは北海道に限定するという事実上の状況が発生すると思いますが，政令で北海道に限定する以上，憲法95条の住民投票が必要だとの意見もありますが，見解はいかがでしょうか。

---

47)　道州制特別区域における広域行政の推進に関する法律。

○宮崎政府特別補佐人

　御指摘のとおり，本法案は，政令によって初めて特定広域団体としての都道府県を定めることにしておりますけれども，法律の形といたしましては，あくまでも具体的な都道府県を特定しておりませんで，一定の要件を備えた都道府県であれば，一般的に適用があるという考え方をとっております。

　したがいまして，憲法第95条の規定による住民の投票を要する地方特別法には該当しないと考えております。

(165回　平18・11・1〈衆・内閣委〉4号3頁，内閣法制局長官)

　これに対して，他とは異なる取扱いを定めた法律の適用が法律上特定の地方公共団体（又はその区域）に限られていても，その内容が地方公共団体の組織，運営，権能に関係しないために地方自治特別法ではないとされた事例もある。

rec.187

○大塚喬君

……この沖縄県の区域内の駐留軍用地等に関する特別措置法案，この法案がいま審議をされておるところでありますが，この法案の内容は，沖縄県に存在する特定の土地について，本土とは異なった特別の強制使用を認めておる内容である。さらに沖縄の土地所有者に対する不利益な差別扱いを行う特別の立法である，そういう法案の審議をいたしておるわけでありますが，……憲法第95条の法意に従って考えれば，当然同条に定めておる住民投票が行われるべきではないか，……。

○政府委員（真田秀夫君）

……憲法第95条に言ういわゆる地方特別法に該当するのではないかという御質問のようでございますけれども，従来政府がお答えしております線で申し上げますと，まず，ある法律が95条に該当するかどうかということを最終的に決定する権限は，その法律案を審議された後議の議院の議長がお決めになるというふうに，地方自治法の261条だったですか，規定を読みますとそういうふうに書いてございますので，実は国会の方でお決めになるというのがたてまえなんです。

　ただ，私の方に対して，それはそうであってもおまえの方はどう思うのか

というふうな御質問であるとすれば，それは私の方の意見は申し上げます。申し上げますが，その95条に対する私たちの方の解釈は，従来からこの95条は憲法の「地方自治」という章の中に書いてあることからも明らかなように，これは特定の地方公共団体の組織なり権限なり，それにじかに適用される特別の立法，そういうふうに考えておりますので，今回の法案のように，なるほど特別な取り扱いを受ける土地は沖縄県の区域内にありますけれども，しかし，それはそこの土地について特例を書くだけであって，沖縄県という地方公共団体そのものの組織なり権限なりにじかに触れるというものではないのじゃないかと，そういう意味合いにおきまして，95条の特別法とは言えないというふうに実は考えておる次第でございます。

(80回　昭52・5・14〈参・内閣委〉11号5頁，内閣法制局長官)

rec.188

○清水政府委員

……憲法第95条の規定は地方公共団体の自治権の侵害を防止するということを目的とする規定である，したがいまして，もう少しそれを具体的に言えば，ある一つの地方公共団体の組織あるいは権能あるいは運営につきまして特別の定めをするという場合においてこの憲法第95条の適用がある，そのように解釈をしているわけでございます。

そこで，この明日香特別措置法でございますが，この法案におきましては，保存計画の作成それから保存地区に関する都市計画の決定につきまして古都保存法の特例を定めるということがまず一つの大きな内容でございます。

それからもう一つは，国の補助など，保存のために国が講じてやる措置を定めている，こういう内容でございます。したがいまして，これを言いかえますと，先ほどの憲法との関係で言いますと，この場合，明日香村の組織とか権能とかあるいは運営に対する制約というようなことは全くその内容といたしておりません。したがいまして，この法案はおっしゃいます憲法第95条の規定の適用があるところの特別法に該当するというふうには解していないわけでございます。

(91回　昭55・3・5〈衆・予算委五分科〉2号29頁，内閣審議官)

このように地方自治特別法に該当する法律は，その内容が地方公共団体の組織，運営，権能に係るものに限られると解する理由については，次のように説明されている。

> **rec.189**
>
> ○逢坂委員
>
> ……学説がもうそもそも断定しているんですよね。「その地方公共団体そのものの組織，権能，運営を規律するものではない法律は，ここに言う特別法ではない」というふうに断定をしている。
>
> ……私が聞きたいのは，その地方公共団体そのものの組織，権能，運営を規律するものではない法律はここに言う特別法ではない法文上の理由を聞きたいんですよ。なぜそういうふうに言い切れるかの理由を聞きたいんですよ。いかがでしょうか。
>
> ○宮崎政府特別補佐人
>
> 　憲法の地方自治の章を拝見しますと，95条の前に92条や94条もございます。92条には，地方公共団体の組織，運営という言葉が出てまいります。また，94条には，地方公共団体の権能ということで権限と出ておりまして，その三つのキーワードというものは憲法自身決めておることから，主なる学説は，地方公共団体に対する特別の定めというのは分解するとその三つのどれかに当たるだろうというふうに考えて解説しているものだというふうに私ども理解しておりまして，それはそのとおり，なるほどというふうに考えておるわけでございます。
>
> 　したがって，根拠はといいますと，憲法自身のその関連の条文の中にあります要素というものを取り上げているんだ，このように思います。
>
> （165回　平18・11・15〈衆・内閣委〉7号7頁，内閣法制局長官）

　昭和27年以降は，住民投票に付された法案はないことに照らすと，地方自治特別法についての上記のような理解は国会においても共有されていると考えられ，実務的には確立した運用になっていると考えられる。

第Ⅲ章

基本的人権

　税法をはじめとして行政作用法の大半は，国民の基本的人権の何らかの制約，制限をその内容に含んでいる。したがって，政府が国会に法案を提出するに当たって行う憲法適合性の審査も，そこに含まれる自由の制限（義務づけ）や経済的負担の賦課が憲法に反しないかどうかの検証が中心になることが多い。

　もっとも，基本的人権に関しては学界の議論も盛んであり，また，その侵害，制約の憲法適合性は最終的には法廷で争われることが多いため，判例の蓄積も豊富である[1]。政府の判断も基本的にはこれらを踏まえて行われる。こうしたことから，基本的人権をめぐる国会での議論は，第9条などに比べると低調である。

　以下では，基本的人権の制約に関する政府の基本的な考え方のほか，過去に国会で活発な議論が展開された特定の問題について，政府の考えを紹介するにとどめる。

1　有事立法と基本的人権

> □　第13条
> すべて国民は，個人として尊重される。生命，自由及び幸福追求に対する国民の権利については，公共の福祉に反しない限り，立法その他の国政の上で，最大の尊重を必要とする。

　憲法の人権の保障が絶対無制限のものでないことは，その文理上からも明らかであり，すべての学説が認めるところでもある。政府もまた，①公共の福祉のために必要がある場合に，②合理的な限度において，国民の基本的人権を制

---

[1]　法律の規定についての過去の最高裁の違憲判決は，いずれも基本的人権の保障規定に違反することを理由とするものである。

約することが許されるとしてきた。

> **rec.190**
>
> ○大塚耕平君
> ……一般論として，日本国憲法で規定されている基本的人権の制限が許されるのはどういう場合かということをお聞かせいただきたいと思います。
>
> ○政府参考人（宮﨑礼壹君）
> ……何が基本的人権の内容であるかということはひとまずおきまして，一般論としてのお尋ねでございますので，お答えしますと次のようなことになろうかと思います。
>
> 　憲法第13条は，生命，自由及び幸福追求に対する国民の権利については，公共の福祉に反しない限り，立法その他の国政の上で最大の尊重を必要とする旨，定めております。この規定からも，公共の福祉のため必要な場合に，合理的な限度において国民の基本的人権に対する制約を加えることがあり得るものと解されておるわけでありまして，その場合における公共の福祉の内容や制約の可能な範囲につきましては立法の目的等に応じて具体的に判断されなければならないというふうに，このように考えられております。
>
> 　　　（156回　平15・7・16〈参・沖縄北方特委〉5号4頁，内閣法制局第一部長）

　政府での法律案の審査に際しては，当該人権の制約が公共の福祉のために真に必要とされるものかどうか，また，必要やむを得ない限度を超えたものになっていないかどうかが一番のポイントとなる。

　国民の人権を最も広範囲に制約せざるを得ないのが，有事，すなわち我が国が外部から武力攻撃を受けた場合である。こうした事態に際して実力を行使して我が国と国民を守ることこそが自衛隊の任務であるが，その場合に国民にどのような協力を求めるのかなど，政府全体としての対処の仕方が法定されていないと，自衛隊はいわば超法規的に行動するのでない限り，円滑に活動することができない。

　いわゆる有事法制が必要とされるゆえんであるが，いわゆる55年体制下では，野党の社会・共産両党が自衛隊を違憲とする立場を堅持していたことから，

その整備が進まなかった。こうした中で，北朝鮮のものと思われる不審船事案が続発し，さらに9・11テロ事件が勃発したことなどから，小泉内閣は，平成14年に，有事の基本法ともいうべき「武力攻撃事態等における我が国の平和と独立並びに国及び国民の安全の確保に関する法律」案を提出し，その成立（平成15年）を受けて，平成16年には「武力攻撃事態等における国民の保護のための措置に関する法律」（国民保護法）等，有事に際しての一連の法制が整備されるに至った。小泉総理はこの有事法制と憲法との関係について次のように述べている。

rec.191

○東門委員

……真に国民を保護するためには，憲法を遵守し，政府が戦争を起こさなければよいのです。

そこで，総理にお尋ねしますが，総理はこれまで果たしてきた我が国の平和憲法の役割及び今後担うべき役割についてどのようにお考えか，お聞かせください。

○小泉内閣総理大臣

憲法はその国の基本法ですから，あらゆる法律が憲法の精神を尊重してつくられているわけであります。日本国としても，戦後，二度と戦争を起こしてはならない，平和のうちに，個人の自由，基本的人権，これを尊重しながら国民生活を豊かにしていこうというその憲法の理念に沿って，今日まで日本の平和と安定を確保してきたわけであります。今後とも，その憲法の基本的人権，そして，二度と戦争を起こしてはいけないという国民の願い，これについて，どのような対応が有事に対してなされるかということと矛盾するものではない。

有事にどう対応するかというのは，まさに国民の基本的人権をいかに守るかということなんです。この有事の対応は，国民の基本的人権をじゅうりんするものではないんです。むしろ，緊急事態，いわゆる有事というものは今想定できない，混乱が起きた事態に何の法的整備もない，どういう省が，どういう人たちがこの混乱状態，緊急事態に対応するか，起こってから考えるのでは国民を守れないでしょう，国民の安全を確保できないでしょうという

観点から，今，有事ではないけれども，平時だけれども，そういう事態を想定して法整備をしていこうというのが，今審議されている関連7法案の問題であります。

　ですから，有事に対応すると有事が起こるという観念ではなくて，混乱が起きた場合に右往左往しないように，整然と国民の権利を保護できるように，国民の安全を確保できるように今から考えておこうというのが今の有事関連法案であります。……

(159回　平16・5・19〈衆・事態対処特委〉17号19頁)

　国民保護法に基づいて，有事の際には，関係行政機関の職員等の私有地への立入など，多くの私権の制限が認められることになったが，この法律の立案に当たっての基本的な考え方は，以下の福田康夫官房長官の発言に集約されている。

rec.192

○福田国務大臣
……武力攻撃事態における憲法で保障している国民の自由と権利についてを御説明申し上げます。

　　武力攻撃事態における憲法で保障している国民の自由と権利について
一　武力攻撃事態対処法案（以下「法案」という。）第3条第4項において，「武力攻撃事態への対処においては，日本国憲法の保障する国民の自由と権利が尊重されなければならず，これに制限が加えられる場合は，その制限は武力攻撃事態に対処するため必要最小限のものであり，かつ，公正かつ適正な手続の下に行われなければならない」と明記し，武力攻撃事態への対処と国民の自由と権利との関係に関する基本理念を述べているが，これは，憲法における基本的人権についての考え方にのっとったものである。

二　すなわち，憲法第13条は，「生命，自由及び幸福追求に対する国民の権利については，……立法その他の国政の上で，最大の尊重を必要とする」と定めているところである。他方，同条自体が「公共の福祉に反しない限り」と規定しているほか，憲法第12条その他の規定からも，憲

法で保障している基本的人権も，公共の福祉のために必要な場合には，合理的な限度において制約が加えられることがあり得るものと解される。また，その場合における公共の福祉の内容，制約の可能な範囲等については，立法の目的等に応じて具体的に判断すべきものである。

三　したがって，武力攻撃事態への対処のために国民の自由と権利に制限が加えられるとしても，国及び国民の安全を保つという高度の公共の福祉のため，合理的な範囲と判断される限りにおいては，その制限は憲法第13条等に反するものではない。

　国民の自由と権利の制限の具体的内容については，この基本理念にのっとり，今後整備する事態対処法制において個別具体的に対処措置を定めていく際に，制限される権利の内容，性質，制限の程度等と権利を制限することによって達成しようとする公益の内容，程度，緊急性等を総合的に勘案して，定めることとなる。また，損失補償を含め，救済措置等についても，その際に定めることとなる。

四　このため，具体的な対処措置がすべては定まっていない現段階において，武力攻撃事態において制約される自由・権利と武力攻撃事態において制約されない自由・権利を確定的に区分することは困難であると考えている。

五　ただし，例えば，憲法第19条の保障する思想及び良心の自由，憲法第20条の保障する信教の自由のうち信仰の自由については，それらが内心の自由という場面にとどまる限り絶対的な保障であると解している。しかし，思想，信仰等に基づき，又はこれらに伴い，外部的な行為がなされた場合には，それらの行為もそれ自体としては原則として自由であるものの，絶対的なものとは言えず，公共の福祉による制約を受けることはあり得る。

　また，憲法第21条第2項にいう「検閲」とは，行政権が主体となって，思想内容等の表現物を対象とし，その全部又は一部の発表の禁止を目的として，対象とされる一定の表現物につき網羅的一般的に，発表前にその内容を審査した上，不適当と認めるものの発表を禁止することを，その特質として備えるものを指すと解しており，検閲について公共の福

祉を理由とする例外を設ける余地がないものと解している。

六　このような絶対的に保障されている基本的人権以外の自由・権利の制約については，今後整備する事態対処法制において個別具体的に定められることとなるが，例えば，テレビ，新聞等のメディアに対し報道の規制など言論の自由を制限することは全く考えていない。

七　国民の自由と権利に制限が加えられる場合の救済措置としては，行政上の不服申立て，行政訴訟，国家賠償についての一般的規定として，行政不服審査法，行政事件訴訟法及び国家賠償法が存在している。武力攻撃事態への対処においても，行政事件訴訟法及び国家賠償法は適用され，行政不服審査法も，例外的に不服申立てができないと法律上規定されている場合を除き，適用されることとなる。一方，損失補償については一般的規定がなく，必要がある場合には個別法律に明文の規定を設けることにより救済措置が講じられることとなるが，このような明文の規定がない場合においても，司法による救済が否定されるものではない。

八　なお，武力攻撃事態における対処措置は，法案第2条第6号に定められているとおり「法律の規定に基づいて」実施するとされていることから，対処措置の根拠となる個別の法律の規定がないにもかかわらず，法案のみを直接の根拠として，国民の権利義務にかかわる対処措置が実施されることはない。

以上であります。

(154回　平14・7・24〈衆・事態対処特委〉18号5頁)

　憲法には「非常事態において，国家の存立を維持するために，国家権力が，立憲的な憲法秩序を一時停止して非常措置をとる」[2] 国家緊急権に関する規定はない。このため非常事態に対処する必要がある場合であっても，人権の制約は，公共の福祉のために合理的な限度において，かつ，立憲主義に則り，法律をもって行うほかはない。こうした観点からわが国では，上記の有事法制に先立って，大規模な災害に対処するための「災害対策基本法」や経済的な異常事

---

[2] 芦部信喜（髙橋和之補訂）『憲法〔第5版〕』（岩波書店，2011年）365頁。

態に対応するための「国民生活安定緊急措置法」が制定されていた。有事法制は，非常時への備えという点ではこれら既存の法律と共通するものであり，最終的には当時野党であった民主党の賛成も得て成立の運びとなった。

2　政教分離

> □　第20条
> ①　信教の自由は，何人に対してもこれを保障する。いかなる宗教団体も，国から特権を受け，又は政治上の権力を行使してはならない。
> ②　何人も，宗教上の行為，祝典，儀式又は行事に参加することを強制されない。
> ③　国及びその機関は，宗教教育その他いかなる宗教的活動もしてはならない。

　基本的人権との関係でこれまで国会での論議が最も多かったのは，政教分離の問題である。憲法は，第20条第1項前段に定める信教の自由の保障を実質的なものとするため，国の宗教的活動を禁じるとともに（第20条第3項），宗教団体が特権を受け，又は政治上の権力を行使することや宗教団体への公金の支出等を禁止している（第20条第1項後段及び第89条）。国会で議論となったのは，これらの規定との関係での以下の諸問題である。

(1)　国の宗教的活動

　靖国神社をめぐっては，戦後，合祀されている戦没者の遺族等を中心に，その国家による運営[3]や閣僚らによる靖国神社への公式参拝，すなわち公的な立場での参拝を求める強い要望がある一方で，靖国神社が戦前に果たしてきた役割にかんがみての，また，靖国神社にA級戦犯が合祀されていることを理由とする近隣諸国等の反発なども強く，閣僚らのこの問題についての発言が政治問題化することがしばしばあった。

　こうした中で政府は，靖国神社への公式参拝に慎重な立場をとり続け，昭和

---

[3]　昭和44年以降数度にわたり，靖国神社の国家護持を内容とする「靖国神社法案」が自民党議員から提案されたが，いずれも成立に至らなかった。

60年に中曽根内閣が公式参拝の実施を決めるまでは，公式参拝が第20条第3項で禁止する国の宗教的活動に当たるかどうかの判断もあえて行わないとしていた。

rec.193

国務大臣の靖国神社参拝問題についての政府統一見解

　政府としては，従来から，内閣総理大臣その他の国務大臣が国務大臣としての資格で靖国神社に参拝することは，憲法第20条第3項との関係で問題があるとの立場で一貫してきている。

　右の問題があるということの意味は，このような参拝が合憲か違憲かということについては，いろいろな考え方があり，政府としては違憲とも合憲とも断定していないが，このような参拝が違憲ではないかとの疑いをなお否定できないということである。

　そこで政府としては，従来から事柄の性質上慎重な立場をとり，国務大臣としての資格で靖国神社に参拝することは差し控えることを一貫した方針としてきたところである。

　　　　　（93回　昭55・11・17〈衆・議運委理事会〉宮澤内閣官房長官による説明）

　その一方で，総理大臣等が公用車を使用して靖国神社に参拝し，内閣総理大臣等の肩書きを付して記帳したような場合であっても，格別の事由がない限り，それは，私人の立場での参拝であると説明をしていた。

rec.194

○国務大臣（安倍晋太郎君）

　内閣総理大臣その他の国務大臣の地位にある者であっても，私人として憲法上信教の自由が保障されていることは言うまでもないから，これらの者が，私人の立場で神社，仏閣等に参拝することはもとより自由であって，このような立場で靖国神社に参拝することは，これまでもしばしば行われているところである。閣僚の地位にある者は，その地位の重さから，およそ公人と私人との立場の使い分けは困難であるとの主張があるが，神社，仏閣等への参拝は，宗教心のあらわれとして，すぐれて私的な性格を有するものであり，特に，政府の行事として参拝を実施することが決定されるとか，玉ぐし料等

の経費を公費で支出するなどの事情がない限り，それは私人の立場での行動と見るべきものと考えられる。

　先般の内閣総理大臣等の靖国神社参拝に関しては，公用車を利用したこと等をもって私人の立場を超えたものとする主張もあるが，閣僚の場合，警備上の都合，緊急時の連絡の必要等から，私人としての行動の際にも，必要に応じて公用車を使用しており，公用車を利用したからといって，私人の立場を離れたものとは言えない。

　また，記帳に当たり，その地位を示す肩書きを付すことも，その地位にある個人をあらわす場合に，慣例としてしばしば用いられており，肩書きを付したからといって，私人の立場を離れたものと考えることはできない。

　さらに，気持ちを同じくする閣僚が同行したからといって，私人の立場が損なわれるものではない。

　なお，先般の参拝に当たっては，私人の立場で参拝するものであることをあらかじめ国民の前に明らかにし，公の立場での参拝であるとの誤解を受けることのないよう配慮したところであり，また，当然のことながら玉ぐし料は私費で支払われている。

　以上が内閣総理大臣等の靖国神社参拝についての政府としての統一見解でございます。

　　　　　　　　　　(85回　昭53・10・17〈参・内閣委〉2号2頁，内閣官房長官)

　昭和60年に戦後40年の節目を迎えるに当たって，中曽根内閣は，官房長官の私的諮問機関として「閣僚の靖国神社参拝問題に関する懇談会」(林敬三座長)を設置して公式参拝実施の是非を諮問，この懇談会報告書(同年8月9日)の多数意見を踏まえて公式参拝の実施を決定し，同年8月15日の終戦記念日に中曽根総理をはじめとするほとんどの閣僚が公式参拝を行った。

　以下は，この公式参拝に先立って示された官房長官談話であるが，戦没者の追悼を目的として，そのことが外観上も明らかになるように，二礼二拍手一礼という正式な神社参拝の方式によるのではなく，社頭で一礼をする形での参拝である限りは，憲法上も問題がないとする判断を明らかにしている。

第Ⅲ章　基本的人権

rec.195

内閣総理大臣その他の国務大臣の靖国神社参拝について

　明日8月15日は，「戦没者を追悼し平和を祈念する日」であり，戦後40年に当たる記念すべき日である。この日，内閣総理大臣は靖国神社に内閣総理大臣としての資格で参拝を行う。

　これは，国民や遺族の方々の多くが，靖国神社を我が国の戦没者追悼の中心的施設であるとし，同神社において公式参拝が実施されることを強く望んでいるという事情を踏まえたものであり，その目的は，あくまでも，祖国や同胞等を守るために尊い一命を捧げられた戦没者の追悼を行うことにあり，それはまた，併せて我が国と世界の平和への決意を新たにすることでもある。

　靖国神社公式参拝については，憲法のいわゆる政教分離原則の規定との関係が問題とされようが，その点については，政府としても強く留意しているところであり，この公式参拝が宗教的意義を有しないものであることをその方式等の面で客観的に明らかにしつつ，靖国神社を援助，助長する等の結果とならないよう十分配慮するつもりである。

　また，公式参拝に関しては，一部に，戦前の国家神道及び軍国主義の復活に結び付くのではないかとの意見があるが，政府としては，そのような懸念を招くことのないよう十分配慮してまいりたいと考えている。

　さらに，国際関係の面では，我が国は，過去において，アジアの国々を中心とする多数の人々に多大の苦痛と損害を与えたことを深く自覚し，このようなことを二度と繰り返してはならないとの反省と決意の上に立って平和国家としての道を歩んで来ているが，今般の公式参拝の実施に際しても，その姿勢にはいささかの変化もなく，戦没者の追悼とともに国際平和を深く念ずるものである旨，諸外国の理解を得るよう十分努力してまいりたい。

　なお，靖国神社公式参拝に関する従来の政府の統一見解としては，昭和55年11月17日に，公式参拝の憲法適合性についてはいろいろな考え方があり，政府としては違憲とも合憲とも断定していないが，このような参拝が違憲ではないかとの疑いをなお否定できないので，事柄の性質上慎重な立場をとり，差し控えることを一貫した方針としてきたところである旨表明したところである。それは，この問題が国民意識と深くかかわるものであって，

憲法の禁止する宗教的活動に該当するか否かを的確に判断するためには社会通念を見定める必要があるが，これを把握するに至らなかったためであった。

しかし，このたび，「閣僚の靖国神社参拝問題に関する懇談会」の報告書を参考として，慎重に検討した結果，今回のような方式によるならば，公式参拝を行っても，社会通念上，憲法が禁止する宗教的活動に該当しないと判断した。したがって，今回の公式参拝の実施は，その限りにおいて，従来の政府統一見解を変更するものである。

各閣僚は，内閣総理大臣と気持ちを同じくして公式参拝に参加しようとする場合には，内閣総理大臣と同様に本殿において一礼する方式，又は，社頭において一礼するような方式で参拝することとなろうが，言うまでもなく，従来どおり，私的資格で参拝することなども差し支えない。靖国神社へ参拝することは，憲法第20条の信教の自由とも関係があるので，各閣僚自らの判断に待つべきものであり，各閣僚に対して参拝を義務付けるものでないことは当然である。

（昭60・8・14，藤波内閣官房長官談話）

公式参拝の憲法適合性について政府がこのように判断するに至った経緯については，以下の答弁書に詳しく述べられている。

rec.196
政府の憲法解釈変更に関する質問に対する答弁書
一について
……政府は，一般に，国又はその機関の行為が憲法第20条第3項の禁ずる「宗教的活動」に当たるかどうかは，いわゆる津地鎮祭判決（昭和52年7月13日最高裁判所大法廷判決）において示されたいわゆる目的効果論の考え方に従い，当該行為の宗教とのかかわり合いが我が国の社会的・文化的諸条件に照らし相当とされる限度を超えるものか否かを社会通念に従って客観的に判断して決すべきものであるとの解釈を採っているところ，御指摘の内閣総理大臣その他の国務大臣が国務大臣としての資格で靖国神社に参拝することに関しては，昭和60年以前は，前記のいわゆる目的効果論の考え方に基づき同項の規定との関係で問題がないかどうかを判断するために必要な社会通念

を見定めるに至っていなかったことから，同項の規定との関係で違憲とも合憲とも断定しないものの，違憲ではないかとの疑いをなお否定できないため，これを差し控えることとしていた。しかし，昭和60年に，当時の「閣僚の靖国神社参拝問題に関する懇談会」の報告書等を参考として鋭意検討した結果，前記のような国務大臣の靖国神社へのいわゆる公式参拝のうち，専ら戦没者に対する追悼を目的として，靖国神社の本殿又は社頭において一礼する方式により行われるような参拝については，社会通念に照らし同項の規定に違反する疑いはないとの判断に至ったので，このような参拝は，差し控える必要がないという結論を得たものである。このように，国務大臣の靖国神社へのいわゆる公式参拝については，前記のいわゆる目的効果論の考え方を踏まえ，これを具体の事案に当てはめるに際し，その対象となる参拝の方式を特定し，これを前提とすれば社会通念に照らして憲法に違反することはないという結論を得るに至ったものであり，このことは，前記のいわゆる目的効果論の考え方の範囲内にとどまるものである。……

(159回　平16・6・18答弁114号，対島聡議員（衆））

ちなみに，ここにいう社会通念の意味については，次のように説明している。

rec.197

○寺田熊雄君
……あなたの国民意識の問題だと言う，社会通念の問題だと言うその社会通念というのは，内容はどうなんです。つまり，国民の大多数が靖国の公式参拝を支持しているというその社会通念ですか。それとも合憲だと考えているという，そういう認識の上での社会通念ですか，どちらですか。
○政府委員（茂串俊君）
　社会通念というのは非常に一般的な用語でございまして，使われている場所によっていろいろな意味合いがあろうかと思いますが，要するにこの津の地鎮祭に関する最高裁判決に使われておりますところの社会通念と申しますのは，端的に申しますと，国の特定の行為がその目的において宗教的意義を有するかどうかとか，その効果の面で宗教に対する援助，助長等になるかどうかという点につきましての世の中一般の受けとめ方，判断を意味するもの

と我々は考えておるのでございます。

(103 回　昭 60・11・26〈参・法務委〉2 号 7 頁，内閣法制局長官)

　公式参拝の実施に合わせて，政府は，閣僚の公式参拝が「憲法第 20 条第 3 項との関係で違憲ではないかとの疑いをなお否定できない」としていた従来の政府見解を，その限りで変更したとも述べている。

rec.198

○国務大臣（藤波孝生君）

……昭和 55 年 11 月 17 日の政府統一見解の変更に関する政府の見解を申し上げます。

　政府は，従来，内閣総理大臣その他の国務大臣が国務大臣としての資格で靖国神社に参拝することについては，憲法第 20 条第 3 項の規定との関係で違憲ではないかとの疑いをなお否定できないため，差し控えることとしていた。

　今般「閣僚の靖国神社参拝問題に関する懇談会」から報告書が提出されたので，政府としては，これを参考として鋭意検討した結果，内閣総理大臣その他の国務大臣が国務大臣としての資格で，戦没者に対する追悼を目的として，靖国神社の本殿または社頭において一礼する方式で参拝することは，同項の規定に違反する疑いはないとの判断に至ったので，このような参拝は，差し控える必要がないという結論を得て，昭和 55 年 11 月 17 日の政府統一見解をその限りにおいて変更した。

　以上が政府統一見解の変更に関する政府の見解でございます。……

(102 回　昭 60・8・20〈衆・内閣委〉18 号 2 頁及び
昭 60・8・27〈参・内閣委〔閉会中〕〉1 号 2 頁，内閣官房長官)

　もっとも，翌年 8 月 15 日の中曽根総理の公式参拝は見送られ，その後も内閣総理大臣の公式参拝は実施されていない。これは主として靖国神社に A 級戦犯が合祀されていることを理由とする中国や韓国からの強い批判に配慮したものであり，戦没者の追悼を目的とした社頭一礼方式による公式参拝は合憲であるとする政府の見解に変更があったわけではない 資料 3-1 。

ちなみに小泉総理は，8月15日の参拝も含めてその在任中に数度，靖国神社に参拝をしているが，玉串料が公費から支出されていないことや拝礼の方式もいわゆる正式参拝であったことなどから，政府はこれらをいずれも私的な立場での参拝と位置づけている 4)。

中曽根総理の公式参拝と小泉総理の靖国参拝に対しては，宗教的人格権の侵害等を理由とするいくつかの損害賠償請求訴訟が提起された。これらの訴訟に係る地裁，高裁段階の判決の中には傍論等において総理の公式参拝ないし職務としての参拝を違憲としたものもみられるが，いずれも原告の請求を認めておらず，これらの参拝の憲法適合性についての最高裁の判断は示されていない 5)。

靖国神社への公式参拝に次いで国の宗教的活動に当たらないかどうかが問題となったのが，昭和天皇の「大喪の礼」（皇室典範第25条）であった。政府は，大喪の礼を国が主催する儀式である以上，神道の方式によることはできないと考え，皇室行事として神道様式により行われる大葬儀（葬場殿の儀）に続いて，しかしこれとは明確に区分して，宗教色のない方法でこれを実施した。もっとも，内閣総理大臣等は，大喪の礼だけではなく，これに先立って行われた葬場殿の儀にも参列したが，これについては次のように，問題がないとしている。

rec.199

○田口委員
……いろいろ考えてみますと，新聞などでも報道されておるように，これはまきに葬場殿の儀から大喪の礼まで一体化をされておるのじゃないか。これ

---

4) 以下は福田康夫官房長官の答弁である。
　……過去に小泉総理は今回の分を含めまして3回靖国神社へ参拝をしております。これはいずれも私人としての立場でもって参拝されたものでございます。……
　　　　　　　　　　　　　　　　　　(156回　平15・1・30〈参・予算委〉4号2頁)
　ちなみに小泉総理の総理在任中の靖国神社への参拝は，平成13年8月13日，平成14年4月21日，平成15年1月14日，平成16年1月1日，平成17年10月17日及び平成18年8月15日の6回であった。
5) もっとも，愛媛県知事が靖国神社及び護国神社の例大祭等に際して公費から玉串料などを支出していたことを違憲であるとし，知事にその返還を求めた住民訴訟（愛媛玉串料訴訟）において，最高裁は，津地鎮祭判決の目的効果基準に照らすと，玉串料等の奉納によってもたらされる「県と靖国神社等とのかかわり合いが我が国の社会的，文化的諸条件に照らし相当とされる限度を超える」として違憲である旨を判示している（最大判平9・4・2民集51巻4号1673頁）。

は明確に区分ができるのかどうか、その辺のところをひとつお伺いをいたしたいと思います。
○小渕国務大臣
　大喪の礼の御式は国の儀式として行われ、葬場殿の儀は皇室の行事として行われることは、ただいま申し上げたとおりでございますが、両儀は法的に明確に区別されるのみならず、実際上も、大喪の礼御式におきましては、一、開式を告げること、二、祭官は退席すること、三、鳥居を撤去すること、四、大真榊を撤去すること等とされており、両儀ははっきり区別をされてまいるものだ、こういうふうに考えております。

(114回　平元・2・10〈衆・内閣委〉2号4頁、内閣官房長官)

rec.200

○政府委員（味村治君）
……その前に葬場殿の儀が行われるわけでございまして、これは皇室の行事として行われるわけでございます。これにつきましてはいろいろ宗教的な色彩があるということは否定ができないわけでございます。しかしながら、そこに総理が総理たる資格で御出席になりましても、それは先ほど飯田委員との論議の中で申し上げたのと似たようなことになるわけでございますが、日本国の象徴であり日本国民統合の象徴であられます亡き昭和天皇に対する哀悼の意を表し、また、御遺族と申し上げるのは失礼かと思うんですが、御遺族であられます現天皇に対してお悔やみの意をあらわす、こういう意味でそういういろんな儀礼を尽くすというような意味で出席されるわけでございまして、特定の宗教を助長するとか援助するとかそういうようなことで出席されるわけでないということは、これは明らかなわけでございますから、したがって、内閣総理大臣が総理大臣としての資格で皇室行事たる葬場殿の儀に御出席になってもそれは憲法20条3項の禁止する宗教的活動には該当しない、このように理解をしているわけでございます。

(114回　平元・2・14〈参・内閣委〉3号10頁、内閣法制局長官)

資料3-1
　本年8月15日の内閣総理大臣その他の国務大臣による靖国神社参拝について

第Ⅲ章　基本的人権

　1　戦後40年という歴史の節目に当たる昨年8月15日の「戦没者を追悼し平和を祈念する日」に，内閣総理大臣は，気持ちを同じくする国務大臣とともに，靖国神社にいわゆる公式参拝を行った。これは，国民や遺族の長年にわたる強い要望に応えて実施したものであり，その目的は，靖国神社が合祀している個々の祭神と関係なく，あくまで，祖国や同胞等のために犠牲となった戦没者一般を追悼し，併せて，我が国と世界の平和への決意を新たにすることであった。これに関する昨年8月14日の内閣官房長官談話は現在も存続しており，同談話において政府が表明した見解には何らの変更もない。

　2　しかしながら，靖国神社がいわゆるA級戦犯を合祀していること等もあって，昨年実施した公式参拝は，過去における我が国の行為により多大の苦痛と損害を蒙った近隣諸国の国民の間に，そのような我が国の行為に責任を有するA級戦犯に対して礼拝したのではないかとの批判を生み，ひいては，我が国が様々な機会に表明してきた過般の戦争への反省とその上に立った平和友好への決意に対する誤解と不信さえ生まれるおそれがある。それは，諸国民との友好増進を念願する我が国の国益にも，そしてまた，戦没者の究極の願いにも副う所以ではない。

　3　もとより，公式参拝の実施を願う国民や遺族の感情を尊重することは，政治を行う者の当然の責務であるが，他方，我が国が平和国家として，国際社会の平和と繁栄のためにいよいよ重い責務を担うべき立場にあることを考えれば，国際関係を重視し，近隣諸国の国民感情にも適切に配慮しなければならない。

　4　政府としては，これら諸般の事情を総合的に考慮し，慎重かつ自主的に検討した結果，明8月15日には，内閣総理大臣の靖国神社への公式参拝は差し控えることとした。

　5　繰り返し明らかにしてきたように，公式参拝は制度化されたものではなく，その都度，実施すべきか否かを判断すべきものであるから，今回の措置が，公式参拝自体を否定ないし廃止しようとするものでないことは当然である。政府は引き続き良好な国際関係を維持しつつ，事態の改善のために最大限の努力を傾注するつもりである。

　6　各国務大臣の公式参拝については，各国務大臣において，以上述べた諸点に十分配慮して，適切に判断されるものと考えている。

（昭61・8・14，後藤田内閣官房長官談話）

(2)　公明党の政権参加

　創価学会を支持母体とする公明党がはじめて与党として政権に参加したのは，平成5年の細川連立内閣においてである。このときに，このように宗教団体の支援を受けた政党が政権を担うことが，第20条第1項後段が禁止する宗教団体による「政治上の権力」の行使に当たらないかどうかが国会で論議されることになった。

同項後段が宗教団体に行使を禁じている「政治上の権力」の意味は，制憲議会においても問われていて，金森徳次郎国務大臣は次のように答弁している。

rec.201

○金森国務大臣

　此の権力を行使すると云ふのは，政治上の運動をすることを直接に止めた意味ではないと思ひます，国から授けられて正式な意味に於て政治上の権力を行使してはならぬ，斯う云ふ風に思つて居ります。

（昭21・7・16〈衆・帝国憲法改正案委〉14号15頁，金森国務大臣）

同項後段についての政府のこうした理解は，創価学会が公明党を組織して国政に進出した後も一貫して変わることなく，宗教団体が政治的活動を行うことはもとより，公明党のように宗教団体が支援する政治団体が政権与党となり，当該政党に所属する議員が国務大臣に就任したとしても，そのこと自体は憲法との関係で何ら問題がないと解してきた。

rec.202

○野中国務大臣

　宗教法人が支持する政党が政権に参加したからといって，憲法の違反にならないと私は考えております。憲法上の専門的には，法制局長官からお答えをいただきたいと存じております。……

○大森（政）政府委員

　お尋ねの件でございますが，憲法の定める政教分離の原則と申しますのは，信教の自由の保障を実質的なものとするため，国及びその機関が国権行使の場面において宗教に介入しまたは関与することを排除する趣旨であるというふうに解されておりまして，それを超えて，宗教団体が政治的活動をすることをも排除している趣旨ではないというふうに考えているわけでございます。

　憲法第20条第1項後段は，いかなる宗教団体も政治上の権力を行使してはならない，このように規定しているわけでございますが，ここに言う政治的な権力とは，一般的には，国または地方公共団体に独占されている統治的権力を言うと考えられておりまして，宗教団体が国や公共団体から統治的権力の一部を授けられてこれを行使することを禁止している趣旨と理解されて

いるわけでございます。

　そこで，お尋ねの宗教団体が支援している政党の政権参加問題につきまして，これは私の立場から申し上げるわけでございますから，あくまで一般論としてお聞きいただきたいと思いますが，御指摘の趣旨は，要するに，分析いたしますと，宗教団体が推薦または支持した公職の候補者が，公職に就任して，これはまあ，国務大臣その他の公職に就任して，国政を担当するに至ることを指すことになろうと思われます。そこで，仮にそのような状態が生じたといたしましても，当該宗教団体と国政を担当することとなった者とは法律的には別個の存在である，宗教団体が政治上の権力を行使していることにはならないわけでございますから，憲法第20条第1項後段違反の問題は生じないと考えられます。

　なお，当該国政を担当することとなった者は，憲法尊重擁護義務を憲法上負うわけでございますから，その者が，国権行使の面において，当該宗教団体の教義に基づく宗教的活動を行う等宗教に介入または関与することは，憲法が厳にこれを禁止しているところでございます。

　したがいまして，宗教団体が支援している政党が政権に参加したということになりましても，そのことによって直ちに憲法が定める政教分離の原則にもとる事態が生ずるものではないということになろうかと思います。

　この趣旨は，昭和45年4月24日付の質問主意書に対する内閣の答弁書〔rec.204：編者注〕以来，しばしば委員会等における質疑で同様の見解を表明しているところでございます。……

　　　　　　　　　　　　　　（145回　平11・7・15〈衆・予算委〉21号35頁，
　　　　　　　　　　　　　　野中内閣官房長官・大森内閣法制局長官）

rec.203
宗教団体の政治的中立性の確保等に関する再質問に対する答弁書

……政府としては，憲法の定める政教分離の原則は，憲法第20条第1項前段に規定する信教の自由の保障を実質的なものにするため，国その他の公の機関が，国権行使の場面において，宗教に介入し，または関与することを排除する趣旨であつて，それをこえて，宗教団体または宗教団体が事実上支配する団体が，政治的活動をすることをも排除している趣旨であるとは考えて

いない。また，主意書は，「宗教団体が……政権獲得をめざす政治的活動をすること……は，宗教団体が現在の議会政治機構を利用して政権を獲得することに道を開き，その結果として，宗教団体にその教義に基づく政治上の権力の行使を認めることになるものであるから，これは憲法の政教分離の根本精神に反し，断じて許されるべきことではない」と述べているが，宗教団体が政権を獲得するというのは，宗教団体が，公職の候補者を推薦し，または支持した結果，これらの者が公職に就任して国政を担当するにいたることを指すものと解されるところ，仮りに，このような状態が生じたとしても，当該宗教団体と国政を担当することとなつた者とは，法律的には，別個の存在であるばかりでなく，また，前述のように，当該国政を担当することとなつた者が，国権行使の面において，当該宗教団体の教義に基づく宗教的活動を行なう等宗教に介入し，または関与することは，憲法が厳に禁止しているところであるから，前述の状態が生じたからといつて，直ちに憲法が定める政教分離の原則にもとる事態が現出するものではなく，したがつて，前述の状態が生ずることそれ自体が，憲法に抵触するものとは解されない。とすれば，前述の意味における政権獲得をめざす政治的活動が憲法上許されないとされるべきはずがなく，その政治的活動の自由は，憲法第21条第1項が「集会，結社及び言論……その他一切の表現の自由」を保障している趣旨にかんがみ，尊重されるべきものと解する。……

(63回　昭45・4・24答弁3号，対春日一幸議員（衆））

いうまでもなく宗教法人は，宗教活動を行うことを目的として設立されるものであるから，選挙運動その他の政治的活動を主たる目的とする宗教団体の存在は，そもそも予定されていないといえるし，現在では宗教団体自身が統治的権力の一部を授けられて，政治上の権力を行使するようなことはほとんど想定できないが，たとえばドイツなどでは今も所得税の付加税として教会税（Kirchensteuer）が課されているし[6]，我が国においても江戸時代には寺社が自身の

---

6)　教会税の賦課及び徴収は州が行い，教会は税収の配分を受けているから，教会が「政治上の権力を行使」しているというよりは，「国から特典を受け」ている場合に当たるとも考えられる。

領地を有し,課税権等を行使していた。

3 財産権の保障

> □ 第29条
> ① 信教の自由は,何人に対してもこれを保障する。いかなる宗教団体も,国から特権を受け,又は政治上の権力を行使してはならない。
> ② 何人も,宗教上の行為,祝典,儀式又は行事に参加することを強制されない。
> ③ 国及びその機関は,宗教教育その他いかなる宗教的活動もしてはならない。

財産権を保障した第29条の規定が立法に際しての争点になることが少なくない。

同条は,土地の収用に代表されるような国や地方公共団体による財産権の侵害には正当な補償を要する旨を定める(第3項)一方で,財産権は無条件に絶対のものではなく,その内容は,公共の福祉に適合するように法律で定める(第2項)ともしていて,一般に同項は,財産権の内在的制約に加えて公益上の見地からの政策的な規制を許容する趣旨を定めたものと解されている[7]。このため,新たに財産権の内容を変更したり,制限したりする立法を行う場合には,これが同条第2項に基づいて許される規制の範囲内であるのかどうかが問題になる。

こうした規制の当否は,社会との関わりが密接な土地の所有権・利用権をめぐって論じられることが多かった。政府はその許容範囲について次のような定性的な基準を示すにとどまっているが,規制の合憲性が司法において争われた過去の立法中,違憲の判断が下されたのは,共有林の分割請求権を制限していた森林法第186条の規定のみであり(最大判昭62・4・22民集41巻3号408頁),他はいずれも私権(財産権)を制限することの合理性が認められている[8]。

---

[7] 芦部・前掲注2) 226頁。
[8] 奈良県ため池条例事件(最大判昭38・6・26刑集17巻5号521頁),成田新法事件(最大判平4・7・1民集46巻5号437頁)等。

rec.204

○味村政府委員

　憲法29条1項は，私有財産制を制度的に保障いたしますとともに，国民の財産的権利を保障したものというふうに解されておりまして，土地所有権も，もちろん同項の財産権の一種としてその適用を受けるわけでございます。

　これに対しまして，同条第2項は，この私有財産権の保障という原則を踏まえつつ，この私有財産権の保障は絶対不可侵のものではなくて，法律によるならば，財産権の内容あるいはその行使につきまして公共の福祉を理由とする制約を課することができる旨を定めた，こういうふうに解されております。したがいまして，土地所有権につきましても公共の福祉のためにそのような制約を課するということは可能でございまして，現に国土利用計画法なりあるいは都市計画法といったようなもの，その他非常に多くの法律があるわけでございますが，その他の法律によりましてさまざまの制約が課されております。

　これらの法律によって制約が課されております理由というのは，これはさまざまでございまして，それらはいずれも公共の福祉のためということであろうかと思いますが，公共の福祉の内容それ自体は非常に多種多様と申し上げて，なかなか一概には申し上げかねるものでございます。

　そこで，一般論といたしまして，憲法29条2項の規定のもとにおきまして，どの程度まで土地所有権に対して制約を課することができるかということにつきましては，まず第一に，その制約の目的が，公共の福祉のため制約を課する合理的な必要性が存するということがまず第一でございます。

　それから第二には，その制約の内容が，ただいま申し上げましたような必要性に応じまして，合理的な範囲内であるという，この二つが要求されるかと存じます。……

　　　　　　（111回　昭62・12・4〈衆・土地問題等特委〉2号3頁，内閣法制局長官）

　土地は一種の公共財ともいえるから，土地の所有権・利用権に対する規制は権利に内在する制約として是認される余地が大きいと考えられる。

　これに対して，権利自体に内在する制約があると通常は考えにくい金銭債権

第Ⅲ章　基本的人権

その他の経済的利益について，その価値を減少させたり，特定の者に特別の経済的負担を課したりする場合は，それが公共の福祉のために必要であるかどうかのいわば物差しが，土地の所有や利用に対する規制の場合とはおのずから異なることになろう[9]。

このような問題の一つが，自作農創設特別措置法に基づいて国に売却した農地の買戻し価格をめぐる争いであった。事件の概要は次のとおりである。

事件以前の農地法では，国が買収した農地のうち農林大臣が自作農の創設等の目的に供しないことを相当と認めたものについて，その買収額相当額で，原則として旧所有者に売却しなければならない旨が定められていた。ところが国は，昭和46年に新たに法律（国有農地等の売払いに関する特別措置法）を制定し，こうした農地を旧所有者に売り戻す場合の売却価額を時価の7割相当額に引き上げることとした。これは，戦後の地価の上昇，特に都市周辺部での高騰を踏まえての政策判断であった。この法改正に対して，法改正前に国に対して農地の売払いの申込みをしていた土地の旧所有者が財産権の侵害であり，第29条に違反すると主張して訴訟を提起した。すなわち，時価の7割相当額と国への売却価格相当額との差額に相当する経済的利益を失わせる立法の合憲性が争われたわけである。

この事件の判決において最高裁は，「法律でいったん定められた財産権の内容を事後の法律で変更しても，それが公共の福祉に適合するようにされたものである限り」合憲であるとした上で，その「変更が公共の福祉に適合するようにされたものであるかどうかは，いったん定められた法律に基づく財産権の性質，その内容を変更する程度，及びこれを変更することによって保護される公益の性質などを総合的に勘案し，その変更が当該財産に対する合理的な制約として容認されるべきものであるかどうかによって，判断すべきである」とする考えを示し，その上で上記のような売払いの対価の変更は，「社会経済秩序の

---

[9] ちなみに最高裁は，サンフランシスコ平和条約に基づき，国民の在外資産が連合国への損害賠償に充てられたことについて，戦中・戦後の非常事態下での犠牲は，全国民がひとしく受忍しなければならないものであり，当該損害のごときも，「一種の戦争損害として，これに対する補償は，憲法の全く予想しないところというべき」であるとして，29条3項に基づく補償請求を斥けているが（最大判昭43・11・27民集22巻12号2808頁），これは，公共の福祉のための財産権の制約とは次元を異にする判断基準であると考えられる。

保持及び国有財産の処分の適正という公益上の要請と旧所有者の……権利との調和を図ったものであり旧所有者の権利に対する合理的な制約として容認されるべきもの」であると判示した。さらに当該売却価格の変更は，売払いを求める権利自体の剝奪とは異なるとして，違憲の主張を斥けている（最大判昭53・7・12民集32巻5号946頁）。

　政府は，農業者年金の財政が新規加入者の激減等に伴い著しく悪化したことから，平成13年に農業者年金基金法を改正して制度の見直しを行うとともに，経営移譲年金[10]については，既裁定のものについても約1割の削減を行うこととした。この既裁定年金の減額措置は財産権（年金受給権）の内容を変更するものであることから，第29条との関係を問われたのに対して，政府は次のように，上記の判決で最高裁が示した基準に則って判断をした旨を明らかにしている。

rec.205

○国務大臣（谷津義男君）
　……次に，既に裁定を見た受給金額を減額するのは憲法が保障する財産権の侵害に当たるのではないかとのお尋ねがございました。
　一般に，財産権は基本的人権として保障されていますが，公共の福祉を実現しあるいは維持するために必要がある場合には，法律により合理的な範囲内で財産権に制約を加えることは憲法上許容されるという基本的考え方が，累次にわたる最高裁判所の判例により示されております。
　このうち，昭和53年7月12日の最高裁判所大法廷判決は，財産権の事後的な制約について，原則的な基準を示しております。
　すなわち，この判決では，法律で一たん定められた財産権の内容を事後の法律で変更しても，それが公共の福祉に適合するようにされたものである限り，これをもって違憲の立法ということができず，その場合，当該変更が公共の福祉に適合するようにされたものであるかどうかは，一たん定められた法律に基づく財産権の性質や，その内容を変更する程度，さらには，これを

---

[10] 経営移譲年金は，20年以上農業に従事した者（より正確には保険料納付済期間がある者）がその所有農地を若手の後継者に移譲するなどした場合に支給が開始される年金である。

変更することによって保護される公益の性質などを総合的に勘案し，その変更が当該財産権に対する合理的な制約として容認されるべきものであるかどうかによって判断すべき旨，判示しております。

　今回の年金額の引き下げ措置について，この最高裁判決で示された基準に沿って検討しますと，年金額引き下げの対象となる年金は経営移譲年金のみとしていますが，これは，老後の生活の安定への寄与のみならず，農業経営の近代化や農地保有の合理化といった農業上の政策目的の達成という特別の性格を有し，その財源を専ら国庫助成で賄っているものであること，年金額引き下げの水準は，月額二千円から四千円で，高齢夫婦世帯の消費支出の1％程度にとどまり，農業者の老後の生活の安定が直ちに脅かされるものではないこと，年金額引き下げ措置を講じることによって，加入者の負担能力の限界を超える保険料の大幅引き上げや，国民一般の負担のさらなる増加を避けることができることから，今回の引き下げ措置は，財産権に対する合理的な制約として，憲法第29条に照らしても許容されるものと考えております。

　次に，既裁定の年金減額の論拠として，昭和53年最高裁大法廷判決を引用することについてのお尋ねがございました。

　昭和53年7月12日の最高裁判決は，国が買収により取得した農地を，自作農の創設等の目的に供しなくなり，もとの所有者に売り戻す場合の対価について，農地法上は買収の対価相当額となっていたものを事後の特別措置法において時価の7割に改めたことが憲法第29条で保障する財産権の侵害に当たるかどうかが争われた事案に関するものであります。

　今回の農業者年金の既裁定年金額の引き下げ措置にかかわる財産権は，この最高裁判決で争われた事案における財産権と具体的な内容等は異なるものの，この判決は，財産権を事後に変更することによって保護される公益の性質などを総合的に勘案し，その変更が当該財産権に対する合理的な制約として容認されるかどうかという論点の原則的な判断基準を示したものであることから，この基準自体は今回の措置にも適用できるものと考えております。
……

　　　　　　　　　（151回　平13・3・22〈衆・本会議〉15号8頁，農林水産大臣）

この答弁で述べているように，経営移譲年金の制度は，農業政策上の目的で設けられ，その財源をもっぱら国庫に依存していたこと，減額の絶対額が少額であったことなども，年金減額の憲法適合性を考える上での大きな要素であったと考えられるが，政府が，こうした措置の実施に踏み切ったそもそものきっかけであり，かつ最大の理由でもあるのは，農業者年金財政全体の極端な悪化である。こうした財政状況下で既裁定の年金額を維持しようとすれば，未受給の年金者が将来受け取るべき年金額の大幅な減額を行うか，国庫の負担，すなわち国民の税負担の増加に頼るかせざるを得ないことになる。経営移譲年金の一定の減額は，大局的な視点から年金受給者の権利と国庫，つまり一般国民の負担との調和を図った結果であるといえる。

　既裁定の年金受給権と第29条との関係についてのこうした考え方は，基本的には一般の公的年金についても妥当すると考えられる。我が国の財政は，現在すでに巨額の借金を有しているが，近年の財政赤字の主因が高齢者人口の増加に伴う社会保障関係経費の増加にあることは周知の通りである。政府は，その増加を抑制するべく様々な制度改正に取り組んできたが，その結果，公的年金についてみると，世代間で，支給開始年齢や支給額にかなりの格差が生じることになった。年金制度のあり方は，当面の大きな政治課題であり，引き続き議論が進められると予想されるが，上記の最高裁判決や政府の考え方は，世代間の公平を図るために既裁定の公的年金一般について減額措置を講じることが第29条との関係で許されるかどうかを検討するに際しての指針にもなるといえよう。

　ちなみに，平成10年に国鉄清算事業団の解散と同事業団の債務の処理策が法律[11]で定められたが，その中で，JR各社が新たに鉄道共済年金から厚生年金への移換金に係る同事業団の債務の一部を負担するものとされた。この債務を含め旧国鉄の長期債務については，国鉄改革に際してすでに，一部（14.5兆円）を民営化後のJRが負担し，残余（22.7兆円）を国が承継することが法定されていたことから，私企業となったJR各社に予定しない新たな負担を課すことが第29条に違反しないかどうかが問題となった。これについても政府は，

---

[11]　日本国有鉄道清算事業団の債務等の処理に関する法律。

当該負担は公共の福祉の実現のための合理的な範囲内のものであり，かつ，財産権の内容の事後的な変更が可能なことは最高裁判決も認めていると述べている[12]。

---

[12] 142回　平10・2・17答弁3号，対坂上富男議員（衆）答弁書，吉田（治）議員に対する大森内閣法制局長官答弁（142回　平10・3・3〈衆・予算委〉17号17頁）等。

第 IV 章

憲法改正・その他

1 政府の憲法改正原案提出権

> 第96条第1項
> ① この憲法の改正は，各議院の総議員の3分の2以上の賛成で，国会が，これを発議し，国民に提案してその承認を経なければならない。この承認には，特別の国民投票又は国会の定める選挙の際行はれる投票において，その過半数の賛成を必要とする。

　第96条は憲法改正のための基本的な手続を定めているが，周知のように憲法は，制定以来一度も改正されたことがないばかりか，最近に至るまで改正のための具体的な手続すら法定されていなかった。頻繁に改正が行われる欧州諸国などの憲法とは対照的であり，文字通り硬性の憲法となっている。

　施行から60年を経た平成19年に，ようやく憲法改正のための手続法[1]が制定され，併せて国会法にも憲法改正の発議の手続や議員による憲法改正案提出に関する規定が設けられた。

　こうしたことからも明らかなように，これまで実際に憲法改正を政治日程に乗せた内閣は存在しないが，政府は，以下の答弁にみるように，内閣も憲法改正の原案を国会に提出することが許されるとする考え方を示してきている。

---

[1] 日本国憲法の改正手続に関する法律。施行は平成22年5月18日。

第Ⅳ章　憲法改正・その他

rec.206

○受田委員

　いま一つ，憲法改正案を提出されるのに，内閣にも国会にも，両方に発議権があると申されたのでありますが，私は内閣法第5条を読むときに，憲法72条の規定は，内閣に憲法の改正議案を提出する権能なしと認めざるを得ないのです。この点「内閣総理大臣は，内閣を代表して内閣提出の法律案，予算その他の議案を国会に提出し，」とありますが，これはいかように解釈したらよろしいか御答弁を願いたいのであります。

○鳩山国務大臣

　その他の議案の中にこの憲法改正の議案を出してもいいというように解釈しております。

　　　　　　　　　(24回　昭31・2・23〈衆・内閣委〉11号2頁，内閣総理大臣)

rec.207

憲法改正手続に関する質問に対する答弁書

二について

　国会において審議する憲法改正の原案としての議案の提出権を内閣が有しているか否かについては，憲法第96条の規定も含め，これを否定する憲法上の明文の規定はなく，一方，憲法第72条は内閣に対して議案を国会に提出する権能を認めていることから，政府としては，憲法改正の原案としての議案についても，内閣はこれを提出することができるものと考えている。
……

　　　　　　　　　(160回　平16・8・10答弁66号，対土井たか子議員（衆）)

　しかしながら，これについては消極に解する議員も少なくない[2]ため，平成19年に改正された国会法には，改正原案が内閣から提出されることを前提とする規定は置かれていない[3]。もっともこの国会法の改正法案の提出者は，

---

[2]　学説上も少数ではあるが，内閣に憲法改正案を国会に提出できないとする見解がある（法学協会編『註解日本国憲法（下）』〔有斐閣，1950年〕1443頁）。

[3]　内閣法第5条も内閣の憲法改正案の国会提出権能を明記していないため，内閣が憲法改正案を提出するためには内閣法の改正が必要であるとする学説もある（佐藤幸治『現代法律学講座　憲法〔第3版〕』〔青林書院，1995年〕36頁）。

以下のように，当該法案が必ずしも内閣の改正原案提出権を否定する意図のものではないと述べている。

rec.208

○近藤（基）委員

　次に，憲法審査会等の国会法改正部分について，両案提出者にお伺いをいたしたいと思います。

　まず初めに，内閣の憲法改正原案の提出権は認められるとお考えでしょうか，両案提出者にお伺いをいたします。

○保岡議員

　憲法改正原案の内閣の提出権でございますけれども，憲法制定権力は国民にあるということでございますので，その原案の提出権も基本的に国民の代表である国会議員に属するものと理解しております。いろいろ学説があることはそのとおりなんですが，多くの学説はそのように解していると思います。しかし，内閣にも憲法改正原案の提出権があるという学説もまたあって，その旨の内閣法制局の答弁もなされております。

　ただ，今回の立法は，議院による憲法改正原案の提出手続のみを定めたものでございまして，内閣の提出権については規定をしていないということで，内閣に提出権があるかどうかはこの法案では決しているというわけではありません。もし，今後，内閣が憲法改正案の提出を考えるのであれば，別途，内閣法や国会法の改正案について，国会の審議をお願いすればよいのではないかというふうに考えております。

(165 回　平 18・12・7〈衆・憲法調査特委〉8 号 6 頁)

　この国会法の改正に伴い，憲法改正原案を審査する機関として衆参両院に憲法審査会が設置され，その第 1 回の会議がいずれも平成 24 年 2 月に開かれた。

　ちなみに，前述のように政府として憲法改正を試みたことがないこともあり，憲法の改正に限界があるかどうかについては，政府はみずからの見解を明らかにしていない 資料 4-1 。

第Ⅳ章　憲法改正・その他

資料4-1

○上田耕一郎君
……96条による改正には限界があるのかないのか，お答えいただきたい。……
○政府委員（角田禮次郎君）
　鈴木総理は，民主主義，平和主義及び基本的人権の尊重の理念は将来においても堅持すべきであると述べられておりますが，私の総理に伺ったところによりますと，これは総理の現行憲法に対する基本的な姿勢あるいは信念として述べられたものでございまして，法理論としていわゆる憲法改正の限界論として述べられたわけではないというように理解しております。
　で，別途，憲法96条による憲法改正について法理論的に限界があるかどうかについては，上田委員も御承知だと思いますが，学説としては無限界説と限界説とがあり，限界説もまたその内容としてはさまざまな意見があるというふうに承知しております。
○上田耕一郎君
　法制局長官，これまで国会での政府答弁ですね，どういう見解が出ておりますか。
○政府委員（角田禮次郎君）
　法制局の見解として正式に述べたものはないというふうに承知しております。

（93回　昭55・10・14〈参・予算委〉2号4頁，内閣法制局長官）

2　憲法と国際法との優劣関係

□　第98条第2項
②　日本国が締結した条約及び確立された国際法規は，これを誠実に遵守することを必要とする。

　条約及び国際法規の遵守を定めた第98条第2項との関係で，憲法とこれら国際法との優劣関係が議論になることがある。政府は，次のように，一般には憲法が明文の法規である条約に優位するとし，また，確立された国際法規，すなわち国際慣習法との関係に関しては，そもそも両者が矛盾・抵触してその優劣関係が問題になることはあり得ないとしている。憲法と国際法の関係についてのこうした理解は，学説上もほとんど異論をみない[4]。

---

4)　佐藤功『憲法（下）〔新版〕』（有斐閣，1984年）1292頁，樋口陽一ほか『注釈日本国憲法（下）』（青林書院，1988年）1501頁等。

rec.209

○益田洋介君
……国連憲章を我が国の法制の中でどのように位置づけるのか……さらには，憲法98条の第2項における条文，これは確立された国際法規，すなわち慣習国際法を内容とする条約については憲法に優位と解釈する説が有力であるというふうに理解しております。

　この辺について，法制局と条約局でございますか，お答え願いたいと思います。

○政府委員（大森政輔君）
……国際連合憲章を含めた条約と憲法との優越関係，これはただいまお尋ねの中でも学説上は若干の意見の分かれがございますが，私ども政府といたしましては，従前から憲法の尊重，擁護義務を負っている国務大臣で構成される内閣が憲法に違反する条約を締結するということは背理であるということと，そしてまた条約締結手続が憲法改正手続よりも簡易であるということ等を理由といたしまして，一般には憲法が条約に優位するというふうに解してきている次第でございます。

　それからもう一点，98条第2項で規定しています確立された国際法規と憲法との関係については別の意見があるじゃないかというお尋ねであろうかと思いますが，この確立された国際法規と申しますのは，学説によりますと，一般に承認され実行されている慣習法的な国際法規ということを意味するというふうに憲法学者は解しておりまして，例えば国家の基本的な権利義務とか公海の自由とか，あるいは外交使節の特権に関する国際法というようなものを指すのであろうと言っております。

　このような確立された国際法規ということになりますと，これは国際社会の基本的な法則ともいうべきものであろうと思いまして，このような法則を前提として各国家が存在している，我が国憲法もその秩序の中に受け入れているということからいたしますと，これらの確立された国際法規と憲法との間でそもそも抵触というものは生じないはずであるというふうには解しております。ただし，だから憲法に優位するのであるというようなところまでのことではないというふうに理解しております。……

第Ⅳ章　憲法改正・その他

（136回　平8・4・17〈参・予算委〉8号7頁，内閣法制局長官）

　上記答弁中で「一般には」憲法が条約に優位すると述べているのは，沖縄が我が国の領土であり，沖縄県民が日本国民であるにもかかわらず，昭和47年に本土復帰するまで，サンフランシスコ平和条約（第3条）によってその施政権をアメリカが有し，憲法規範が及ばないこととされていたことを踏まえてのことである。つまりその限りにおいては平和条約が憲法に優越していたと考えられるわけで，これについて政府は次のように説明している。

rec.210

○高辻政府委員

……御承知のように，日本国憲法は確かに昭和21年に制定されたわけでございますが，その後に平和条約が締結をされた。そこで，遺憾ながら，日本国憲法が制定された際に，実は日本国憲法の真の姿があったわけではない。御承知のとおりに，アメリカの連合国最高司令官というのがいて，それが絶対の権力を持っておった。憲法自身もまた，実はほんとうの憲法ではなかった。これは事実でございます。その後日本国憲法が真の面目を発揮するようになったのは，実は平和条約が締結されてから，ほんとうの憲法の実効性が出てきたわけです。これは言うまでもないことでありますけれども，そういうような憲法の生誕の基盤となる条約，それがすなわち平和条約であったということもまた認めざるを得ない。そういう条約と憲法との優位関係を論ずること自身が実はおかしいのであって，憲法が初めてその実効性を確保するに至ったのは，平和条約が締結された結果である。それによってわが国は初めて主権を回復することになったし，わが国はそういう意味での独立性を回復することになり，しこうして，それによって初めていまのわれわれが享有しておる憲法というのは実効性を持つようになったというわけでございまして，そのときには，その平和条約によって例の沖縄の施政権というものが認められておるわけでありますから，その沖縄の施政権下にある沖縄の住民の権利義務，それが憲法の範囲外にあるからといって，憲法が適用されてないのは法のもとの平等に違反するからおかしいじゃないかという議論をいたしますのは，ちょっとこの場合にはぴったりこないと考えるべきであろうと思

います。

(61回　昭44・2・26〈衆・予算委一分科〉3号36頁，内閣法制局長官)

3　憲法尊重擁護義務

> □　第99条
> 天皇又は摂政及び国務大臣，国会議員，裁判官その他の公務員は，この憲法を尊重し擁護する義務を負ふ。

　広く公務員一般に憲法の尊重擁護義務が課されているのは，憲法が国（の統治権力）が守るべき法規範であることにかんがみれば，当然のことといえよう。

　この規定との関係でかつてしばしば取り上げられた問題に，内閣総理大臣その他の国務大臣が憲法の規定の問題点を指摘したり，憲法改正の必要性を訴えたりすることが憲法の尊重擁護義務に反しないかということがある。

　政府は一貫して，憲法がその改正手続を規定していることにかんがみても，憲法改正について検討したり，それが必要であることを主張したりすることは，現在の憲法を遵守することとは別異の問題であり，問題はないとしてきている。

rec.211

○土井たか子君
……小泉総理，総理の憲法認識について伺います。
　天皇または摂政及び国務大臣，国会議員，裁判官その他の公務員は，憲法を尊重し擁護する義務を負っていることは御存じだと思います。かつては，国務大臣が現行憲法には欠陥が多いと発言しただけでも問題となって，この発言を取り消さざるを得ませんでした。内閣を代表し，行政各部を指揮監督する内閣総理大臣には，当然，憲法尊重擁護義務が課されております。それどころか，内閣が憲法に従って政治を行い，行政をつかさどることは，立憲主義の基本中の基本ではありませんか。なぜ，小泉総理は憲法をないがしろにするような発言を繰り返されたのか，その見識を疑います。
　内閣総理大臣は，憲法にのっとり，憲法の原則に縛られながら政治を行うことを，初めから国民に約束しているのではないのですか。内閣総理大臣が

311

改憲の発議権を持っているなど，憲法のどこにもありません。「治にいて乱を忘れず」どころではないでしょう。治にいて憲法を忘れて，一体どうなるのでしょうか。……

○内閣総理大臣（小泉純一郎君）
……憲法の尊重擁護義務と改正の議論でありますが，私は，憲法を遵守，尊重しなければならないと思っております。しかし，だからといって，改正議論をしてはならないという議論には結びつかないのではないか。

　憲法を遵守，尊重するのは当然だと思います。しかし，どう改正すべきか。私は，タブーを設けることなく，いろいろな方々からの意見を聞くのは，むしろ政治家として当然ではないかなと思っております。総理大臣としては，日本国憲法の規定を遵守することは当然でありますし，この完全な実施に努力していきたいと思います。……

（151 回　平 13・5・10〈衆・本会議〉29 号 15 頁）

rec.212

○安倍内閣総理大臣
……憲法が改正されていない時点においては，時の行政府は当然，憲法を遵守していく，憲法を尊重する義務が課せられているわけであります。これは当たり前のことであろうと思うわけでありまして，現在，私は，行政府の長として憲法を遵守していく，尊重していく，これは憲法 99 条にあるとおりであります。

　一方，憲法には改正手続についても書かれているわけであって，私は，その手続にのっとって，憲法を遵守しながら憲法を改正する必要があるのではないか，こうずっと考えてきているわけでありまして，その観点におきましては私の考えは一貫しているということを申し上げたいと思います。

（165 回　平 18・11・28〈衆・総務委〉7 号 21 頁）

　ちなみに，議員定数の配分について違憲の判決があった後，定数を是正することなく解散総選挙を行うことが第 99 条との関係で許されるかどうかについては，憲法全体の趣旨に照らして解散権が制約されるとは考えない旨を述べた次のような答弁がある（181 頁参照）。

rec.213

○山花委員

……今度の最高裁判決，違憲の断定をどう受けとめておられるのか。そして，今度の最高裁の違憲判決の中身からすると，もし定数の是正が行われずして選挙の執行ということがあった場合には，違憲と断定された法律によって選挙を執行することになるのではないか。その場合は違法な選挙の執行ということになるのではないですか。長官に伺います。

○茂串説明員

　その点は前にもお答えしたことがあるわけでございますが，仮に法改正が行われないままで衆議院議員の任期が満了するに至った場合をお考えいただきますと，この場合には，総選挙を施行することができないとしますと衆議院の不存在という事態が生ずることになるわけでございますが，そのような事態が生ずることがもとより憲法の予想するところではないことはもう明らかでございます。したがって，このような場合には，違憲とされた定数配分規定に基づくものであっても総選挙を執行することがむしろ憲法全体の精神にかない，憲法全体の秩序を全うすることになるという解釈が出てくるわけでございまして，このような総選挙の執行が御指摘の憲法第99条，恐らくこの規定に違反するのではないかという御意見であると思いますけれども，この憲法99条の規定の趣旨に反するものとは考えておりません。

　そして，かねがね申し上げておりますように，衆議院の解散権というものが憲法上の極めて基本的な重要な機能であるということ等にかんがみますれば，ただいま申し上げた理は，定数配分規定の改正前における衆議院解散権の行使についても妥当するのではないかというふうに考えておる次第でございます。

　（102回　昭60・8・30〈衆・選挙調査特委〔閉会中〕〉4号17頁，内閣法制局長官）

附

内閣法制局

1 沿　革

　　内閣法制局は，法的な問題について内閣を補佐することを任務とする国の機関である。内閣に直属し，主任の大臣は内閣総理大臣であるが，一般の行政庁（府・省）のように，行政事務を分担管理して，許認可権を行使したり，国民に対して行政サービスを提供したりすることがないため，国民との直接の接点がなく，その名前や役割を知られる機会の少ない組織である（図1参照）。

　　内閣法制局の歴史は古く，太政官時代の明治6年に設置された法制課（明治8年に法制局と改称）にまで遡るとされるが[1]，明治18年12月に太政官制が廃止されて内閣制度が発足したことに伴い，法制局官制（内閣達第74号）が定められ，内閣に法制局が設置されることになった[2]。ナポレオンによって創設され，フランスで法令案の起草・審査や行政裁判を担っていたコンセイユ・デタ（Conseil d'État）を模したと言われている。時とともに所掌事務や内部組織等に多少の移り変わりはあったものの，戦前の法制局は，現在の内閣法制局と同じく，法律案の審査や法律問題についての内閣総理大臣への意見具申を行っていたほか，当時は現在の人事院や総務省行政管理局に相当する国の機関がなかったこともあって，行政庁の定員及び機構についての審査・立案の権能を持ち，

---

1) 法制局職制章程（明治8年9月）によれば，法制局は，「(太政官) 正院ノ下命ヲ受ケ法制ヲ起草修正スルノ所」であった。
2) 法制局は，当初，「内閣総理大臣ノ管轄ニ属」することとされていたが，明治23年の官制改正により「内閣ニ属」ことになり，さらにその後「内閣ニ隷」することとされて終戦を迎えた。

図1 中央省庁の体制

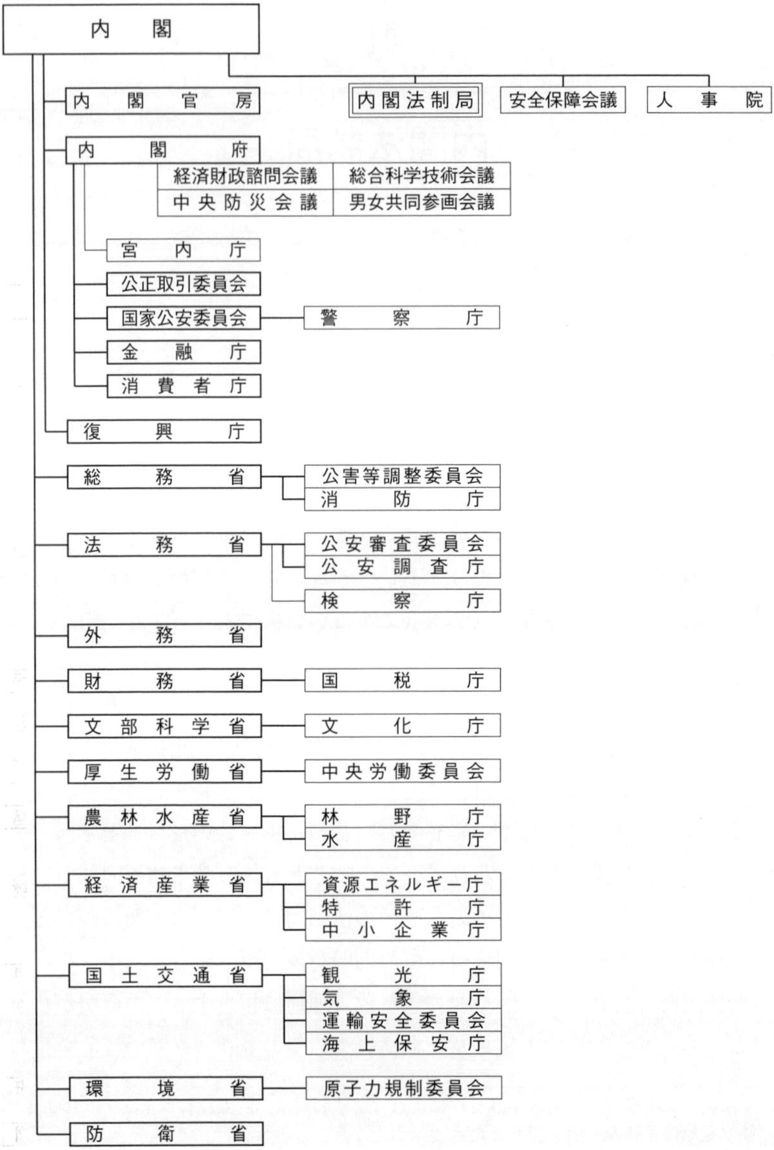

```
内　閣
├─ 内　閣　官　房　　内　閣　法　制　局　　安全保障会議　　人　事　院
├─ 内　閣　府
│    ├─ 経済財政諮問会議　総合科学技術会議
│    │   中央防災会議　　男女共同参画会議
│    ├─ 宮　内　庁
│    ├─ 公正取引委員会
│    ├─ 国家公安委員会 ── 警　察　庁
│    ├─ 金　融　庁
│    └─ 消　費　者　庁
├─ 復　興　庁
├─ 総　務　省 ── 公害等調整委員会
│               消　防　庁
├─ 法　務　省 ── 公安審査委員会
│               公　安　調　査　庁
│               検　察　庁
├─ 外　務　省
├─ 財　務　省 ── 国　税　庁
├─ 文　部　科　学　省 ── 文　化　庁
├─ 厚　生　労　働　省 ── 中央労働委員会
├─ 農　林　水　産　省 ── 林　野　庁
│                       水　産　庁
├─ 経　済　産　業　省 ── 資源エネルギー庁
│                       特　許　庁
│                       中　小　企　業　庁
├─ 国　土　交　通　省 ── 観　光　庁
│                       気　象　庁
│                       運輸安全委員会
│                       海　上　保　安　庁
├─ 環　境　省 ── 原子力規制委員会
└─ 防　衛　省
```

（平成25年9月1日現在）

また，国家公務員総合職試験に相当する高等試験の総括事務も管掌していた。

戦後，GHQの意向によって，法制局は内務省とともに解体され，司法省と統合されたが[3]，昭和27年，サンフランシスコ平和条約が発効して我が国が独立を回復した後，法制局設置法（付録参照）が制定されて，4年半ぶりに再び内閣直属の機関として設置され，今日に至っている[4)5)]。

2 機構と所掌事務

(1) 組織・機構

内閣法制局の所掌事務は，主に，各府・省が立案する法律案，政令案及び条約案を審査して所要の修正を行う審査事務と，種々の法律問題について内閣や内閣総理大臣等に意見を具申する意見事務の二つの柱からなる[6]。長官の国会答弁等を通して内閣法制局が関心を集めるのは意見事務に関係する場合が多いが，内閣法制局の事務量全体としては審査事務の比重が高いといえる。図2にみるように，内閣法制局には，第一部から第四部まで4つの部が置かれているが[7]，このうち第一部が意見事務を担当し，第二部から第四部までは，審査事務を分掌している[8]。

---

[3] 法制局廃止の理由については諸説あるものの明らかではない。廃止後，法務総裁傘下の法務庁に，現在の局長に相当する法制長官及び法制調査意見長官を置いて，それまで法制局が果たしていた機能を担わせた。

[4] 日本国憲法の施行に伴って衆参両院に法制局（当初は法制部）が設置されたことから，衆参両院の法制局との区別を明確にするため，昭和37年7月に「法制局」から「内閣法制局」に組織名称の変更が行われた。

[5] 内閣法制局の歴史については，内閣法制局百年史編集委員会編『内閣法制局百年史』（大蔵省印刷局，1985年）に詳しく紹介されている。

[6] 前者の事務は内閣法制局設置法第3条第1号に，後者の事務は同条第3号にそれぞれ規定されている。

[7] 内閣法制局の部は，各省の局に相当する。局ではなく，部と称しているのは，その組織自体の名称に局が付されているためであろう。明治23年の法制局官制によって法制局（内閣法制局）が「内閣ニ属」することになった当初から，その内部組織は第一部，第二部，第三部とされていた。

[8] 実務上は，公布後日の浅い新法及び改正法の改正部分の解釈については，第一部ではなく，当該法案の審査を行った審査各部が責任を負うという運用が行われている。

図2　内閣法制局の内部組織

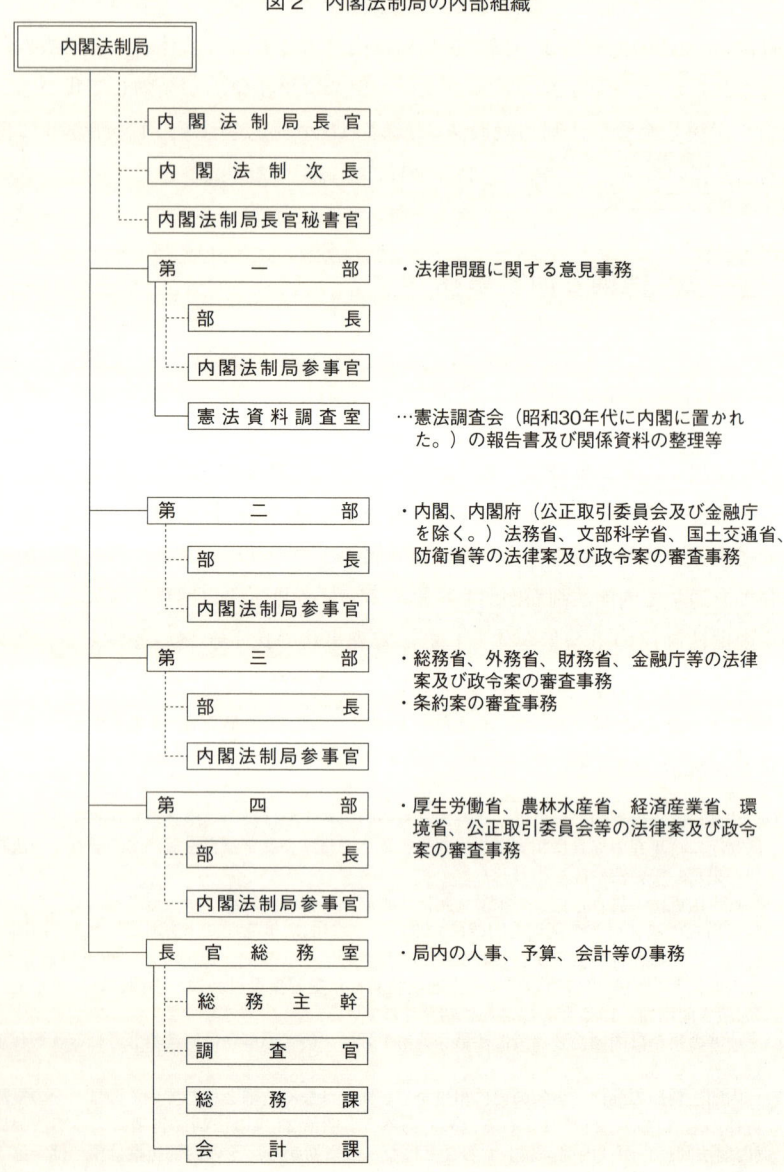

```
内閣法制局
├─ 内閣法制局長官
├─ 内閣法制次長
├─ 内閣法制局長官秘書官
├─ 第　一　部　　・法律問題に関する意見事務
│   ├─ 部　　長
│   ├─ 内閣法制局参事官
│   └─ 憲法資料調査室　…憲法調査会（昭和30年代に内閣に置かれた。）の報告書及び関係資料の整理等
├─ 第　二　部　　・内閣、内閣府（公正取引委員会及び金融庁を除く。）法務省、文部科学省、国土交通省、防衛省等の法律案及び政令案の審査事務
│   ├─ 部　　長
│   └─ 内閣法制局参事官
├─ 第　三　部　　・総務省、外務省、財務省、金融庁等の法律案及び政令案の審査事務
│   ├─ 部　　長　　・条約案の審査事務
│   └─ 内閣法制局参事官
├─ 第　四　部　　・厚生労働省、農林水産省、経済産業省、環境省、公正取引委員会等の法律案及び政令案の審査事務
│   ├─ 部　　長
│   └─ 内閣法制局参事官
└─ 長官総務室　　・局内の人事、予算、会計等の事務
    ├─ 総務主幹
    ├─ 調査官
    ├─ 総務課
    └─ 会計課
```

職員80名程度の小さな組織で，各部においてで実務の中心を担うのは，それぞれ5～6人ずつ配置された内閣法制局参事官である[9]。内閣法制局参事官は，各省の課長クラスに相当するから，内閣法制局の職員構成は，一般の省庁に比して幹部職員の比率が高く，職員の3人に1人が課長級以上の幹部職員で占められていることになる[10]。これは，後述するように，非定型的で，ライン的な処理にはなじまないその業務の特殊性に起因するものといえよう。

　このような特殊な職員構成もあって，内閣法制局は，戦後も明治以来の伝統を踏襲して，かつての上級職や第Ⅰ種の国家公務員の採用を行わず，内閣法制局参事官には例外なく各省庁や裁判所からの出向者を充ててきた。こうしたことから中央官庁がしばしば世の批判を受けた省利・省益に対する思惑とか，これに起因する縦割り行政とかといったこととは無縁の組織であり続けたといってよい。

　なお内閣法制局では，歴代の内閣法制局長官のほか，深い法律的知識と高い識見を有する法律学者らが「参与」に就任し，随時助言を行うほか，定期的に参会して，内閣法制局が当面する複雑な，あるいは難しい法律問題について議論を交わしている[11]。

---

9) 内閣法制局参事官は，各省庁の参事官と同様に単に参事官とよばれることが多いが，内閣法制局設置法に定められた職名であり，本書ではこれを用いる。
　なお，以下は，内閣法制局長官が内閣法制局参事官を評した国会答弁である。
○政府委員（大森政輔君）
……私ども法制局，これは80名に足らない，70数名によって構成される非常に簡素な機関でございます。しかしながら，その中核となります参事官は各省庁からよりすぐられて出向してきている者でございまして，いずれも一騎当千のつわものと言えようかと思います。……
　　　　　　　　　　　　　　　（136回　平8・4・24〈参・予算委〉13号12頁）
10) 平成25年度の内閣法制局の定員は76人，参事官の定数は各部の部長等を含め27人である。
11) 参与の定期的な会同を「参与会」と称している。平成25年9月1日現在の参与は，塩野宏東京大学名誉教授，森嶌昭夫名古屋大学名誉教授，竹下守夫一橋大学名誉教授，高橋和之明治大学教授の諸氏であり，歴代の参与は下記の諸氏である（いずれも法制局〔内閣法制局〕長官経験者を除く。）。
　田中二郎元最高裁判事（昭和34年～39年，48年～56年），蝋山正道お茶の水女子大学名誉教授（昭和34年～55年），宮沢俊義東京大学名誉教授（昭和34年～51年），西村熊雄元フランス大使（昭和34年～55年），兼子一元東京大学教授（昭和34年～48年），佐藤功上智大学名誉教授（昭和55年～平成18年），加藤一郎東京大学名誉教授（昭和56年～平成14年），雄川一郎東京大学名誉教授（昭和57年～60年）。

(2) 審査事務

内閣法制局の職務のうち他にほとんど類例をみないのが、法律案等の審査事務である[12]。

内閣法制局の審査の対象となるのは、閣議に付議される法令案、すなわち法律案、政令案及び国会の承認を必要とする条約である[13]。

これらの審査は法令の題名や目次、その提案理由に至るまで広範囲にわたるが、いうまでもなく審査の中心となるのは法案等の内容である。法案内容の審査もまた、様々な角度から行われるが、その視点を例示すると、次のようなものがある。

①憲法及び他の現行法制との整合性が保たれているか
②立法内容が法的に妥当なものか[14]
③法文が立案意図を正確に反映しているか
④条文の配列等、構成は適当か
⑤用字・用語が一義的で誤りがないか
⑥既存の法律を改正するための記述（いわゆる改め文の表記）が正確か

審査は、内閣法制局参事官と事務官とがペアを組んで行い、通常はいくつもの法律案の審査を同時並行的に進める。常会の場合は、国会への法律案の提出

---

[12] 衆参両院にそれぞれ法制局が設置されていて内閣法制局と同様に立法実務に携わっているが、両院の法制局は議員の要望を踏まえて、みずからがいわば原局として法律案を作成したり、政府が国会に提出した法案の修正案を作成したりすることを任務とする点で、他の省庁が作成する法律案等の原案の審査をもっぱらとする内閣法制局とはその職務の内容を異にする。そのほか、両院の法制局は、政令や条約に関わることがない点でも、内閣法制局とは異なる。

[13] 主任の大臣（内閣総理大臣及び各省大臣）がみずからの権限で制定する府令及び省令は、閣議決定を要さないから、内閣法制局の審査を受けることはない（国家行政組織法第12条第1項等参照）。

[14] 立法の内容が法として正しいかという法的正当性の問題のほかに、そもそも法たるにふさわしいかという法的適格性も重要な審査項目である。
　政府は、「法律の規定によることを要する事項をその内容に含まない法律案は、提出しないこと」とする閣議決定（昭和38年9月13日）に基づき、いわゆる「法律事項」を含まない法案を提出しないこととしている。
　そのほか公平な執行が期待できるかという実効性の問題等、立法内容の評価の観点は多岐にわたる。

期限が画されており[15]，かつ，一人の内閣法制局参事官が担当する法案が相当数にのぼるため，大きな法案[16]については前年の秋口から骨格等を中心に下審査を開始することが多いが，本格的な審査は，予算が閣議決定されて翌年度の政府の施政方針が固まった後になるのが通例である。諸般の事情で提出期限までに全部の法案の提出ができなかったり，東日本大震災発生時のように緊急の政策課題への対応が求められたりすることも少なくないため，期限までに法案の審査が終了するとはかぎらないが，法案の提出期限が過ぎる3月中旬以降は，年度末に期限を迎える政令の改廃や新年度から施行される法律を実施するための政令の審査に忙殺される。このため審査部の内閣法制局参事官と事務官のほとんどは，年末から3月末まで休日を返上して連日深夜までの作業を続けることになる。

　立法実務は，あたかも建物を新築したり，改修したりするかのような作業である。大規模なマンションから簡単なプレハブ住宅の類まで，建物が，それぞれに用途に応じて機能的に設計され，かつ，耐震強度その他建築基準法などの法規制に適合することはもとより，建築費用，近隣住民の感情，町並みの景観などにも配慮して造られるのと同じように，法案もそれぞれの目的を達成する上で過不足のない構造，内容であることが求められるだけではなく，憲法をはじめとする現在の法体系との整合性，いわば全体の景観との調和を図ることが不可欠である。

　建物の設計や実際の建築に相当する法案の原案の作成は，基本的には各省庁に委ねられるから，内閣法制局の役割は，設計・建築についての助言・指導，施行の監理，竣工検査や補修にたとえることができる。こうした職務を的確に遂行するには，その任に当たる内閣法制局参事官一人ひとりが論理的な思考力と法に関する十分な知識を持ち，法令用語や法令表現の慣行その他の立法ルールに習熟した上で，文章力を磨かなければならない。こうした事情から内閣法

---

15) 予算関連の法律案は，予算の国会提出から3週間以内，その他の法律案はその後さらに4週間以内が提出期限とされている。

16) たとえば平成17年に制定された会社法は，それ自体が979条の大法案であったが，この新法の制定に伴い，商法を準用するなどしていた他の法律の改正又は廃止が335件にものぼったため，これらの法律を一括して改正又は廃止するためのいわゆる整備法作成の作業がほぼ全省庁に及び，かつ，膨大な作業量を必要とした。

附　内閣法制局

制局参事官の在任期間は行政庁としては異例に長く，5年以上に及ぶことが通例である。もっともどの内閣法制局参事官も当初から立法事務に精通しているわけではないし，また，どれほど経験を積もうと個人の力には限界がある。内閣法制局参事官がその職責を果たせるのは，立法審査に必要な知識・ノウハウについて十分な蓄積がある内閣法制局という組織の中で職務を遂行するからであるといえよう[17]。

筆者が在職当時に，訪ねて来た東南アジアのある国の司法大臣が執務室にあった加除式の法令集を見て目を丸くしていたが，これらの国では，現在の法律の規定と矛盾する内容をもった新法が作られても，この新法の規定に抵触する他のすべての法律の規定は無効とする，といった趣旨の一条を置くだけで，我が国のように法体系全体の整合性を常時確保するための作業は行われていない。この点は，議員提案による立法がもっぱらのアメリカでも同様であって，不整合な法律の規定の優劣関係等は，主として裁判所の判断に委ねられ，判例の蓄積によって解決されることになる。こうした国々では「後法優先の原則」とか「特別法が一般法に優先する」といった法解釈上のルールが重要な意味を持つことになるが，我が国では，ある法令の規定を新設したり改正したりする場合には，他の法令にその規定と矛盾抵触する規定がないかどうかを精査し，新しい規定との調和が図られるように他の法令の規定も改正するので，こうした一般的なルールに頼って法令の解釈を行うケースはほとんど考えられない。

内閣法制局における法律案や条約の審査事務のいわば一丁目一番地が憲法適合性である。第9条に限らず憲法の規定との関係が課題となる法律案が少なくないことは，本書においてこれまでにみてきたとおりである。時として憲法適合性についての内閣法制局の判断が慎重にすぎるといった批判を受けることもあるが，万一最高裁判所で法律や条約の規定が憲法に違反すると判断された場合に，その結果が社会や国民生活に及ぼす影響の大きさにかんがみると，法案

---

[17] 内閣法制局では毎年秋口に，参事官全員が参集して「法令整備会議」を開き，その年の審査過程でそれぞれが当面した立法ルールに関わる問題を持ち寄って，将来に向けて統一（例規化）の可否等を検討している。資料5-1は，最近，この会議において論じられた課題の一例である。

等の憲法適合性については，審査の過程であらゆる角度からの十分かつ細心の検証を行うべきことは当然であろう。

　憲法学者などから内閣法制局に対し，個々の法案についての憲法適合性の審査基準，さらにはその検証過程等を積極的に公表するべきであるといった意見が呈されることもある。内閣法制局が法案の憲法適合性を審査するに際しては，関係の憲法の規定についての司法判断や学界での諸説のみならず，それまでの国会での議論の積み重ねや過去の立法実例などを踏まえて，所管の省庁はもとより意見事務を所掌する第一部の内閣法制局参事官や担当部長との議論を重ね，さらには関係の内閣法制局参事官及び長官以下の幹部全員が一堂に会して検討を行うことが少なくない。こうした検討は，それぞれの法案が予定する法益，達成しようとする目的や法案全体の枠組みを踏まえて総合的に行われる。したがって，憲法のそれぞれの規定の意味についての政府としての理解，すなわち憲法解釈は明確であっても，個別の法律案がこれに適合するかどうかについて，あらかじめ設定された抽象的，一義的に基準なるものが存在するわけではない。たとえば自衛隊を海外に派遣するための法律案の場合，武力行使を目的とせず，かつ，武力行使に及ばないことを法制度的に担保できる仕組みになっているかどうかがポイントであり，万一それが十分でなく，武力行使に至るおそれがあるようなときには，法律案の原案に盛られている仕組みを変更したり，新たな規定を追加したりすることによって合憲性を十全ならしめるという作業を行うのである。このように，内閣法制局における法律案等の憲法適合性の審査は，既存の法律と発生した事実について，単に合憲・違憲を判定することだけが求められる裁判所の仕事とは異なり，政府の企図する施策を実施するための法制度を，憲法を頂点とする法体系との整合を図りながら構築する作業であることに大きな特徴がある[18]。

　いわば創造的なこうした法案審査の過程の逐一を明らかにすることは物理的にも不可能であるものの，法案の原案から国会提出に至るまでの変遷過程は，

---

18) 法案のように憲法に適合させるための仕組みを設けることができない多数国間条約の場合には，憲法との関係で疑問がある部分を留保して加入をするか，留保が認められないときはその批准を断念するかせざるを得ない。「あらゆる形態の人種差別の撤廃に関する国際条約」は前者の例である（68頁参照）。

附　内閣法制局

各法案の審査録によってたどることができる。また本編でみたように，政府は，国会に提出した法案の憲法適合性等については，法案を審議する国会の委員会等での質疑応答や質問主意書に対する答弁書を通じて説明をしてきているし，今後ともこのような形で説明責任が果たされるべきことはいうまでもない。もっとも憲法各条についての解釈が法案等の憲法適合性の審査基準の柱であることはいうまでもなく，政府が繰り返しその憲法解釈を明らかにしてきたこと，そしてそれが一貫して揺るぎのないことは本書でみてきたとおりである。

　内閣法制局が審査をする法案は，政府が国会に提出して審議を求めるいわゆる閣法に限られる。表1に見るように，毎年国会の議決を経て成立する法律案の数は，数年前まではおおむね百数十件，多い年では200件以上に達していた。平成10年から19年までの10年間では，平均すると，1年間に約148件の法案が成立しているが，そのうち80％を超える123件余が閣法であり，議員立法の比率は2割に満たない。同じ期間について，国会に提出した法案数と成立した法案数の比率，いわゆる成立率をみると，政府提出法案が90％を超えているのに対し，議員提出法案は約25％である。平成20年以降は，参議院における与党の議席数が過半数に達しない，いわゆる国会のネジレ現象が生じたことなどから，政府提出法案は，提出数，成立数ともにかなり減少してはいるが[19]，こうした事情を踏まえても，これまで一貫して政府が立法についても大きな役割を果たしてきたことは明らかである。

　これは決して国会が立法府として十分に職責を果たしていないことを意味するものではなく，議院内閣制という統治システムのいわば当然の帰結といえよう。すなわち，議員提出の法案の成立率が低い主たる理由は，これらの多くが野党議員によって提出されることにある一方，政府提出の法案は，提出のための閣議決定に先立って与党との間で協議・調整を重ね，最終的には，たとえば自民党の場合であれば，政務調査会及び総務会の了承を得ない限り提出されることがないという事情によるものである。

---

[19] 国会がネジレ状況下にあったにもかかわらず，平成23年の成立法案数が比較的多いのは，東北震災復興関連の法律が相当数あった（成立した政府提出法案82件のうち29件）ことによる。

表1　近年の法律案の提出・成立件数等

(件数)

平成	内閣提出法律案		議員提出法律案		条約	政令
	提出	成立	提出	成立	承認（年別）	公布（年別）
10年	133	110	92	25	20	423
11年	198	184	86	25	17	436
12年	118	110	109	31	12	556
13年	127	120	126	28	9	443
14年	175	159	89	18	18	407
15年	127	124	77	16	9	558
16年	147	139	112	22	22	429
17年	113	96	77	25	11	393
18年	103	94	77	18	16	404
19年	107	99	106	34	19	400
20年	95	73	75	18	13	405
21年	81	72	101	23	17	310
22年	83	46	84	22	14	258
23年	106	82	69	30	16	430
24年	93	60	85	32	4	302

※継続案件は，件数に含まない。　　　　　　　　　　　　　　　内閣法制局調べ

　同時に，政府の各省庁は日々の法律の執行等を通じて，現行の法律の問題点等を把握する機会が多いことに加え，一般に法律の改正や新たな立法を企画・立案するために十分なスタッフを擁している。このため，税法や年金法をはじめ内容が複雑な法案や大部な法案，他に関係する法律が多数ある法案など，技術的に複雑な法案は，ほぼ例外なく政府が提出してきている。さらに，政府の重要な施策に関係する法案や与野党の意見が大きく異なる法案も政府が提出するのが通例である。

　このため，いわゆる議員立法の多くは，全会一致で可決されるか，反対があってもごく少数にとどまるようなものとなる。議員立法にはいわゆる法律事項が含まれないものも少なくないが，これはこうした事情によるものである[20]。

---

20)　資料5-2 は議員立法の一例であるが，国会の政府に対する要請ともいうべき内容のものであって，いわゆる法律事項は含まれていない。

附　内閣法制局

　内閣法制局が審査をする法案の原案は，関係各省庁との折衝や与党との協議の過程で毎日のようにその内容が変わることがあり，また，法案の提出期限ぎりぎりになっても与党等との調整が終わらないことも少なくない。内閣法制局の審査が完了しない法案の国会提出が閣議決定されることはないため，こうした法案については国会の了解を得て，期限後に提出することになる。この種の法案を担当する参事官は，時として5月のゴールデンウィークの最中にも連日法案の審査に当たることを余儀なくされる。

資料5-1

法令整備会議の議題（例）
・未施行の法律を改正する規定の施行期日について
・常用漢字表にない漢字が含まれる語句の使用について
・外来語の頭文字を用いた片仮名表記による用語の規定方法について
・定義又は略称に関する規定を具体的な条項等を示して記載する場合について
・調整規定により他法を改正する場合において，別の法律改正により当該改正される他法の条（項・号）がずれるときの改正方法について
・政令の制定文において明示される法律番号の当該政令における附則等における取扱いについて

資料5-2

介護従事者等の人材確保のための介護従事者等の処遇改善に関する法律
（平成20年法律第44号）
　政府は，高齢者等が安心して暮らすことのできる社会を実現するために介護従事者等が重要な役割を担っていることにかんがみ，介護を担う優れた人材の確保を図るため，平成21年4月1日までに，介護従事者等の賃金水準その他の事情を勘案し，介護従事者等の賃金をはじめとする処遇の改善に資するための施策の在り方について検討を加え，必要があると認めるときは，その結果に基づいて必要な措置を講ずるものとする。
　　附則
　この法律は，公布の日から施行する。

(3)　意見事務

　法律の専門家集団としての内閣法制局のもう一つの重要な任務は，法律問題

について内閣総理大臣等に意見を述べる意見事務である。これは，一般の法律事務所が顧客の依頼に応じて法律上の見解を披瀝するのに似た，いわば政府の法律顧問ともいうべき立場での職務である。法律事務所と異なるのは，民法や会社法などの私法分野に係る業務はほとんどなく，大半が行政法に関係する問題であること，特に憲法の解釈，運用に関する問題の比重が意見事務の中核をなすことであろう。

　主任の大臣による行政事務（委員会）の分担管理を原則とする我が国では，すべての法令がいずれかの府・省・庁によって所管されている[21]。したがって法令の解釈・運用についても，基本的にはこれらの所管省庁が権限を有し，責任を負う。このため，内閣法制局が個別の法令に関して自ら進んで意見を述べることは稀で[22]，その解釈に疑義があったり，関係省庁間で解釈が異なったりした場合に，所管する各省庁からの求めに応じて内閣法制局が意見を述べることになる。この意見具申は，かつては文書で行われることが少なくなかったが，現行憲法下での法制が定着するにつれて文書による回答は漸減し，現在では内閣法制局への意見の照会もこれに対する回答も，口頭による「口頭回答」が常例となっている[23][24]。

　もっとも内閣は行政全般についての最終的な責任を負うから（第66条第3項），法令の解釈その他の法律問題について内閣として判断することが必要な場合には，個別の法令に関することであっても，内閣法制局が内閣に対して意見を述べることになる。過去に，法律上の問題に関して国会での関係大臣間の

---

[21]　法令の所管官庁，すなわち法令上の主務大臣が1人とは限らない。たとえば「外国為替及び外国貿易法」における主務大臣は，事柄に応じて財務大臣又は経済産業大臣であり，加えて農林水産大臣，厚生労働大臣等の事業所管大臣も同法の特定の規定については執行の権限を有する。

[22]　もっとも，国会においては個別の法令の規定に関しても，内閣法制局の見解を求められることが少なくない。
　　 資料5-3 はその一例である（147回　平12・2・24〈衆・地方行政委〉3号29頁）。

[23]　過去の文書による意見回答を抜粋して背景事情等を解説したものとして，前田正道編『法制意見百選』（ぎょうせい，1986年）がある。

[24]　内閣法制局への正式の意見照会とは別に，各省庁の担当部局から内閣法制局の担当参事官に対する非公式の見解の聴取はかなり頻繁に行われている。このような場合であっても，担当参事官は部内での議論などを経て意見を示すことはあるが，これはいわばアドバイスにとどまるものであり，また，各省庁が期待したような回答が得られそうにないときは，相談そのものが取り下げられることも少なくない。

附　内閣法制局

答弁に齟齬があるとされたような場合，しばしば提示されてきた「政府統一見解」の取りまとめに内閣法制局が関わることが多かったのはこうした職責のゆえであり，現在も，閣議決定を経て国会に送付される「質問主意書に対する答弁書」については，法律問題が含まれていないかどうかのチェックを含めて内閣法制局（第一部）で審査をする慣例となっている。

　もとより内閣法制局の意見回答に裁判所の判決のような拘束力があるわけではないが，内閣法制局の意見は，少なくとも行政部内では，一種の有権解釈として尊重されるのが通例である。その理由が次のように述べられている。

rec.214

○政府委員（大森政輔君）

……憲法を含めまして法令の解釈というものは，最終的には最高裁判所の判例を通じて確定されることが現行憲法上予定されていることは御指摘のとおりであります。したがいまして，そのような意味で私どもの見解というものがいわゆる最高裁判所の判断のごとく拘束力を持っているものではないということは，もう指摘されるまでもなく重々承知しているわけでございます。

　ただ，やはり法律問題に関し意見を述べることを所掌事務として設置法に明記されていることに照らし考えますと，法制局の意見は，行政部あるいは政府部内においては専門的意見として最大限尊重されるものであることが制度上予定されているということは申し上げたいと思います。……

（136回　平 8・4・24〈参・予算委〉13号 12頁，内閣法制局長官）

　法律や政令，府・省令と異なり，それ自体を所管する主任の大臣を持たないのが憲法である。もとよりこのことは，憲法に関わる問題について主任の大臣（所管省庁）が関与しないことを意味するものではなく，主任の大臣は，法令の企画立案を含めて自身が所掌する事務のすべてについて，常に憲法に違背することがないようにするべきことは当然であるし，所管する事務の憲法適合性についての説明責任を負うこともいうまでもない。その意味では，すべての主任の大臣が憲法についての主務大臣であるともいえるが，その一方で憲法の規定の解釈が大臣（省庁）によって異なるようなことがあってはならないのは当然で，たとえば第 89 条の「公の支配」が何を意味するかについて厚生労働大臣

と文部科学大臣とで異なる理解をするというようなことは許されるはずもない。憲法は，多くの一般の行政法令とは違って内閣自体が遵守するべき法規範であり，その前提として内閣としての統一された一元的な解釈が必要になる。内閣直属の機関である内閣法制局の意見事務の中心が憲法であるのはこうした事情によるものであり，各主任の大臣は，その所掌事務が憲法との関係で問題になるような場合には，例外なく内閣法制局の意見を徴することになる。

政府の施策自体が憲法との関係で問題となることも少なくない。本書で触れた内閣総理大臣等の靖国神社公式参拝や大葬の礼と第20条第3項との関係などがその典型である。内閣法制局が，こうした場合に，裁判所のようにただ単に憲法に違反するかどうかの判断をするだけでは任務を全うできないのは法律案を審査する場合と同様であり，施策が重要なものであればあるほど，どうすれば憲法適合性が担保できるような仕組みを構築できるか，第一部の内閣法制局参事官が中心となって関係の省庁と喧々諤々の議論をしながら，創意・工夫を重ねることになる。

憲法や法律の規定の前に政府の活動を並べて内と外とに選り分けるのではなく，内側に収まるように寸法や形状を工夫する，こうした考え方は，内閣法制局の意見事務全体にとって極めて重要である。各省庁から内閣法制局に寄せられる相談は，単に法令の解釈にとどまるものばかりではなく，既存の法制の下で所要の施策を整合的に，しかも効率的に実施するための方策についての助言を求められることが少なくないからである。

国際化，情報化の進展などに伴って社会の変化の速度が増すにつれ，政治が対処すべき課題は増加する一方である。法治国家におけるこれらの課題の解決，すなわち政策の実現は，基本的には予算と法令を通して実現される。内閣法制局は，間断なく生じる立法上の，あるいは法令の解釈・運用をめぐる新たな問題に的確，かつ，迅速に対応することによって国政の円滑な運営に資さなければならない。そのためには不断の努力によって組織として法令に関する知見を十分に蓄積するとともに個々の職員が研鑽を重ねることによって，法令の専門家集団としての高い資質を維持することが不可欠である[25]。

附　内閣法制局

資料5-3

○北側委員

……今回東京都は，地方税法の72条の19の規定によってこのような外形標準課税を導入されようとしておるわけでございますが，本当にこの72条の19，また，この72条の22の第9項で「負担と著しく均衡を失することのないようにしなければならない。」こういう規定があるわけでございますけれども，この2つの規定からして，このような東京都の案というのは本当にできるのかというところを，ちょっと改めて私は大臣の御見解を賜りたいと思っているのです。

　その前提として，……法制局の方から，簡単で結構です，もう時間がありませんから。例外的に，法人事業税の課税標準について，事業の状況に応じて外形を使って課税標準にできますよという規定がこの72条の19です。そして，この規定によって東京都が今回やったわけですけれども，さらに72条の22の第9項で，その場合でも，法定の，所得による税率との均衡，負担と著しく均衡を失することのないようにしなければいけない，こういう規定があるわけですね。この2つの規定に本当に合っているのかどうかということなのですけれども，そのことを法制局に聞くのではなくて，この2つの規定の意義について，解釈について，簡単で結構ですからお答え願いたいと思います。

○阪田政府参考人

　お尋ねの2点につきまして，簡単に私どもの考え方を申し上げたいと思います。

　今先生のお話の中に既に尽きているわけですけれども，事業税といいますのは，事業活動が地方公共団体のサービスを受けて行われるという点に着目した，事業に対する課税であるというふうに考えられております。

　お尋ねの72条の19は，事業の状況に応じて外形標準課税をすることができるという旨を規定しておるわけでありますけれども，これは，こうした事業税の本来の性格，応益課税であるという本来の性格に照らしまして，特定の事業については，事業税の課税標準として所得以外のものを用いる方が受益との関係でより適切であるというふうに判断される場合ということになろうと思います。

　さらに具体的に申し上げますと，基本的には，所得を課税標準としてとっていたのでは事業税の負担がその受益の程度に比して相当に低いということが常態化しているような業種が，同条の規定による外形標準課税の対象になるというふうに考えられます。

　ほかにも，例えば，非常に景気感応性が高くて毎年の事業税の納付額が大きく極端に動くというふうなことで，地方公共団体の安定的なサービスの提供に障害があるというようなことがあれば，そういうものも対象として考えていいのではないかというふうに考えております。

---

25)　仲野武志「内閣法制局の印象と公法学の課題」北大法学論集61巻6号2067頁（2011年）には，同氏の内閣法制局第一部における勤務経験（平成20年8月〜平成22年7月）が回想されている。

それから第2点目の，72条の22の第9項にあります「著しく均衡を失する」というのはどういう意味かということでありますけれども，これも今申し上げましたように，いわゆる外形標準課税は，主として特定の業種の税負担がその受益の程度に比してかなり低いという場合に，その負担の程度を引き上げて受益との均衡を図るということを目的に導入するというものでありますから，それを導入することによって，所得を課税標準とし続ける場合に比べてですが，ある程度事業税の負担が増加するということは法の予定するところだと言えるかと思います。

　したがって，問題は，何をもって，あるいはどの程度になると，外形標準課税による事業税負担が，所得を課税標準とする場合に比べて著しく均衡を失すると言えるほどに重いということになるのかということであろうかと思いますが，これは事柄の性格上，なかなか画一的に，あるいは定量的に基準を設定するということは困難であろうと思いますので，いろいろな要素を総合的に勘案して，究極のところは社会通念に照らして判断するしかないということだろうと思います。

　その際，考慮すべき主な要素としては，やはり外形標準課税をすることによって増加する税負担の額がどれぐらいであるか，あるいは負担の増加割合がどれぐらいであるかというようなことになろうかと思いますけれども，これも，導入する年とか，その後2，3年とかいう短い期間ではなくて，中長期的に見て負担の均衡が図られているかということだろうと思いますけれども，今回の東京都案のように，一定の期間を限って措置するという場合には，その限られた期間内全体を比較するということになろうと思います。

　ほかにも，外形標準課税を導入することとした目的であるとか，あるいは，外形標準課税をすることによって，所得その他法定されている他の課税標準を引き続き用いる類似の業種等と負担のバランスがどうであるかといったようなことも，いろいろなことを考えなければいけないということだろうと思います。

　　　　　　（147回　平12・2・24〈衆・地方行政委〉3号28頁，内閣法制局長官）

付　録

内閣法制局設置法

(昭和27年7月31日法律第252号)

(設置)
第1条　内閣に内閣法制局を置く。

(内閣法制局長官)
第2条①　内閣法制局の長は，内閣法制局長官とし，内閣が任命する。
②　長官は，内閣法制局の事務を統括し，部内の職員の任免，進退を行い，且つ，その服務につき，これを統督する。

(所掌事務)
第3条　内閣法制局は，左に掲げる事務をつかさどる。
　一　閣議に附される法律案，政令案及び条約案を審査し，これに意見を附し，及び所要の修正を加えて，内閣に上申すること。
　二　法律案及び政令案を立案し，内閣に上申すること。
　三　法律問題に関し内閣並びに内閣総理大臣及び各省大臣に対し意見を述べること。
　四　内外及び国際法制並びにその運用に関する調査研究を行うこと。
　五　その他法制一般に関すること。

(内部部局)
第4条①　内閣法制局の事務を分掌させるため，内閣法制局に左の四部及び長官総務室を置く。
　第一部
　第二部
　第三部
　第四部
②　部及び長官総務室の所掌事務及び内部組織は，政令で定める。

(職員)
第5条①　内閣法制局に内閣法制次長1人及び内閣法制局参事官，内閣法制局事務官その他所要の職員を置く。
②　次長は，長官を助け，局務を整理する。
③　参事官は，命を受け，第3条各号に掲げる事務をつかさどる。

④　事務官は，命を受け，事務を整理する。
⑤　部の長は部長とし，参事官をもつて充てる。

第6条　削除

（主任の大臣）
第7条　内閣法制局に係る事項については，内閣法（昭和22年法律第5号）にいう主任の大臣は，内閣総理大臣とする。

（実施細則）
第8条　この法律の施行に関し必要な細則は，政令で定める。

　　　附　則　（抄）
①　この法律は，昭和27年8月1日から施行する。

内閣法制局設置法施行令

（昭和27年7月31日政令第290号）

　内閣は，法制局設置法（昭和27年法律第252号）第4条第2項及び第8条の規定に基き，この政令を制定する。

（第一部の所掌事務等）
第1条　第一部においては，内閣法制局設置法（以下「法」という。）第3条第3号及び第4号に掲げる事項並びに同条第5号に掲げる事項のうち他の部の所掌に属しないものに関する事務をつかさどる。

第1条の2①　第一部に憲法資料調査室を置く。
②　憲法資料調査室においては，第一部の所掌事務のうち次に掲げる事項に係るものをつかさどる。
　一　憲法調査会が憲法調査会法（昭和31年法律第140号）第2条の規定によつてした報告及び同調査会の議事録その他の関係資料の内容の整理に関する事項
　二　前号に規定する報告に関する補充調査に必要な資料の収集に関する事項
　三　前二号に掲げるものの外，特に命ぜられた事項
③　憲法資料調査室に室長を置く。室長は，命を受けて憲法資料調査室の事務を掌理する。

付　録

(第二部の所掌事務)
第2条　第二部においては，主として内閣（内閣府を除く。），内閣府（公正取引委員会及び金融庁を除く。），法務省，文部科学省，国土交通省又は防衛省の所管に属する事項その他第三部又は第四部の所掌に属しない事項に係る法律案及び政令案の審査及び立案並びに法第3条第5号に掲げる事項のうち内閣法制局長官（以下「長官」という。）から特に命ぜられたものに関する事務をつかさどる。

(第三部の所掌事務)
第3条　第三部においては，次に掲げる事務をつかさどる。
　一　主として金融庁，総務省（公害等調整委員会を除く。），外務省若しくは財務省又は会計検査院の所管に属する事項に係る法律案及び政令案の審査及び立案に関する事項
　二　条約案の審査に関する事項
　三　法第3条第5号に掲げる事項のうち，長官から特に命ぜられたもの

(第四部の所掌事務)
第3条の2　第四部においては，主として公正取引委員会，公害等調整委員会，厚生労働省，農林水産省，経済産業省又は環境省の所管に属する事項に係る法律案及び政令案の審査及び立案並びに法第3条第5号に掲げる事項のうち長官から特に命ぜられたものに関する事務をつかさどる。

(所掌事務に関する特例措置)
第4条　長官は，特に必要があると認めるときは，臨時に，一の部の所掌に属する法律案若しくは政令案の審査及び立案又は条約案の審査に関する事務を他の部に行わせることができる。

(長官総務室の所掌事務)
第5条　長官総務室においては，内閣法制局に関し次に掲げる事務をつかさどる。
　一　機密に関する事項
　二　長官の官印及び局印の管守に関する事項
　三　各部の所掌事務の連絡調整に関する事項
　四　公文書類の接受，発送及び保存に関する事項
　五　内閣法制局の保有する情報の公開に関する事項
　六　内閣法制局の保有する個人情報の保護に関する事項
　七　職員の人事，厚生及び教養訓練に関する事項
　八　予算決算及び会計に関する事項
　九　法令の編集その他資料の整備に関する事項
　十　法令の周知徹底その他情報宣伝に関する事項
　十一　前各号に掲げるもののほか，各部の所掌に属しない事項

(長官総務室の内部組織)
第6条① 長官総務室に総務主幹1人を置き,内閣法制局事務官をもつて充てる。
② 総務主幹は,命を受け,長官総務室の事務を掌理する。
③ 長官総務室の事務を分掌させるため,長官総務室に総務課及び会計課を置く。
④ 総務課においては,長官総務室の所掌事務のうち会計課の所掌に属しない事項に係るものをつかさどる。
⑤ 会計課においては,長官総務室の所掌事務のうち,前条第8号に掲げる事項に係るものをつかさどる。
⑥ 各課に課長を置く。課長は,命を受けて課の事務を掌理する。

第6条の2① 長官総務室に,調査官1人を置く。
② 調査官は,命を受けて,長官総務室の所掌事務のうち重要事項の調査,企画及び立案に参画する。

(内閣法制局長官秘書官)
第7条① 内閣法制局に内閣法制局長官秘書官1人を置く。
② 内閣法制局長官秘書官は,長官の命を受け,機密に関する事務をつかさどる。

(参事官の定数)
第8条 内閣法制局参事官は,第一部,第二部,第三部及び第四部に置き,その数は,兼職者を除き,各部を通じ,24人を超えることができない。

(職員の行政組織上又はその他の公の名称)
第9条 法及びこの政令に定めるものの外,内閣法制局に置かれる職員に関する行政組織上又はその他の公の名称は,長官が定める。

(実施規程)
第10条 この政令に定めるものの外,法の施行に関し必要な細目は,長官が定める。

　　　附　則　(略)

索　引

あ

アフガニスタン国際治安支援部隊
　（ISAF）……………………………84〜
安全保障の法的基盤の再構築に関する
　懇談会（安保法制懇）…61, 81, 102, 115

い

違憲立法審査権………………………………2
イタリア憲法………………………………73
1票の格差と解散権の行使……………180
イラク特措法……………………………115

う

上乗せ・横出し規制……………………267

え

営業秘密…………………………………213
MSA協定（日米相互防衛援助協定）
　…………………………………16, 49

お

オーストリア憲法…………………………65
大平三原則………………………………197
公の意思の決定…………………………266

か

海外派兵………………………………16, 42
外国（外部）
　──からの直接侵略………………………8
外国からの武力攻撃……9, 11, 14〜, 33, 41
　──の発生………………………………14
解散権の行使………………………………3
海上警備行動…………………………33, 121
海賊対処行動…………………………123〜
閣　議

──決定…………165〜, 185, 253, 324
──了解………………………………165
閣議の意思決定………………………165〜
閣内不統一……………………………168〜
核兵器
　──の保有…………………………29〜
　──の持ち込み………………………31
閣　法……………………………2, 131, 324
駆け付け警護………………………102〜
課税要件……………………………234〜

き

議院証言法第5条…………………131〜
議院内閣制…………………………171〜
規則制定権………………………………149
義務的経費………………………………231
旧職業軍人…………………………162〜
旧日米安保条約……………………………9
急迫不正の侵害……………………14, 31
行　政
　──委員会………………149〜, 160〜
行政各部の指揮監督権…………………148
行政監視院…………………………139〜
行政権
　──の意味……………………………146
行政事務の委任……………………153〜
行政事務の分担管理……………………147
行政の国会による民主的統制……148, 152
機　雷
　──の除去……………………………119
遺棄──…………………………………87
緊急事態…………………………………281
緊急事態等への初動対処……………187〜
近代戦争………………………………8, 12
　──遂行能力…………………………10〜

336

く

国に準ずる組織 …………………20〜, 33, 89

け

警告射撃………………………………120〜
警察権…………………………71〜, 121, 125
憲法慣習………………………………3, 131
憲法尊重擁護義務………………296, 309
憲法優位説……………………………86

こ

皇位継承（者）………………………246〜
公　益
　　――の比較衡量…………………134〜
公海・公空………………15, 35〜, 41〜, 45
広義の条約………………………192, 196
公共の福祉…………279, 283〜, 298, 304
攻撃的兵器……………………………28〜, 44
　　――と防御的兵器…………………28
公権力の行使…………………………266
皇室典範………………………………246〜
控除説…………………………………147
公正取引委員会………………149〜, 160
構造改革特別区域……………241, 267
公的行為………………………………250
後方地域…………………………112〜, 116
　　――支援…………………………110〜
後法優先の原則………………………322
公務員の秘密保持義務→国政調査権と
　守秘義務
国際慣習法 ………………………50〜, 308
国際協調主義 ………………………81〜
国際貢献
　自衛隊の―― …………………8, 15
国際的な武力紛争……………17〜, 20〜
　　――の当事者…………………21
国際平和協力業務……………………87
国際約束→広義の条約

国際連合平和協力法案 …87, 105, 107, 110
国事行為………………………………176, 250
国政調査（権）……128〜, 131〜, 141〜,
　　　　　　　　　　　　　143〜
　　――と守秘義務 ………………132〜
国民健康保険税（料）………………233〜
国民主権と司法………………………205
国民保護法……………………………281〜
国務大臣
　　――の国会出席義務……………138〜
　　――の答弁義務…………………138〜
国　連
　　――との特別協定 ………………84〜
国連海洋法条約 ………………………65
国連軍
　正規の―― ……………………………84
国　会
　　――の条約審議権………………195
国会承認条約……………192〜, 195〜, 320
国家行政組織法第 8 条………………149
国家緊急権……………………………284
古都保存法……………………………276
個別的自衛（権）…8, 15, 45, 48, 49〜, 59,
　　　　　　　　　　　　　63, 69
コンセイユ・デタ……………………315

さ

最高裁判所
　　――の違憲（立法）審査権………203
　　――の法案提出権……………198〜, 203
最後通牒の発出 ………………………19
財産権
　　――の内容の事後変更…………300〜
財政事項………………………………196〜
裁判官の職権行使の独立性…………209〜
裁判官の身分保障……………………204〜
三権分立…………129, 142, 144, 158, 203
暫定予算………………………………231
サンフランシスコ平和条約 …49, 54, 310,

索　引

し

自衛官……………………………162〜
自衛隊
　　――の海外派遣 ………………42
　　――の武力の行使 ……………14
　　――の防衛出動 ………………32
自衛のための必要最小限度の実力 …7〜,
　　　　　　　　　　　10〜, 24, 29〜
　　――組織 ………………11, 14, 27
　　――の限度 ……………………26
　　――の行使 ………………15, 25, 31
自衛力の限界 ………………………27
自己保存のための自然権的権利……89〜,
　　　　　　　　　　　94〜, 102, 104
事実上の戦争 ………………………18
司法権の独立…………………143〜, 205
司法制度改革………………………204
社会福祉事業法……………………238〜
衆議院の解散（権）……176〜, 254, 313
衆議院の優越…………………215, 231
宗教団体の政治上の権力の行使……294〜
周辺事態……………………………110
周辺事態安全確保法…98, 110, 113, 115〜,
　　　　　　　　　　　　　　　121
周辺事態船舶検査法…………115〜, 120〜
住民自治……………………255〜, 260
住民投票………………271〜, 275, 277
主権国家………………………65, 67, 80〜
首相公選制…………………………172〜
主任の大臣…………………………147
象徴天皇制…………………………174
条約の批准…………………………198
職業選択の自由……………………262
職権の独立行使……………………149〜
私立学校振興助成法………………239
私立学校法…………………………238〜
新ガイドライン（日米防衛協力のため
　　　　　　　　　　　　　　　317
の指針）……………………110〜
信教の自由…………………283, 286
人事訴訟……………………………211〜
人種差別撤廃条約……………………65
侵略戦争…………………………74〜, 78〜

す

砂川事件……………………………10

せ

政教分離……………………………237
制憲議会………………………………76
先制攻撃………………………………38
宣戦布告………………………………19
戦争抛棄ニ関スル条約→不戦条約
戦闘行為…………………………17, 21〜
戦闘地域………………………………23
戦没者の追悼…………………287, 291

そ

総合特別区域………………………267

た

大喪の礼……………………292〜, 329
多国籍軍………………………105, 109
団体自治……………………255〜, 260
弾道ミサイル防衛システム …………39

ち

地方公共団体………………………257
　　――の行政執行権………………158
　　基礎的な――……………………260
地方自治の本旨……………………159

つ

津地鎮祭判決…………………289, 292

て

データリンクシステム………………118

敵基地攻撃 …………………………44
適法な戦争 …………………………75
テロ特措法 ……………………98, 115〜
天　皇
　　――の公的行為……………………250
　　――の国事行為………………176, 250
　　――の表現の自由・出版の自由……248

と

東京都の特別区……………………258〜
　　――の長の公選制………………258〜
道州制特区法………………………274
統治権 ………………………………33
　　――の総覧（者） ………………242〜
統治行為（論）……………………2, 10
特殊会社 ……………………………154
独占禁止法第28条 ………………149〜
特別地方公共団体………………257〜, 260
特別法優先の原則…………………322
独立行政法人………………………153〜
特区制度→構造改革特別区域

な

内　閣
　　――の法案提出権……………130, 200〜
内閣声明……………………………136〜
内閣総理大臣
　　――の一身専属的権限……………184
　　――の行政各部に対する指揮監督…185
　　――の指示権……………………189〜
内閣総理大臣臨時代理………………182〜
内閣の助言と承認……………250〜, 253
内閣不信任決議……………………176〜
内閣法制局参事官…………………319
内閣法第5条 …………………130, 306
長沼事件………………………………10
7条解散………………………………254

に

日米安全保障条約……33, 43, 49, 51〜, 68,
　　　　　　　　　　　　　　　　　110〜
日米防衛協力のための指針→新ガイド
　ライン

の

農業者年金…………………………301

ひ

PKF本体業務………………………89, 95, 98
PKO
　　――におけるBタイプの武器使用…99,
　　　　　　　　　　　　　　　100, 102
　　――における駆け付け警護…………102
　　――における武器使用……………124
PKO協力法
　　――の武器使用権限 ………89, 95, 98
非戦闘地域…………………………113〜

ふ

武器等防護のための武器使用…95, 97, 103
不戦条約…………………………48, 73
普通地方公共団体……………258, 260
不利益遡及…………………………235
武力攻撃→外国からの武力攻撃
武力の行使………………………14, 16
　　――との一体化 …………………24
　　自衛隊の―― ……………………15
　　組織的計画的な―― ………33〜, 58〜
文民統制（シビリアン・コントロール）
　　　　　　　　　　　　　　　27, 45

へ

米　軍 ……………………………9, 24
　　――基地………………………37, 69
　　――に対する支援…………………113
　　――による核兵器の持ち込み ………31

339

索　引

──の艦船……………………36〜, 62
──の駐留……………………12, 53, 69
──の武力の行使………………113
平和主義………………………8, 55, 75, 83
平和の破壊者……………………86
弁護士法…………………………156

　　ほ

保安隊……………………………8〜
防御的兵器………………………28
法律事項………………………196〜, 320
法律の委任………………………235
法令整備会議……………………322
補給支援特措法…………………115

　　め

明治憲法………………242〜, 244, 255

　　や

靖国神社公式参拝………285, 288, 329

　　ゆ

郵政解散……………………………178〜

　　よ

予算関連法案………………………230
予算の自然成立……………………231
予算の増額修正…………………215, 229

　　り

立憲君主制…………………………245
立憲主義……………………………65
領土主権……………………………34

　　わ

湾岸戦争……………………81, 84, 87, 105

編著者紹介

阪田 雅裕（さかた・まさひろ）

- 1966年　東京大学法学部卒業
- 同　年　大蔵省（現財務省）入省
- 1992年　内閣法制局総務主幹・第一部参事官
- 2004年　内閣法制局長官
- 2006年　同退官
- 現　在　弁護士
　　　　（アンダーソン・毛利・友常法律事務所顧問）

政府の憲法解釈

2013年10月10日　初版第1刷発行

編著者　　阪　田　雅　裕

発行者　　江　草　貞　治

発行所　　株式会社　有　斐　閣

郵便番号　101-0051
東京都千代田区神田神保町2-17
電話　(03) 3264-1314〔編集〕
　　　(03) 3265-6811〔営業〕
http://www.yuhikaku.co.jp/

印刷・株式会社理想社／製本・牧製本印刷株式会社
Ⓒ 2013, M. Sakata. Printed in Japan
落丁・乱丁本はお取替えいたします。
★定価はカバーに表示してあります。
ISBN 978-4-641-13148-4

［JCOPY］本書の無断複写（コピー）は、著作権法上での例外を除き、禁じられています。複写される場合は、そのつど事前に、（社）出版者著作権管理機構（電話03-3513-6969、FAX03-3513-6979、e-mail:info@jcopy.or.jp）の許諾を得てください。